Rapport final de la trente-septième Réunion consultative du Traité sur l'Antarctique

RÉUNION CONSULTATIVE
DU TRAITÉ SUR L'ANTARCTIQUE

Rapport final
de la trente-septième
Réunion consultative
du Traité sur l'Antarctique

Brasilia, Brésil
28 avril - 7 mai 2014

Volume I

Secrétariat du Traité sur l'Antarctique
Buenos Aires
2014

Publié par :

Secretariat of the Antarctic Treaty
Secrétariat du Traité sur l' Antarctique
Секретариат Договора об Антарктике
Secretaría del Tratado Antártico

Maipú 757, Piso 4
C1006ACI Ciudad Autónoma
Buenos Aires - Argentina
Tel: +54 11 4320 4260
Fax: +54 11 4320 4253

Ce rapport est également disponible à : *www.ats.aq* (version numérique)
et exemplaires achetés en ligne

ISSN 2346-9900
ISBN 978-987-1515-81-3

Contenu

VOLUME II

DEUXIÈME PARTIE – MESURES, DÉCISIONS ET RÉSOLUTIONS (suite)

TROISIÈME PARTIE – DISCOURS D'OUVERTURE ET DE CLÔTURE ET RAPPORTS

Rapport de l'Australie comme gouvernement dépositaire de la CCAMLR
Rapport du RU comme gouvernement dépositaire du CCAS
Rapport de l'Australie comme gouvernement dépositaire de l'ACAP
Rapport par l'observateur de la CCAMLR
Rapport du SCAR

Rapport du COMNAP

2. Rapports d'experts
Rapport de l'ASOC
Rapport de l'OHI
Rapport de l'IAATO

QUATRIÈME PARTIE – DOCUMENTS ADDITIONNELS DE LA XXXVIIᵉ RCTA

1. Documents additionnels
Résumé de la conférence du SCAR

2. Liste des documents
Documents de travail
Documents d'information
Documents de référence
Documents du Secrétariat

3. Liste des participants
Parties consultatives
Parties non consultatives
Observateurs, experts et invités
Secrétariat du pays hôte
Secrétariat du Traité sur l'Antarctique

Sigles et abréviations

ACAP   Accord sur la conservation des albatros et des pétrels
AMP   Aire marine protégée
ASOC   Coalition sur l'Antarctique et l'océan austral
BP   Document de référence
CCAMLR   Convention sur la conservation de la faune et de la flore marines de l'Antarctique et/ou Commission pour la conservation de la faune et de la flore marines de l'Antarctique
CCNUCC   Convention-cadre des Nations Unies sur les changements climatiques
CCS   Centre de coordination de sauvetage
COI   Commission océanographique intergouvernementale
COMNAP   Conseil des directeurs des programmes antarctiques nationaux
CPE   Comité pour la protection de l'environnement
CPPA   Convention pour la protection des phoques de l'Antarctique
CS-CAMLR Comité scientifique de la Commission pour la conservation de la faune et la flore marines de l'Antarctique
EGIE   Évaluation globale d'impact sur l'environnement
EIE   Évaluation d'impact sur l'environnement
EPIE   Évaluation préliminaire d'impact sur l'environnement
GCI   Groupe de contact intersessions
GIECC   Groupe d'experts intergouvernemental sur les changements climatiques
GSPG   Groupe subsidiaire sur les plans de gestion
GTT   Groupe de travail sur le tourisme
IAATO   Association internationale des organisateurs de voyages dans l'Antarctique
IP   Document d'information
MAN   Modèle altimétrique numérique
OHI   Organisation hydrographique internationale
OMI   Organisation maritime internationale
OMM   Organisation météorologique mondiale
OMT   Organisation mondiale du tourisme
PNUE   Programme des Nations Unies pour l'environnement
RCTA   Réunion consultative du Traité sur l'Antarctique

RETA	Réunions d'experts du Traité sur l'Antarctique
SAR	Recherche et sauvetage
SCAR	Comité scientifique pour la recherche antarctique
SEEI	Système électronique d'échange d'informations
SMH	Sites et monuments historiques
SOOS	Système d'observation de l'océan austral
SP	Document du Secrétariat
STA	Système du Traité sur l'Antarctique ou Secrétariat du Traité sur l'Antarctique
UAV	Véhicule aérien sans pilote
UICN	Union internationale pour la conservation de la nature
WP	Document de travail
ZSGA	Zone spécialement gérée de l'Antarctique
ZSPA	Zone spécialement protégée de l'Antarctique

PREMIÈRE PARTIE
Rapport final

1. Rapport final
de la XXXVIIe RCTA

Rapport final de la trente-septième Réunion consultative du Traité sur l'Antarctique

Brasilia, du 28 avril au 7 mai 2014

1. Conformément à l'article IX du Traité sur l'Antarctique, les représentants des Parties consultatives (Afrique du Sud, Allemagne, Argentine, Australie, Belgique, Brésil, Bulgarie, Chili, Chine, Espagne, Équateur, États-Unis d'Amérique, Finlande, France, Inde, Italie, Japon, Nouvelle-Zélande, Norvège, Pays-Bas, Pérou, Pologne, Fédération de Russie, République de Corée, République tchèque, Royaume-Uni de Grande-Bretagne et d'Irlande du Nord, Suède, Ukraine et Uruguay) se sont réunis à Brasilia du 28 avril au 7 mai 2014, afin d'échanger des informations, tenir des consultations, examiner et recommander à leurs Gouvernements des mesures destinées à assurer le respect des principes et la réalisation des objectifs du Traité.

2. Ont également assisté à la Réunion des délégations des Parties contractantes au Traité sur l'Antarctique qui ne sont pas des Parties consultatives : Belarus, Canada, Colombie, Grèce, Malaisie, Monaco, Portugal, Roumanie, Slovaquie, Suisse, Turquie et Venezuela.

3. Conformément aux articles 2 et 31 du Règlement intérieur, des observateurs représentant la Commission pour la conservation de la faune et de la flore marines de l'Antarctique (CCAMLR), le Conseil des directeurs de programmes antarctiques nationaux (COMNAP) et le Comité scientifique pour la recherche en Antarctique (SCAR) ont également pris part à la Réunion.

4. Conformément à l'article 39 du Règlement intérieur, des experts représentant les organisations internationales et les organisations non gouvernementales suivantes ont pris part à la Réunion : la Coalition sur l'Antarctique et l'océan Austral (ASOC), l'Association internationale des organisateurs de voyages en Antarctique (IAATO), l'Organisation hydrographique internationale (OHI), l'Union internationale pour la conservation de la nature (UICN),

le Programme des Nations Unies pour l'environnement (PNUE) et l'Organisation météorologique mondiale (OMM).

5.   Le Brésil, en sa qualité de pays hôte, s'est acquitté de ses obligations d'information à l'égard des Parties contractantes, des observateurs et des experts en diffusant les circulaires et correspondances du Secrétariat et en entretenant un site Internet consacré à la Réunion.

Point 1 – Ouverture de la Réunion

6.   La Réunion a été officiellement ouverte le 28 avril 2014. Au nom du Gouvernement du pays hôte, conformément aux articles 5 et 6 du Règlement intérieur, l'ambassadeur Manoel Antonio da Fonseca Couto Gomes Pereira a ouvert la séance et a proposé la candidature de l'ambassadeur José Antonio Marcondes de Carvalho au poste de président de la XXXVIIe RCTA. La proposition a été acceptée.

7.   Le président a souhaité la bienvenue à Brasilia à toutes les Parties, aux observateurs et aux experts. Les délégués ont observé une minute de silence à la mémoire d'Alberto Ramirez, décédé des suites d'une explosion survenue à la station argentine Esperanza et de Luigi Michaud du programme antarctique italien, décédé des suites d'un accident de plongée près de la station Mario Zuchelli.

8.   Mme Izabella Teixeira, Ministre brésilienne de l'Environnement, a souhaité la bienvenue aux délégués et s'est félicitée que le Traité sur l'Antarctique et le Protocole relatif à la protection de l'environnement fassent de l'Antarctique un continent de paix et de science. Faisant allusion à l'accident survenu en 2012, au cours duquel la station brésilienne antarctique Comandante Ferraz a été détruite, elle a réaffirmé que le Brésil poursuivait ses efforts de remise en état du site, de manière responsable sur le plan environnemental, et que le Brésil envisageait de reprendre intégralement les activités de la station en 2015/2016. La Ministre Teixeira a insisté sur le fait que l'impact sur l'environnement de la nouvelle station sera le plus faible possible et que la responsabilité, la transparence et la coopération en faveur d'une gestion écologiquement rationnelle seront au cœur du processus. Le Brésil a remercié les autres États d'Amérique latine pour leur aide en ces temps difficiles. La Ministre Teixeira a souligné l'importance de la protection et de la conservation de l'environnement en Antarctique et s'est déclarée convaincue que la RCTA à Brasilia accélèrera ce processus.

9.　M. Celso Amorim, Ministre brésilien de la Défense, a rappelé l'histoire des recherches scientifiques que le Brésil mène en Antarctique depuis que le pays a signé le Traité en 1975, et il a remémoré l'inauguration de la station Comandante Ferraz en 1984, soulignant le rôle essentiel joué par la marine, qui a soutenu les recherches et mené ses propres recherches. Le Ministre Celso Amorim a remercié l'Argentine, le Chili et d'autres États pour leur aide lors des opérations de recherche et de sauvetage après que la station Comandante Ferraz ait été ravagée par un incendie en 2012 et il a souligné l'importance de la coopération entre le Brésil et d'autres États d'Amérique latine pour ce qui concerne les activités scientifiques en Antarctique. Le Ministre Amorim a également salué l'interdiction d'entreprendre des essais nucléaires en Antarctique et il a rappelé que la Réunion qui se tient au Brésil a pris l'engagement d'instaurer une zone exempte d'armes nucléaires dans la région de l'Atlantique sud, dans la zone de paix et de coopération de l'Atlantique-Sud.

10.　M. Luiz Alberto Figueiredo Machado, Ministre brésilien des Affaires étrangères, a souhaité la bienvenue au Brésil aux Parties, pour la seconde fois dans l'histoire de la RCTA, le Brésil ayant déjà accueilli la XIVᵉ RCTA en 1987 à Rio de Janeiro. Après un tour d'horizon des activités de recherche menées par le Brésil en Antarctique, en particulier celles sur les changements climatiques et la biodiversité des écosystèmes antarctiques, le Ministre Figueiredo a indiqué que, dans le cadre de la 32e opération en Antarctique, récemment menée à son terme, le Brésil a entrepris 24 programmes de recherche en Antarctique, en coopération avec 300 chercheurs. Il a souligné la nécessité d'éviter les doubles emplois entre les traités et a insisté sur le fait que les discussions sur les changements climatiques, la biodiversité et d'autres éléments en Antarctique devraient respecter le champ d'application des négociations menées au sein des instances multilatérales, telles que la Convention-cadre des Nations Unies sur les changements climatiques (CCNUCC), le protocole de Kyoto et la Convention sur la biodiversité. Il a reconnu la précieuse contribution de tous les membres nationaux à la consolidation du programme antarctique brésilien et il a rappelé l'exemple de l'impact sur l'environnement limité des opérations de remise en état de la station Comandante Ferraz après qu'elle ait été détruite par un incendie en 2012. Le Ministre Figueiredo a souligné l'importance stratégique que le Brésil accorde à la coopération avec les partenaires régionaux en matière de progrès scientifiques, de recherche et de promotion d'une présence active en Antarctique.

11.   L'Honorable Michel Rocard, ancien Premier ministre français et Ambassadeur pour les pôles, a souligné le fait que le Système du Traité sur l'Antarctique représente un exemple unique de coopération internationale et il a invité les Parties à renforcer le niveau de coopération de leurs programmes antarctiques nationaux afin de relever les défis logistiques et scientifiques de la recherche en Antarctique. À cette fin, il a suggéré que les Parties renforcent la coordination de leurs activités dans la région. Il a reconnu le rôle que joue la CCAMLR dans la gestion de la faune et de la flore marines de l'océan Austral et il a instamment exhorté les Parties et les représentants de la CCAMLR à coopérer afin de progresser vers l'adoption d'aires marines protégées (AMP) en Antarctique de l'Est et en mer de Ross.

12.   L'Allemagne a souligné l'importance du renforcement du STA et de la préservation de l'environnement antarctique pour les générations à venir. Ayant participé à plusieurs inspections en Antarctique, le chef de la délégation allemande, l'ambassadeur Martin Ney, a souligné qu'il importe que l'interdiction des activités touchant aux ressources minérales se prolonge au-delà de 2048 et il a fait observer que les découvertes scientifiques dans la région ne devraient pas servir à justifier l'abrogation de l'article 7 du Protocole relatif à la protection de l'environnement. De même, l'Allemagne a reconnu l'importance du tourisme pour rallier le public aux programmes antarctiques nationaux et elle a rappelé aux Parties la nécessité de maintenir ces activités à des niveaux raisonnables. Pour conclure, l'Allemagne a marqué son intérêt pour le renforcement du mécanisme d'inspection du Traité sur l'Antarctique, qui permettrait d'obtenir des résultats coordonnés et systématiques.

13.   Le Président a remercié l'ambassadeur Rocard et les ministres pour leurs interventions et leurs suggestions qui allaient faciliter les discussions de la Réunion.

Point 2 – Élections des membres du Bureau et constitution des groupes de travail

14.   L'Ambassadeur Rayko Raytchev, représentant de la Bulgarie (pays hôte de la XXXVIIIe RCTA), a été élu vice-Président. Conformément à l'article 7 du Règlement intérieur, le Dr Manfred Reinke, Secrétaire exécutif du Traité sur l'Antarctique, a fait fonction de Secrétaire lors de la Réunion. L'Ambassadeur Manoel Antonio da Fonseca Couto Gomes Pereira, chef du Secrétariat du pays hôte, a fait fonction de vice-Secrétaire. Le Dr Yves Frenot (France) a

continué d'assurer les fonctions de Président du Comité pour la protection de l'environnement (CPE).

15. Trois groupes de travail ont été constitués, à savoir :

- le Groupe de travail sur les questions juridiques et institutionnelles ;
- le Groupe de travail sur le tourisme et les activités non gouvernementales ;
- le Groupe de travail sur les questions opérationnelles.

16. Il a ensuite été procédé à l'élection des Présidents des groupes de travail, comme suit :

- Questions juridiques et institutionnelles : Professeur René Lefeber (Pays-Bas) ;
- Tourisme et les activités non gouvernementales : Ambassadeur Donald Mackay (Nouvelle-Zélande) ;
- Questions opérationnelles : Dr José Retamales (Chili).

Point 3 – Adoption de l'ordre du jour et répartition des points qui y sont inscrits

17. La Réunion a adopté l'ordre du jour suivant :

1. Ouverture de la Réunion
2. Élection des membres du Bureau et constitution de groupes de travail
3. Adoption de l'ordre du jour et répartition des points qui y sont inscrits
4. Fonctionnement du Système du Traité sur l'Antarctique : Rapports des Parties, des observateurs et des experts
5. Fonctionnement du Système du Traité sur l'Antarctique : Questions de caractère général
6. Fonctionnement du Système du Traité sur l'Antarctique : Examen de la situation du Secrétariat
7. Élaboration d'un Plan de travail stratégique pluriannuel
8. Rapport du Comité pour la protection de l'environnement
9. Responsabilité : Application de la Décision 4 (2010)
10. Sécurité et opérations en Antarctique, y compris la recherche et le sauvetage
11. Tourisme et activités non-gouvernementales dans la zone du Traité sur l'Antarctique

12. Inspections effectuées au titre du Traité sur l'Antarctique et du Protocole relatif à la protection de l'environnement

13. Questions scientifiques, coopération et facilitation scientifiques

14. Implications du changement climatique sur la gestion de la zone du Traité sur l'Antarctique

15. Questions éducatives

16. Échange d'informations

17. Prospection biologique en Antarctique

18. Préparation de la XXXVIIIe réunion

19. Autres questions

20. Adoption du rapport final

18. La Réunion a réparti les points de l'ordre du jour comme suit :

- Séance plénière : points 1, 2, 3, 4, 8, 18, 19, 20, 21
- Groupe de travail sur les questions juridiques et institutionnelles : points 5, 6, 7, 9, 10 (Code polaire de l'OMI), 16, 17
- Groupe de travail sur le tourisme : point 11
- Groupe de travail sur les questions opérationnelles : points 10 (à l'exception du code polaire de l'OMI), 12, 13, 14, 15.

19. En outre, la Réunion a décidé de confier les projets d'instruments émanant des activités du Comité pour la protection de l'environnement et des groupes de travail à un groupe de rédaction juridique pour en examiner les aspects institutionnels et juridiques.

Point 4 – Fonctionnement du Système du Traité sur l'Antarctique : Rapports des Parties, des observateurs et des experts

20. Conformément à la Recommandation XIII-2, la Réunion a reçu des rapports émanant des gouvernements dépositaires et des secrétariats.

21. Les États-Unis, en leur qualité de gouvernement dépositaire du Traité sur l'Antarctique et de son Protocole relatif à la protection de l'environnement, ont rendu compte de l'état d'avancement du Traité sur l'Antarctique et de son Protocole relatif à la protection de l'environnement (IP 40). Au cours de l'année écoulée, aucune adhésion au Traité sur l'Antarctique ou à son Protocole relatif à la protection de l'environnement n'a été enregistrée. À la date de la Réunion, le Traité et le Protocole relatif à la protection de

l'environnement comptaient 50 Parties et 35 Parties respectivement. Appuyés par le Royaume-Uni, les États-Unis ont exhorté les Parties consultatives à œuvrer activement à l'approbation des Mesures en suspens.

22. Le Venezuela a indiqué qu'il avait récemment ratifié le Protocole relatif à la protection de l'environnement et qu'il informera les États-Unis, gouvernement dépositaire, des détails.

23. La Réunion a félicité le Venezuela pour avoir ratifié le Protocole relatif à la protection de l'environnement. Le Portugal et la Malaisie ont également rendu compte des progrès réalisés en vue de la ratification du Protocole relatif à la protection de l'environnement et ils ont indiqué que le processus de ratification devrait s'achever avant la fin de l'année 2014.

24. Les Pays-Bas ont annoncé qu'ils avaient ratifié la Mesure 15 (2009), la Mesure 16 (2009) et, conformément à l'Annexe VI du Protocole, la Mesure 1 (2005).

25. En sa qualité d'État dépositaire de la Convention sur la conservation de la faune et de la flore marines de l'Antarctique (CCAMLR), l'Australie a fait savoir que de nouvelles adhésions à la Convention ont été enregistrées depuis la XXXVIe RCTA : à cette date, 36 États étaient Parties à la Convention (IP 52).

26. En sa qualité d'État dépositaire de la Convention pour la protection des phoques de l'Antarctique (CPPA), le Royaume-Uni a fait savoir qu'aucune nouvelle adhésion à cette Convention n'a ont été enregistrée depuis la XXXVIe RCTA : toutes les Parties, sauf une, ont remis leurs rapports (IP 4, rév. 1). Le Royaume-Uni a encouragé les Parties à présenter leurs rapports en temps voulu pour la prochaine RCTA.

27. En sa qualité d'État dépositaire de l'Accord sur la conservation des albatros et des pétrels (ACAP), l'Australie a indiqué n'avoir enregistré aucune nouvelle adhésion à cet Accord depuis la XXXVIe RCTA et elle a précisé que 13 États sont Parties à cet Accord (IP 51). L'Australie a invité les Parties non membres à envisager d'adhérer à l'Accord.

28. La CCAMLR a présenté un résumé du Rapport de la trente-deuxième Réunion annuelle de la Commission pour la conservation de la faune et de la flore marines de l'Antarctique, qui s'est tenue du 23 octobre au 1er novembre 2013 (IP 17). La Réunion a été présidée par M. Leszek Dybiec (Pologne). La CCAMLR a fait observer qu'elle avait approuvé un examen de son système de documentation des captures, accepté un appel d'offres

concernant un nouveau système de surveillance des navires (VMS), mis en place, pour la première fois, une procédure d'évaluation de la conformité et approuvé une liste des navires INN des Parties non contractantes qui a été publiée sur le site de la CCAMLR. La Commission a approuvé les efforts visant à développer une stratégie de financement durable et a demandé à son Secrétariat de réviser l'actuel Plan stratégique de la CCAMLR (2012-2014) en vue de la période 2015-2017. La CCAMLR a rendu compte de l'exploitation de la faune et de la flore marines dans la zone de la Convention en 2012/13 et elle a fait rapport sur les questions liées à la gestion par retour d'expérience pour la pêcherie de krill, la mortalité accidentelle, les interactions entre les pêches de fond et les écosystèmes marins vulnérables, les progrès en matière d'établissement d'AMP et l'octroi d'une quatrième bourse de la CCAMLR. Elle a fait observer que le numéro d'immatriculation de l'Organisation maritime internationale (OMI) était désormais requis pour tous les navires de pêche opérant dans la zone de la Convention de la CCAMLR et que, à la suite des discussions intervenues au sein du groupe de travail sur les opérations de recherche et de sauvetage (SAR) constitué lors de la XXXVᵉ RCTA, la Commission a accepté d'exiger les coordonnées de contact des navires afin de faciliter l'utilisation du système VMS de la CCAMLR en soutien des opérations de recherche et de sauvetage menées dans la zone de la Convention. Elle a souligné qu'un protocole d'entente (PE) entre la CCAMLR et les centres de coordination des opérations de sauvetage en mer était en cours de développement. La Commission a adopté des mesures de conservation concernant les notifications de participation à des pêcheries, les saisons de pêche, les aires fermées, les interdictions de pêche, les limites en matière de captures accessoires, les limites en matière de captures, les besoins en matière de recherche liés aux données insuffisantes en matière de pêcheries exploratoires et à la gestion des activités de pêche en cas d'inaccessibilité due à une couverture de glace dans les pêcheries gérées par la CCAMLR. Elles ont été publiées dans la Liste officielle des mesures de conservation en vigueur en 2013/14 sur le site internet de la Commission.

29.   Le président du Comité scientifique pour la recherche en Antarctique (SCAR) a présenté le rapport annuel du SCAR (IP 13) et a fait référence au document de contexte BP 9 qui recense une sélection des principaux articles scientifiques publiés depuis la XXXVIᵉ RCTA. Il a fait observer que, en 2013, le SCAR a lancé cinq nouveaux programmes de recherche scientifique qui se poursuivront au cours des cinq à huit prochaines années. Le SCAR a rappelé les travaux de plusieurs groupes d'action du SCAR qui peuvent

potentiellement intéresser le CPE et la RCTA, y compris un rapport attendu pour août 2014 sur l'acidification de l'océan Austral et la récente formation de groupes d'action sur les valeurs du géopatrimoine et la télédétection pour la surveillance des oiseaux et autres populations animales. S'agissant des changements climatiques, le SCAR a publié une nouvelle mise à jour des points essentiels du rapport ACCE sur l'environnement et les changements climatiques en Antarctique (IP 60). De plus, la première édition du projet *Tendances des travaux scientifiques en Antarctique et dans l'océan Austral*, qui s'est tenue à Queenstown, Nouvelle-Zélande, en avril 2014, a identifié 80 questions à examiner à travers le prisme de la recherche dans les régions polaires australes au cours des deux prochaines décennies et au-delà. Le SCAR a rendu compte de sa coopération avec plusieurs partenaires sur une stratégie intitulée *Conservation en Antarctique au 21ᵉ siècle* qui sera examinée lors d'un colloque, à l'occasion de la 33ᵉ Réunion du SCAR et de la Conférence scientifique publique, qui se tiendront en août 2014. L'approche sera structurée de manière à assurer la cohérence avec, à la fois, le Protocole relatif à la protection de l'environnement et le plan de travail quinquennal du CPE.

30.   Le Conseil des directeurs de programmes antarctiques nationaux (COMNAP) a présenté le Rapport annuel de son organisme (IP 3). Le COMNAP a indiqué qu'il possédait désormais 29 programmes, qu'il a célébré son 25e anniversaire en 2013 et qu'il a publié *Histoire de la coopération en Antarctique : 25 ans du Conseil des directeurs de programmes antarctiques nationaux*. Le COMNAP a souligné sa coopération avec d'autres organisations et son implication au sein du projet Tendances des travaux scientifiques en Antarctique afin d'identifier la meilleure manière d'appuyer les efforts scientifiques à venir. Le COMNAP a également présenté les résultats d'une enquête sur la coopération internationale ; ceux-ci indiquent un niveau élevé et significatif de coopération entre les différents programmes antarctiques nationaux (IP 47). Il a fait mention des outils scientifiques du COMNAP mis à la disposition des programmes antarctiques nationaux, y compris la création d'un site internet SAR et, à la suite de la Résolution 4 (2013), la mise à jour du Manuel d'information de vol en Antarctique (IP 31). Enfin, le COMNAP a informé la Réunion de deux événements publics à venir : le colloque du COMNAP et un atelier sur la gestion des eaux usées.

31.   Conformément à la Recommandation XIII-2, la Réunion a reçu des rapports émanant d'autres organisations internationales.

32. L'Organisation hydrographique internationale (OHI) a présenté le document d'information IP 15, intitulé « Rapport de l'Organisation hydrographique internationale », qui décrivait l'état des levés hydrographiques et de la cartographie marine en Antarctique comme un sujet de préoccupation constant. Elle a réaffirmé que plus de 90 % des eaux de l'Antarctique n'ont pas été cartographiées, ce qui pose des risques élevés d'incidents maritimes et entrave la conduite d'activités maritimes. Alors que le niveau d'activité humaine a augmenté spectaculairement dans tous les secteurs maritimes, l'OHI craint que, sans actions appropriées, des incidents et des catastrophes maritimes ne puissent être évités. L'OHI a recommandé d'améliorer les levés hydrographiques, comme l'ont suggéré les États-Unis (WP 45) et d'adopter des mécanismes visant à encourager et à obliger tous les navires opérant en Antarctique à collecter en permanence des données de profondeur, ce qui peut être effectué à l'aide d'équipements peu coûteux. L'OHI a souligné que l'IAATO a activement coopéré à cette collecte de données. De plus, l'OHI a invité toutes les organisations concernées qui avaient collecté des données de profondeur à identifier et à transmettre ces données à l'OHI.

33. L'organisation météorologique mondiale (OMM) a présenté le document d'information IP 29, intitulé « WMO-led developments in Meteorological (and related) Polar Observations, Research and Services », qui rendait compte de ses activités récentes. L'OMM a contribué à plusieurs discussions intersession. L'OMM a également présenté un document soulignant à quel point il est important que les Parties articulent leurs exigences de service en fonction de la météorologie (IP 30). L'OMM, par le truchement de son Groupe d'experts pour les observations, la recherche et les services polaires relevant de son Conseil exécutif (EC-PORS), a indiqué que la gestion des impacts du changement climatique en Antarctique présente de l'intérêt pour les Parties. L'OMM a invité les Parties à saisir l'occasion d'influencer ses politiques en informant l'OMM de leurs besoins spécifiques avant la tenue des réunions du Congrès de l'OMM et du Conseil exécutif de l'OMM en mai 2015.

34. La Coalition sur l'Antarctique et l'océan Austral (ASOC) a présenté le document d'information IP 100 intitulé « Rapport de l'Antarctic and Southern coalition » qui rend compte des activités récentes de l'ASOC et de ses principales préoccupations. L'année dernière, l'ASOC a pris part à plusieurs groupes de contact intersession (GCI) et a participé à des réunions présentant un intérêt pour la protection de l'environnement antarctique. L'ASOC a précisé qu'elle avait transmis des documents à la XXXVIIᵉ RCTA couvrant les questions de la protection de la vie sauvage, de la gestion de

l'empreinte carbone, des changements climatiques, de la prolifération des stations, de la gestion des navires et de la pollution. L'ASOC s'est également penchée sur d'autres questions, notamment la prospection biologique, le tourisme, le Plan de travail stratégique pluriannuel et l'harmonisation avec la CCAMLR afin d'assurer la protection du milieu marin dans la zone du Traité sur l'Antarctique. L'ASOC a déclaré que le moment était venu pour les Parties d'aborder les questions actuelles et nouvelles et de prendre les mesures nécessaires pour s'assurer que l'une des dernières grandes régions sauvages soit entièrement protégée.

35. L'Association internationale des organisateurs de voyages en Antarctique (IAATO) a présenté le document d'information IP 44, intitulé « Rapport 2013-14 de l'Association internationale des organisateurs de voyages dans l'Antarctique ». L'IAATO devrait publier les chiffres définitifs de la saison 2013/14 d'ici à juin 2014 ; ces chiffres devraient être proches de ceux prévus précédemment, à savoir 34 000 (XXXVIᵉ RCTA - IP 103). L'IAATO a indiqué que 36 545 touristes étaient attendus lors de la saison 2014/15. Fidèle à sa politique *Divulguer et discuter*, l'IAATO a indiqué que plusieurs incidents liés au tourisme étaient survenus en 2013/14 et que la présence de navires de pêche de krill à proximité des sites d'atterrissage et des zones d'observation des baleines était en augmentation. L'IAATO a, par ailleurs, dévoilé que ses opérateurs et leurs passagers avaient injecté plus de 400 000 USD dans les organisations scientifiques et de conservation actives dans les zones antarctiques et subantarctiques. En outre, elle a rappelé que les membres de l'IAATO apportaient un soutien logistique financièrement avantageux ou gratuit au personnel scientifique, personnel de soutien et de conservation de l'Antarctique.

36. Autre document soumis sous ce point de l'ordre du jour :

   • Document d'information IP 76, intitulé « Malaysia's Activities and Achievements in Antarctic Reasearch and Diplomacy » (Malaisie)

Point 5 – Fonctionnement du Système du Traité sur l'Antarctique : Questions de caractère général

37. La République tchèque a informé la Réunion que, à la suite de la XXXVIᵉ RCTA, elle avait approuvé, au niveau national, toutes les Recommandations et Mesures actuelles de la RCTA, à l'exception de l'Annexe VI et des

modifications apportées à l'Annexe II. La République tchèque s'est engagée à en informer le gouvernement dépositaire.

38. La Réunion a félicité la République tchèque pour son adoption rapide des Recommandations et des Mesures et elle a encouragé les autres Parties qui n'ont pas encore approuvé les actuelles Recommandations et Mesures à suivre son exemple.

39. La France a présenté le document de travail WP 37, intitulé « Rapport final du Groupe de contact intersession (GCI) sur l'exercice de la juridiction dans la zone du Traité sur l'Antarctique ». Selon ce document, pour ce qui concerne la juridiction en Antarctique, la plupart des Parties préfèrent régler les questions juridictionnelles au cas par cas. De plus, la France a proposé qu'une réunion informelle soit organisée lors de chaque RCTA pour discuter de la manière d'améliorer l'échange d'informations. Elle a également suggéré que chaque Partie désigne un point de contact unique qui pourrait être immédiatement contacté pour toute question juridictionnelle.

40. La Réunion est convenue de continuer d'adopter une approche au cas par cas pour ce qui concerne les questions liées à l'exercice de la juridiction dans la zone du Traité sur l'Antarctique. Les Parties sont convenues que le Représentant de chaque Partie consultative pourrait faire fonction de point de contact si une Partie était consultée sur des questions juridictionnelles. Néanmoins, certaines Parties ont insisté sur le fait que les contacts devraient avoir lieu entre les programmes nationaux et/ou les stations.

41. La Belgique a présenté le document d'information IP 80, intitulé « L'exercice de la juridiction nationale sur les actifs en Antarctique ». Elle a proposé que les Parties créent un registre national des infrastructures et des équipements et, à un stade ultérieur, une base de données des actifs enregistrés par les Parties.

42. Le Chili a présenté le document de travail WP 56, intitulé « Rapport du Groupe de contact intersession sur la coopération en Antarctique », qui soulignait l'importance de la coopération entre les Parties pour ce qui concerne le partage d'expériences liées à la mise en œuvre des différentes normes du Système du Traité sur l'Antarctique conformément aux législations nationales, ainsi que l'importance des différents manuels et lignes directrices publiés et adoptés par les Parties, en particulier dans les États où les activités antarctiques sont embryonnaires.

43. Le COMNAP a indiqué que son objectif était d'encourager la coopération au niveau des opérations et de la logistique. Il a informé la Réunion qu'il

avait compilé plus de 200 documents pédagogiques émanant des programmes antarctiques nationaux et que ces documents étaient disponibles sur son site internet dans plusieurs langues.

44. La Réunion a remercié et félicité le Chili pour ses travaux et elle est convenue de poursuivre l'étude de la question du renforcement de la coopération en Antarctique et de proroger *mutatis mutandis* le mandat du GCI créé lors de la XXXVᵉ RCTA (Rapport final de la XXXVᵉ RCTA, paragraphes 51-54).

45. La Fédération de Russie a présenté le document de travail WP 20, intitulé « Zones marines protégées dans le Système du Traité sur l'Antarctique ». Elle a fait observer que, bien que la CCAMLR soit une organisation internationale indépendante impliquée dans la création d'AMP dans l'océan Austral, la RCTA était l'instance internationale chargée du développement de toutes les activités du STA. Sur la base de ce postulat, la Fédération de Russie a proposé que la question des AMP soit traitée au sein du STA.

46. Certaines Parties étaient d'accord avec certains éléments du WP 20 tandis que d'autres étaient en désaccord avec l'argumentation et les propositions.

47. La Réunion a estimé que la présence d'AMP en Antarctique était un outil utile de protection et de conservation du milieu marin antarctique.

48. La Réunion a fait observer que la RCTA pouvait protéger des zones marines en y désignant des zones spécialement protégées de l'Antarctique (ZSPA) et des zones spécialement gérées de l'Antarctique (ZSGA). Elle a également précisé que la CCAMLR avait établi un cadre juridique grâce auquel les AMP pouvaient être désignées dans la zone de la Convention de la CCAMLR. La CCAMLR a pour objectif la conservation de la faune et de la flore marines de l'Antarctique. Le terme « conservation » comprend leur utilisation rationnelle. Cette caractéristique intrinsèque confirme le rôle de la CCAMLR comme organe compétent pour l'établissement d'AMP au sein de la zone de la CCAMLR.

49. La RCTA a noté que la CCAMLR exige que les AMP soient créées sur la base des meilleures connaissances scientifiques disponibles et que, une fois établies, les AMP devraient faire l'objet d'un suivi et d'un examen périodiques et efficaces, conformément aux mesures de conservation pertinentes.

50. Tenant compte du fait que la RCTA et la CCAMLR ont pour objectif commun la conservation et la protection du milieu marin de l'Antarctique, la Réunion a encouragé l'échange continu d'informations entre les deux organisations sur cette question.

51.	La Réunion a invité toutes les Parties à poursuivre leurs discussions fructueuses sur les AMP au cours des prochains mois, en vue de la 33e réunion de la CCAMLR qui aura lieu à Hobart, en Australie, du 20 au 31 octobre 2014, et elle les a encouragées à travailler de manière constructive, au cours de cette période, afin de dégager un consensus sur l'établissement d'AMP.

52.	Les Pays-Bas ont présenté le document d'information IP 49, intitulé « The role of the Antarctic Treaty Consultative Meeting in protecting the marine environment through marine spatial protection ». Ce document s'intéressait au champ d'application et aux interrelations des différents instruments juridiques qui permettent à la RCTA et à d'autres organismes, tels que la CCAMLR, de protéger l'espace maritime. Les Pays-Bas ont insisté sur le fait que, bien que des progrès aient été accomplis en matière d'harmonisation des travaux des différents organismes du STA, leur coopération devait être renforcée afin que la RCTA puisse mieux protéger et préserver le milieu marin dans la zone du Traité sur l'Antarctique.

53.	La France a présenté le document d'information IP 62, intitulé « Strengthening Support for the Protocol on Environmental Protection to the Antarctic Treaty », préparé conjointement avec l'Australie et l'Espagne. Elle a souligné que sept des 15 États parties au Traité sur l'Antarctique, mais non parties au Protocole relatif à la protection de l'environnement, avaient signé, mais pas encore ratifié le Protocole, et que huit d'entre eux ne l'avaient ni signé ni ratifié. Le document faisait état des démarches entreprises par les huit États ayant indiqué que le processus de ratification et d'adhésion était en cours et serait achevé prochainement. Les nouvelles déclarations ne devront plus être transmises annuellement, mais tous les deux ou trois ans, en raison de la durée des processus de ratification.

54.	La Réunion a remercié les auteurs du document et les a félicités pour les résultats obtenus. La Réunion a pris acte de l'importance de l'implication des Parties et elle les a invitées à encourager les États non parties au Traité sur l'Antarctique, en particulier ceux qui mènent des activités en Antarctique, à adhérer au Traité sur l'Antarctique et au Protocole relatif à la protection de l'environnement.

55.	L'OMM a présenté le document d'information IP 30, intitulé « On the need for alignment in the Use and Provision of Polar Meteorological (and related) Observations, Research and Services ». Ce document recensait les possibilités de travail conjoint entre la RCTA et l'OMM en vue de réduire les risques découlant des phénomènes météorologiques et associés en

Antarctique. Elle a salué le travail que les États-Unis ont mené en qualité de pays organisateur du GCI et qui portait sur la mise à jour des mesures existantes de la RCTA liées aux questions opérationnelles en matière de météorologie et de domaines connexes. Elle a également insisté sur la nécessité d'harmoniser les besoins des Parties et les services qui pourraient être fournis par l'OMM.

56. Les États-Unis ont présenté le document de travail WP 45, intitulé « GCI Questions opérationnelles : Renforcer la coopération pour les levés hydrographiques et la cartographie des eaux de l'Antarctique ». Ils ont rendu compte de l'état d'avancement des travaux du GCI, chargé de réviser les Recommandations de la RCTA en matière de questions opérationnelles et qui s'était concentré sur la coopération pour les levés hydrographiques et la cartographie. Ils ont proposé que la Réunion adopte une résolution sur le renforcement de la coopération pour les levés hydrographiques et la cartographie des eaux de l'Antarctique.

57. Le Royaume-Uni et l'Australie ont salué le document présenté par les États-Unis, soulignant l'importance des levés hydrographiques et de la cartographie des eaux de l'Antarctique. Le Royaume-Uni a insisté sur le fait que tous les éléments des anciens instruments devraient être inclus dans la résolution révisée. La Nouvelle-Zélande et le Chili ont également soutenu cette initiative et l'adoption d'une résolution.

58. L'OHI a remercié les États-Unis et le COMNAP pour leurs travaux préparatoires et leur volonté de faire progresser leurs recommandations sur les questions opérationnelles. Elle s'est déclarée favorable à l'adoption de la résolution et a salué la reconnaissance, par la RCTA, de l'importance des levés hydrographiques et de la cartographie.

59. Prenant en considération le document de travail WP 45, la Réunion a poursuivi sa révision de plusieurs anciennes mesures de la RCTA sur des questions opérationnelles, sur le fondement des conseils fournis par des organismes d'experts compétents (OMM, OHI, COMNAP, SCAR et IAATO). La Réunion a remercié ces organismes pour leur coopération.

60. La Réunion est convenue que la Recommandation XV-19 et la Résolution 1 (1995) n'étaient plus d'actualité, mais qu'elles contenaient, à l'instar de la Résolution 3 (2003), de la Résolution 5 (2008) et de la Résolution 2 (2010), des dispositions générales sur la coopération en ce qui concerne les levés hydrographiques et la cartographie des eaux de l'Antarctique qui demeuraient valables. La RCTA a accepté d'intégrer les dispositions actuelles

et a adopté la Résolution 5 (2014), *Renforcement de la coopération lors de la campagne de relevés hydrographiques et du processus de cartographie des eaux de l'Antarctique.*

61. La Réunion est, par ailleurs, convenue que la Recommandation I-VII n'était plus d'actualité puisque les objectifs qu'elle préconisait avaient été atteints. Cependant, les Parties ont continué d'appuyer sans réserve l'échange d'informations concernant des problèmes logistiques. Par conséquent, rappelant les principes généraux énoncés dans la Recommandation I-VII adoptée par la première RCTA à Canberra, les Parties devraient continuer de s'échanger des informations concernant des problèmes logistiques. Ces échanges devraient avoir lieu de différentes manières et par l'entremise de diverses instances, y compris, mais sans s'y limiter, des colloques ou des réunions d'experts ou au sein du COMNAP.

62. La RCTA a réétudié la proposition énoncée dans le document de travail WP 1 de la XXXVIe RCTA, intitulé « Examen des recommandations de la RCTA sur les questions opérationnelles » (2013) concernant la Recommandation I-XII sur les services postaux et, malgré le développement des moyens de communication électroniques, la Réunion a estimé que la Recommandation demeurait valable. La RCTA est convenue d'aborder la question des moyens de communication électroniques séparément, en fonction des exigences.

63. La Résolution 6 (1998) et la Résolution 3 (2005) contenaient des paragraphes opératoires qui ne sont plus d'actualité. Cependant, les objectifs généraux énoncés dans ces résolutions restent importants pour planifier et intervenir d'urgence en cas de déversement d'hydrocarbures, et en matière de stockage et la manipulation des combustibles. La RCTA a, par conséquent, adopté la Résolution 1 (2014) « Stockage et manutention des combustibles », qui intègre ces dispositions.

64. La RCTA est convenue qu'un certain nombre de Recommandations liées à des données météorologiques n'étaient plus d'actualité, mais qu'elles contenaient des objectifs généraux sur la coopération météorologique, la facilitation et l'échange d'informations qui demeuraient valables. La RCTA est convenue d'intégrer les dispositions actuelles dans la Résolution 2 (2014), *Coopération, facilitation, et échange d'information météorologique, océanographique et cryosphérique connexes sur l'environnement.*

65. À la suite de l'adoption de ces nouvelles Résolutions, et parce que certaines mesures de la RCTA n'étaient plus d'actualité, la Réunion a adopté la Décision 1 (2014), *Mesures portant sur des aspects opérationnels désignés*

comme caduques. La Réunion a demandé au Secrétariat de rédiger un document pour la XXXVIIIe RCTA concernant les mesures de la RCTA sur les aspects opérationnels qui font toujours l'objet d'une révision. La Réunion a invité le COMNAP, le SCAR et l'OMM à prendre part à la révision de ces mesures en vue de la prochaine réunion.

66. Les États-Unis ont présenté le document de travail WP 42, intitulé « Promotion de la poursuite du développement du Code polaire ». Ils ont encouragé les Parties à manifester leur volonté de poursuivre le développement du Code international destiné aux navires exploité dans les eaux polaires (Code polaire). Les États-Unis ont également encouragé l'introduction dans le Code polaire de dispositions qui s'appliqueraient aux navires non couverts par la Convention pour la sauvegarde de la vie humaine en mer (SOLAS). Ce document a, par ailleurs, souligné que, bien que l'OMI soit l'organisme compétent pour établir des règles régissant la sécurité maritime et la protection du milieu marin en matière de navigation internationale, il appartenait à la RCTA d'appuyer l'OMI dans la réalisation de ces objectifs dans les eaux polaires.

67. Les Parties ont souhaité que la recommandation envoie un message de soutien vigoureux à l'OMI, l'encourageant à poursuivre le travail important engagé pour finaliser le Code polaire se rapportant à la sécurité des navires et la protection de l'environnement. À l'issue des discussions, les Parties ont également invité les États membres de l'OMI à examiner, dans un seconde temps, les questions supplémentaires en matière de protection de l'environnement et de sécurité, selon un calendrier à déterminer par l'OMI.

68. L'ASOC a présenté le document d'information IP 70, intitulé « Management of Vessels in the Antarctic Treaty Area ». Ce document faisait état de trois accidents de navires survenus dans l'océan Austral et il soulignait la pertinence de ces accidents par rapport aux précédentes recommandations de l'ASOC sur la communication complète des accidents de navires pour ce qui concerne le développement de nouvelles politiques et réglementations. Il insistait également sur la nécessité de renforcer les dispositions environnementales contenues dans la version actuelle du Code polaire et il soulignait l'importance d'étendre les études hydrographiques dans la région.

69. À l'issue de nouvelles discussions, la Réunion a adopté la Résolution 3 (2014) « Appui au Code polaire » et a demandé au Secrétaire exécutif de transmettre la Résolution au Secrétaire général de l'OMI.

Point 6 – Fonctionnement du Système du Traité sur l'Antarctique: examen de la situation du Secrétariat

70.   Le Secrétariat a présenté le document du Secrétariat SP 2, intitulé « Rapport du Secrétariat 2013/2014 », fournissant des informations détaillées sur les activités du Secrétariat au cours de l'exercice 2013/2014 (du 1er avril 2013 au 31 mars 2014).

71.   Le Secrétariat a présenté le document du Secrétariat SP 3, intitulé « Programme du Secrétariat pour l'exercice 2014/2015 », qui fait état des activités proposées au Secrétariat pour l'exercice 2014/2015 (du 1er avril 2014 au 31 mars 2015). Le Secrétaire exécutif a exprimé sa volonté de reconduire le contrat de l'adjoint du Secrétaire exécutif. La Réunion a renouvelé sa confiance à l'adjoint du Secrétaire exécutif et a salué l'intention du Secrétaire exécutif de renouveler son contrat pour une nouvelle période de quatre ans.

72.   Les principales activités du Secrétariat consistaient à épauler la XXXVIIe RCTA, à aider les Parties à publier leurs documents d'échange d'informations, à intégrer les informations relatives aux évaluations d'impact sur l'environnement (EIE) dans la Base de données des EIE, et à poursuivre ses efforts concernant la collecte de documents.

73.   Le Secrétariat a présenté le document du Secrétariat SP 4, intitulé « Profil budgétaire quinquennal 2014-2018 », présentant le profil budgétaire du Secrétariat pour la période 2014-2018.

74.   Au terme des discussions, la Réunion a adopté la Décision 2 (2014), *Rapport du Secrétariat, programme et budget*.

75.   Le Secrétariat a présenté le document du Secrétariat SP 10, intitulé « Rapport sur les démarches relatives à un système alternatif de rémunérations et de salaires », qui fait état des recherches effectuées sur les méthodes d'ajustement des rémunérations, adaptées à la situation du Secrétariat et de la contribution potentielle que le Secrétariat devra payer. Le Secrétariat a reçu deux propositions : l'une de la part du Service international pour les rémunérations et les pensions (SIRP) et l'autre du Birches Group, un cabinet de conseil spécialisé en ressources humaines et établi à New York (États-Unis).

76.   En réponse à une question posée sur la méthodologie décrite par le SIRP, le Secrétaire exécutif a précisé que cette dernière n'avait pas été dévoilée étant donné que la proposition avait été reçue dans le cadre d'un processus de consultation.

77. Le Secrétaire exécutif a ajouté que toute modification apportée à la méthode actuelle nécessiterait la mise en place d'un nouveau système afin que l'Argentine puisse continuer à contribuer à la rémunération du personnel du Secrétariat. Il a ainsi manifesté sa préférence pour le maintien des méthodes d'ajustement des rémunérations existantes.

78. La Réunion a convenu de maintenir les méthodes d'adaptation des rémunérations actuelles et a remercié le Secrétariat pour ses travaux sur la question.

79. La France a présenté le document de travail WP 38, intitulé « Rapport final du Groupe de contact intersession sur la mise en place d'un glossaire des termes et expressions utilisés par la RCTA », qui propose une mise à jour, sur le fondement des discussions pendant la période intersession, du document de travail WP 40 présenté à la XXXVIᵉ RCTA. Le document de travail WP 38 proposait : qu'un GCI permanent soit créé afin de poursuivre le développement du glossaire des termes et expressions fréquemment utilisés par la RCTA dans les quatre langues officielles du Traité ; que les Parties consultatives, les Parties non consultatives, le Secrétariat, les observateurs et les experts soient invités à se prononcer sur le document ; et que le Secrétariat, agissant dans la limite des ressources disponibles, succède à la France au poste de responsable du GCI.

80. La Réunion a remercié la France pour la mise au point de cet outil extrêmement utile. De nombreuses Parties ont noté que le Glossaire, en tant que document évolutif, nécessiterait des mises à jour régulières. Certaines Parties ont exprimé des inquiétudes quant au fait que le Secrétariat assume la responsabilité d'un GCI.

81. La Réunion a convenu de ne pas adopter officiellement le glossaire, mais de le considérer comme un document d'information et de le publier sur le site Web du Secrétariat. Elle a également demandé au Secrétariat de soumettre les documents du Secrétariat aux futures réunions, lorsque la mise à jour du glossaire serait nécessaire.

Point 7 – Plan de travail stratégique pluriannuel

82. Plusieurs Parties ont souligné la nécessité d'intégrer une certaine souplesse au Plan de travail stratégique pluriannuel et ont fait remarquer que les discussions sur le Plan de travail ne devraient pas interférer avec l'ordre du jour prévu de la Réunion. À la demande de la Réunion, le Président du Groupe de travail sur

les questions juridiques et institutionnelles s'est entretenu avec les Présidents du Groupe de travail sur les questions opérationnelles et du Groupe de travail sur le tourisme et les activités non gouvernementales, au sujet de la poursuite des développements du Plan de travail.

83.   L'Uruguay a proposé d'œuvrer au développement d'un Système du Traité sur l'Antarctique favorisant encore davantage l'intégration et la coopération et d'inscrire cet objectif comme priorité supplémentaire dans le Plan de travail stratégique pluriannuel. L'objectif serait d'accroître la coopération entre les Parties et d'assurer la participation efficace de toutes les Parties aussi bien aux Réunions consultatives du Traité sur l'Antarctique, qu'à la préparation des documents devant être présentés lors de ces réunions et à la réalisation d'inspections conjointes et de projets scientifiques collaboratifs.

84.   La Réunion a soutenu cette proposition et a convenu de l'importance d'améliorer l'intégration et l'efficacité au sein du STA, et ce, en intensifiant la coopération et en analysant l'efficacité de la structure et des méthodes de travail actuelles de la Réunion consultative du Traité sur l'Antarctique.

85.   Concernant les recommandations 3 et 6 de l'étude du CPE sur le tourisme, la France a suggéré que la RCTA donne suite à ces recommandations et inclut cette tâche au Plan de travail stratégique pluriannuel. Par ailleurs, elle a souligné l'importance de renforcer les relations et d'améliorer le dialogue entre le CPE et la RCTA, à travers leurs plans de travail respectifs. La Réunion a approuvé cette proposition.

86.   La Réunion a convenu d'accorder une attention particulière, lors de la XXXVIIIe RCTA, aux questions sur les autorités compétentes en matière de tourisme et d'activités non gouvernementales. Elle a également accepté de donner la priorité, au cours de la période intersession 2014/2015, au travail du GCI sur le développement d'un ordre du jour destiné au Groupe de travail spécial consacré aux questions sur les autorités compétentes en matière de tourisme et aux activités non gouvernementales.

87.   Bien que la Réunion accepte de mettre l'accent, au cours de la XXXVIIIe RCTA, sur les discussions portant sur les questions sur les autorités compétentes, elle a également encouragé les Parties à soumettre des documents sur d'autres questions relatives au tourisme et aux activités non gouvernementales.

88.   Au terme d'un vaste débat, la Réunion a adopté la Décision 3 (2014), *Plan de travail stratégique pluriannuel pour la Réunion consultative du Traité sur l'Antarctique,* comprenant deux nouvelles priorités.

Point 8 – Rapport du Comité pour la protection de l'environnement (CPE)

89.   Dr Yves Frenot, Président du Comité pour la protection de l'environnement (CPE), a présenté le rapport du XVIIe CPE. Le CPE a examiné 43 documents de travail (WP), 52 documents d'information (IP), 4 documents de Secrétariat (SP) et 8 documents de contexte (BP).

Discussion stratégique sur les futurs travaux du CPE (Point 3 de l'ordre du jour du CPE)

90.   Le Président du CPE a mentionné que le Comité a été informé du développement du Portail des environnements en Antarctique et a encouragé les auteurs de proposition à achever la mise en place du Portail avant le XVIIIe CPE de 2015. Cela permettrait de concrétiser son objectif, à savoir, de soutenir les travaux du CPE en fournissant des informations scientifiques mises à jour sur les questions prioritaires traitées par le Comité dans le cadre du Plan de travail quinquennal.

91.   Le Comité a eu connaissance des prochaines étapes prévues dans le développement du Portail et de nombreuses Parties ont manifesté leur enthousiasme quant à l'initiative du Portail, ainsi que leur satisfaction quant à la qualité des réponses apportées par la Nouvelle-Zélande, en coopération avec l'Australie, la Belgique, la Norvège et le SCAR, aux commentaires faits au cours du XVIe CPE.

92.   Le Président du CPE a pu noter qu'au cours des débats sur les évolutions à venir du Portail, plusieurs Membres ont recommandé de garantir un équilibre dans la composition des membres du Comité éditorial proposé, et qu'un mandat clair lui soit attribué, afin de s'assurer que les contenus du Portail restent apolitiques et basés sur des recherches publiées et réexaminées par les pairs.

93.   La RCTA a salué les progrès constants enregistrés dans l'élaboration du Portail des environnements de l'Antarctique. Les États-Unis, le Royaume-Uni, la Norvège et l'Australie ont remercié la Nouvelle-Zélande pour cette initiative et ont exprimé le souhait que le Portail contribue aux travaux du CPE. Par ailleurs, l'Australie a fait part de sa satisfaction de contribuer à l'initiative, tandis que la Nouvelle-Zélande a exprimé sa gratitude pour l'aide apportée par toutes les délégations. L'Argentine a salué le travail accompli par le Dr Yves Frenot, en tant que Président du CPE, et a mis en évidence les progrès accomplis par la Nouvelle-Zélande dans le développement du Portail

des environnements en Antarctique. En la matière, l'Argentine a notamment mis en avant les réponses fournies par la Nouvelle-Zélande aux questions soulevées par certaines Parties quant à la disponibilité des informations dans les quatre langues officielles du Traité sur l'Antarctique et à la possibilité d'intégrer plus de Membres du CPE dans le Comité éditorial. L'Argentine a appuyé la poursuite de la coopération au cours de la période intersession, en vue de continuer à développer l'initiative du Portail et apporter une solution aux problèmes non résolus.

94. Le Président du CPE a également souligné que le 25e anniversaire de la signature du Protocole au Traité sur l'Antarctique relatif à la protection de l'environnement, qui sera célébré en 2016, marquera une date importante. L'Argentine et le Chili ont suggéré que les Membres envisagent de lancer des activités de sensibilisation du public afin d'attirer l'attention sur le Comité et ses réalisations. Concernant le 25e anniversaire du Protocole de Madrid, l'Argentine a souligné que ce serait l'occasion idéale de mettre l'accent sur l'importance du Protocole en tant qu'outil essentiel de la protection de l'environnement et, pour le CPE, de relever les défis à venir avec le niveau de compétence dont il a fait preuve jusqu'à présent.

95. L'Argentine a suggéré la possibilité de préparer une publication en ligne, exempte de jargon, qui pourrait être diffusée au sein de diverses institutions gouvernementales ou non gouvernementales et différents établissements scolaires et universitaires. La Norvège a fait remarquer que l'évènement serait l'occasion de dresser le bilan de l'efficacité des synergies entre le CPE, en tant qu'organe consultatif, et la RCTA. Par ailleurs, elle a noté qu'elle était disposée à débattre plus en avant avec les autres Membres intéressés par la planification d'un tel évènement. En réponse à la Norvège, le Chili a fait part de son souhait de soutenir l'organisation d'un tel colloque en 2016, avant la XXXIXe RCTA. Le Royaume-Uni, la Norvège, le Brésil et la Nouvelle-Zélande ont, quant à eux, indiqué que le 25e anniversaire représentait une occasion idéale pour mettre en avant l'importance du travail mené par le CPE.

96. Le Comité a convenu que le libellé de toute publication devrait être validé par consensus, et devrait par conséquent être concis et basé sur des faits. Il a en outre convenu que, parallèlement à la mise en valeur des réalisations, il était important de rester attentif aux défis actuels et émergents de l'environnement en Antarctique, notamment les défis identifiés dans le Plan de travail quinquennal du CPE. Le Comité a décidé de poursuivre les discussions informelles à ce sujet durant la période intersession.

97.   Le Président du CPE a signalé que le Comité a révisé et mis à jour son Plan de travail quinquennal. Le Comité a décidé de reclasser en priorité 2 le thème relatif à la *Mise en œuvre et amélioration des dispositions de l'Annexe I relative à l'Évaluation d'impact sur l'environnement (EIE)*.

Fonctionnement du CPE (Point 4 de l'ordre du jour du CPE)

98.   Le Président du CPE a informé la Réunion que le Secrétariat avait présenté le document du Secrétariat SP 7, *Plan de travail stratégique pluriannuel de la RCTA : rapport du Secrétariat sur les exigences en matière d'échange d'informations et sur le Système électronique d'échange d'informations*. Le Secrétariat a noté que ce document serait débattu en profondeur à la RCTA.

99.   Le Comité a noté son intérêt à participer aux débats sur les exigences en matière d'échange d'informations environnementales et a convenu d'attendre les conclusions des discussions tenues à la RCTA sur le document de travail WP 55, intitulé « Examen des conditions de l'échange d'information », soumis à la RCTA par l'Australie.

Coopération avec d'autres organisations (Point 5 de l'ordre du jour du CPE)

100.   Le Président du CPE a indiqué que le Comité a reçu les rapports annuels du COMNAP, du SCAR et de la CCAMLR, qui avaient également été présentés à la RCTA. En outre, l'observateur du Comité scientifique de la CCAMLR (SC-CAMLR) avait alors présenté le document d'information IP 10, intitulé « Rapport de l'observateur du SC-CAMLR à la dix-septième réunion du Comité pour la protection de l'environnement ».

Réparation des dommages et remise en état de l'environnement (Point 6 de l'ordre du jour du CPE)

101.   Le Président du CPE a signalé que l'Australie avait présenté le document de travail WP 28, intitulé « Activités de nettoyage de l'Antarctique : liste de contrôle pour l'évaluation préliminaire de sites », qui propose une liste de vérification pour l'évaluation des sites. Par ailleurs, il a indiqué que le Comité avait convenu d'ajouter quelques suggestions mineures émises par les Membres et d'inclure la liste de vérification dans le chapitre 3 du « Manuel de nettoyage » du CPE, manuel qui a été adopté à Bruxelles par la Résolution 2 (2013), comme une ressource potentielle à l'attention de ceux qui planifient ou entreprennent des activités de nettoyage en Antarctique.

102.   Le Président du CPE a également ajouté que le Comité avait reçu un rapport faisant état des progrès du Brésil dans la remise en état du site de la station Comandante Ferraz, détruite par un incendie. Le Brésil avait présenté un exposé informatif sur les activités menées sur le site. En outre, le CPE avait remercié le Brésil pour les informations fournies dans le cadre de son projet de réhabilitation et avait exprimé son souhait de recevoir les prochaines mises à jour de la part du Brésil.

Conséquences des changements climatiques pour l'environnement (Point 7 de l'ordre du jour du CPE)

103.   Le Président du CPE a signalé que le Comité avait reconnu les progrès réalisés par le GCI concernant les travaux relatifs aux changements climatiques. Ces travaux, dirigés par la Norvège et le Royaume-Uni, avaient pour objectif ultime d'élaborer un programme de travail destiné au CPE, en réponse aux changements climatiques.

104.   Le Comité a convenu que le GCI devait poursuivre ses travaux et exécuter ses tâches liées à la phase finale du processus, afin de mener à bien les attributions de son mandat qui n'ont pas encore été abordées. Tout en approuvant le travail du GCI, le Comité a appelé à une participation accrue de tous les Membres dans le processus et a également décidé de charger le Secrétariat de la poursuite des mises à jour des recommandations émises par la Réunion d'experts du Traité sur l'Antarctique (RETA), afin de les aligner sur les recommandations du XIVe CPE.

105.   Le Président du CPE a fait remarquer que les États-Unis d'Amérique, le Royaume-Uni et la Norvège avaient suggéré que la RCTA poursuive le développement de nouveaux systèmes d'observation afin de mieux comprendre les processus climatiques. Ces Parties avaient également recommandé que la RCTA encourage les efforts entrepris pour renforcer la coordination, dans le but de répondre aux priorités de recherche sur le climat et de continuer à soutenir la coopération entre le CPE et le SC-CAMLR dans les domaines d'intérêt commun, au travers d'ateliers conjoints périodiques.

106.   La RCTA a salué le travail du GCI sur les changements climatiques. Les États-Unis d'Amérique, le Royaume-Uni, la Nouvelle-Zélande, la Norvège et l'Australie ont mis en évidence le fait que les changements climatiques étaient l'un des principaux défis auxquels devait faire face le CPE. L'Argentine a souligné l'importance de concentrer les discussions sur les effets ou les conséquences des changements climatiques en Antarctique. Au cours de

ces discussions, il convient de tenir compte du fait que ce problème émane d'activités menées dans d'autres régions du monde et que les émissions émises en Antarctique sont minimes et n'ont pas d'impact significatif sur les changements climatiques mondiaux. Lors de l'adoption du rapport, tout en reconnaissant l'importance de lutter contre les effets des changements climatiques, le Brésil et la Chine ont une nouvelle fois exprimé leur opinion, déjà partagée au cours des discussions du CPE, selon lequel le programme de travail devrait tenir compte des résultats des discussions d'autres forums multilatéraux, tels que la CCNUCC et le Protocole de Kyoto.

107. Le Comité a également salué la proposition d'organiser un deuxième atelier conjoint

    CPE/SC-CAMLR sur cette question, afin de poursuivre les discussions du premier atelier organisé lors de la XXXII⁰ RCTA, en 2009 à Baltimore. Un tel atelier se pencherait à la fois sur l'identification des effets des changements climatiques considérés comme les plus susceptibles d'influer sur la conservation de l'Antarctique, et sur la définition des sources existantes et potentielles de données de recherche et de surveillance pertinentes pour le CPE et le SC-CAMLR. Des discussions supplémentaires doivent avoir lieu lors de la prochaine réunion du SC-CAMLR qui se tiendra à Hobart en octobre 2014 et il est attendu des Membres qu'ils s'entretiennent avec leurs représentants SC-CAMLR respectifs.

108. L'Argentine a mis l'accent sur le futur atelier conjoint CPE/SC-CAMLR, tandis que la RCTA a reconnu l'importance de la problématique des changements climatiques, considérée comme priorité 1 dans le Plan de travail quinquennal du Comité, et a soutenu la proposition d'atelier CEP/SC-CAMLR.

109. Suite à la recommandation du XV⁰ CPE d'approuver un essai visant à tester l'applicabilité de la méthodologie de l'Évaluation rapide de la résilience des écosystèmes circum-arctiques (RACER) dans la partie terrestre de l'Antarctique, le Président du CPE a indiqué que le Comité :

    • a convenu que les Parties tiennent compte de la résilience dans la désignation, la gestion et l'examen des zones protégées ;

    • a reconnu le RACER comme un possible outil pour déterminer les principales caractéristiques importantes qui confèrent de la résilience (en remarquant qu'il peut être adapté pour une utilisation dans des parties plus productives et diversifiées de l'Antarctique), et a noté que la protection des zones qui sont résilientes aux changements climatiques pourrait contribuer à la protection de la biodiversité sur le long terme ; et

- continuerait à encourager le support continu pour une coopération renforcée entre les experts intéressés par l'étude de l'applicabilité de la méthodologie RACER en Antarctique.

Évaluation d'impact sur l'environnement (Point 8 de l'ordre du jour du CPE)

Projets d'évaluations globales d'impact sur l'environnement (EGIE)

110. Le Président du CPE a indiqué que deux projets d'évaluation globale d'impact sur l'environnement (EGIE) avaient été présentés en amont du XVIIe CPE et examinés par deux groupes de contact lors de la période intersession.

111. Le Comité a examiné l'EGIE préparé par la Chine et portant sur la proposition de construction et d'exploitation d'une nouvelle station de recherche chinoise à Terre Victoria, ainsi que le rapport du GCI rédigé par les États-Unis d'Amérique et visant à étudier le projet d'EGIE. Le Comité a également examiné des informations fournies par la Chine sur sa réponse initiale aux commentaires du GCI. Par ailleurs, le Comité a passé en revue les informations complémentaires apportées par la Chine au cours de la Réunion, en réponse aux questions soulevées par le GCI, et a ainsi indiqué à la Réunion que :

    1. le projet d'EGIE répondait dans l'ensemble aux exigences de l'Article 3 de l'Annexe I du Protocole au Traité sur l'Antarctique relatif à la protection de l'environnement.

    2. le projet d'EGIE était dans l'ensemble clair, bien structuré et bien présenté, même si l'EGIE finale devait présenter des cartes améliorées (notamment de l'emplacement des bâtiments et des installations par rapport à l'aire de répartition des espèces sauvages et aux Sites et monuments historiques (SMH)) et des figures plus précises, dessinées à l'échelle et comportant des notes et des légendes ;

    3. les informations contenues dans le projet d'EGIE soutenaient la conclusion de l'auteur de la proposition, selon laquelle la construction et l'exploitation de la station chinoise auraient probablement un impact plus que mineur ou transitoire sur l'environnement ; et

    4. si la Chine avait décidé de poursuivre l'activité proposée, certains points auraient dû faire l'objet d'informations complémentaires ou de clarifications dans l'EGIE finale requise. Il a été tout particulièrement suggéré à la RCTA que des détails complémentaires devraient être fournis pour les points suivants :

        - le programme scientifique prévu, notamment par rapport aux autres programmes nationaux menés dans les régions de la baie de Terra Nova et de la mer de Ross ;

- l'état initial de référence de l'environnement, en se concentrant sur la géologie de la région, les sols, l'eau douce et les communautés marines côtières, ainsi que sur la répartition et l'abondance des communautés faunistiques et floristiques ;

- la description des méthodes utilisées pour prévoir les impacts de l'activité proposée ;

- les mesures d'atténuation portant sur les espèces non indigènes, la gestion des combustibles et la production d'énergie, ainsi que sur les perturbations potentielles et leur impact sur la faune, la flore et les SMH à proximité ;

- les risques d'impacts cumulatifs des activités de recherche opérationnelle et scientifique dus à la pluralité des programmes nationaux menés dans la région de la baie de Terra Nova ;

- la production d'énergie éolienne, en raison de la vitesse extrêmement élevée et variable du vent sur le site proposé ;

- la gestion des déchets, y compris les alternatives au four pyrolyse magnétique ;

- les plans de démantèlement de la station ;

- le programme de surveillance environnementale prévu ; et

- les possibilités d'engager des discussions sur la coopération et la coopération avec les autres programmes nationaux menés dans les régions de la baie de Terra Nova et de la mer de Ross, ainsi qu'avec les autres programmes nationaux.

112. Le Comité a examiné en détail le projet d'EGIE préparé par le Belarus pour la construction et l'exploitation d'une nouvelle station de recherche bélarusse au Mont Vechernaya, Terre Enderby, ainsi que le rapport du GCI établi par l'Australie et visant à examiner le projet d'EGIE. Par ailleurs, le Comité a passé en revue les informations complémentaires apportées par le Belarus dans sa présentation effectuée au cours de la Réunion, en réponse aux questions soulevées par le GCI. Sur la base de ces informations, le Comité a ainsi informé la Réunion que :

1. le projet d'EGIE répondait dans l'ensemble aux exigences de l'article 3 de l'Annexe I du Protocole au Traité sur l'Antarctique relatif à la protection de l'environnement.

2. si le Belarus décidait de poursuivre l'activité proposée, certains points devraient faire l'objet d'informations complémentaires ou de clarifications dans l'EGIE finale requise. Le Comité a suggéré tout particulièrement à la RCTA d'approfondir les informations pour les points suivants :

- la description de l'activité proposée, y compris les activités scientifiques projetées, les installations scientifiques et les infrastructures auxiliaires, ainsi que les plans de démantèlement de la station ;

- les autres emplacements possibles, notamment les sites alternatifs des nouvelles infrastructures dans la zone de la station du Mont Vechernyaya ;

- certains aspects de l'état initial de référence environnementale, concernant notamment la faune et la flore, l'environnement marin côtier et le biote du lac ;

- la description des méthodes utilisées pour prévoir les impacts de l'activité proposée ;

- les risques d'impact direct sur la faune et la flore, les environnements paysagers et lacustres et les risques que représentent les espèces non indigènes ;

- les mesures d'atténuation liées à la gestion des combustibles et de l'énergie, aux espèces non indigènes, à la gestion des déchets et des eaux usées, et aux perturbations des espèces sauvages dues aux opérations aériennes ;

- les impacts cumulatifs éventuels imputables aux activités existantes et aux autres activités planifiées dans la zone ;

- le programme de surveillance environnementale prévu ; et

- d'autres possibilités de coopération internationale.

3. Les informations fournies dans le projet d'EGIE n'étayaient pas la conclusion selon laquelle les impacts dus à la construction et à l'exploitation de la station proposée seraient probablement mineurs ou transitoires.

4. Le projet d'EGIE était dans l'ensemble clair, bien structuré et bien présenté, bien qu'il ait été recommandé d'apporter des améliorations aux cartes et aux figures et que des informations complémentaires et des clarifications aient été nécessaires pour faciliter l'évaluation globale de l'activité proposée.

113. La RCTA a approuvé les conseils du CPE et a encouragé les Parties auteurs de propositions à tenir pleinement compte des questions soulevées si elles décidaient de poursuivre les activités proposées.

Autres questions relatives aux EIE

114. Le Président du CPE a signalé que l'Allemagne et la Pologne avaient identifié des impacts environnementaux potentiels liés à l'utilisation de véhicules

aériens sans pilote (UAV, en anglais), au vu de l'utilisation accrue qui en est faite à des fins scientifiques et non scientifiques dans la zone de l'Antarctique. Les États-Unis d'Amérique avaient présenté des informations sur un sujet similaire : l'utilisation des systèmes d'aéronefs sans pilote pour la recherche, la surveillance et l'observation en Antarctique. Plusieurs Membres avaient souligné les avantages scientifiques et environnementaux potentiels des UAV pour la recherche et le suivi environnemental, ainsi que les risques potentiels liés à cette activité en matière de sécurité, d'environnement et en matière opérationnelle.

115. En vue de la poursuite des discussions lors du XVIIIᵉ CPE, le Comité a exigé que soient élaborés : des rapports du SCAR et du COMNAP sur l'utilité et les risques de l'exploitation d'UAV en Antarctique ; un document de l'IAATO présentant son expérience et ses pratiques actuelles concernant les UAV ; et un document supplémentaire relatif à l'expérience des Membres en la matière. Le CPE a également inclus les UAV dans son Plan de travail quinquennal.

116. Le Président du CPE a fait part d'informations recueillies par les États-Unis d'Amérique et la Norvège sur les approches utilisées par les autorités compétentes pour traiter des questions relatives aux activités de campement menées par les organisations non gouvernementales. Plusieurs Membres avaient mis en évidence la nécessité d'harmoniser les procédures et les règles applicables à la délivrance de permis autorisant les activités de campement côtier. Les États-Unis d'Amérique avaient, quant à eux, convenu de mener des discussions intersessios informelles sur le sujet.

117. Le Comité a examiné les discussions antérieures de l'Australie sur la révision des lignes directrices relatives aux EIE, ainsi qu'un document du Royaume-Uni étudiant la probabilité que les mécanismes additionnels améliorent le processus d'EIE. Étant donné que les précédentes discussions sur le sujet avaient été initialement prévues pour la période intersession, le Comité a mis en place un GCI, avec les mandats suivants :

   • déterminer si les Lignes directrices relatives aux EIE annexées à la Résolution 1 (2005) doivent être modifiées pour traiter des questions telles que celles identifiées dans le document WP 29 présenté lors de la XXXVIIᵉ RCTA (Australie) et, le cas échéant, suggérer les modifications à apporter aux Lignes directrices ;

   • noter les questions soulevées dans le cadre des débats menés au titre du point 1 du mandat, qui relèvent d'une politique plus vaste, ainsi que les autres questions relatives à l'élaboration et à la gestion des EIE, qui pourraient alimenter la poursuite des discussions du CPE, dans le but de renforcer la mise en œuvre de l'Annexe I au Protocole ; et

- fournir un rapport initial au XVIIIe CPE, sachant que ce travail prendrait plus d'une période intersession.

118. La RCTA a accueilli favorablement la révision des Lignes directrices pour l'EIE, étant donné qu'elles n'avaient pas été révisées depuis un certain temps, et a signalé l'extrême importance de la discussion. En lien avec le 25e anniversaire du CPE qui sera célébré en 2016, le Royaume-Uni a salué l'organisation de discussions politiques plus larges au sein du CPE, en vue d'évaluer si les actuelles exigences en matière d'EIE étaient appropriées au XXIe siècle.

119. La France et la Belgique ont fourni une analyse des facteurs poussant les Membres à choisir entre une Évaluation préliminaire d'impact sur l'environnement (EPIE) et une EGIE pour différentes activités, notant des divergences d'interprétation du concept « d'impact mineur ou transitoire ». Bien que le Comité n'ait pas convenu de créer un GCI, il a décidé d'engager une réflexion sur la question de manière informelle, au cours de la période intersession.

120. L'Espagne a rappelé à la Réunion que, conformément à l'Annexe I du Protocole, chaque Membre évalue les impacts environnementaux selon les procédures nationales dont il dispose.

121. L'ASOC a soumis une analyse des résultats scientifiques fournis par les stations de l'Antarctique, centrée sur le partage d'infrastructures en tant qu'alternative à la construction de nouvelles stations. Remerciant l'ASOC pour le document, plusieurs Membres ont exprimé leurs inquiétudes concernant les méthodes d'analyse employées dans le document, en notant que celui-ci ne rendait pas compte de l'importance des projets de longue durée et ne couvrait pas les dix dernières années, durant lesquelles la production scientifique aurait augmenté en raison de la construction de nouvelles stations au cours de cette période.

122. L'ASOC a noté que l'analyse présentée dans le document traitait expressément de la limite des données et que les Membres avaient exprimé leur soutien à l'analyse. Par ailleurs, l'ASOC a souligné que le partage d'infrastructures était beaucoup l'exception à la règle.

123. Le Royaume-Uni a remercié l'ASOC pour son document éclairé et a souligné que ce dernier avait permis de mettre en évidence les avantages du partage des installations et d'encourager les discussions sur la coopération actuelle et le partage des moyens logistiques dans la zone du Traité sur l'Antarctique.

Le Royaume-Uni a spécifiquement fait référence à la conclusion du CPE, précisant qu'il n'était pas nécessaire pour un Etat signataire du Traité sur l'Antarctique de construire sa propre station afin de bénéficier du statut de Partie consultative.

Protection et gestion des zones (point 9 de l'ordre du jour du CPE)

Plans de gestion pour les zones protégées et gérées

124. Le Président du CPE a informé la RCTA que des plans de gestion révisés relatifs à 20 Zones spécialement protégées de l'Antarctique (ZSPA) et Zones gérées spéciales de l'Antarctique (ZGSA) et deux propositions visant à désigner de nouvelles ZSPA lui avaient été soumis. Huit de ces plans ont fait l'objet d'une révision par le Groupe subsidiaire sur les plans de gestion (GSPG) tandis que les autres ont directement été soumis au XVIIe CPE.

125. Le Président du CPE a signalé que, à la suite de l'élargissement de la ZSPA n°162, le Comité a recommandé à la RCTA de déclasser la ZGSA n°3 (cap Denison, baie du Commonwealth, Terre George V, Antarctique oriental).

126. Le Président du CPE a également noté que, la ZSPA n°118 et la ZSPA n°130 étant incluses dans le nouveau projet de ZSPA aux sites géothermiques de haute altitude dans la région de la mer de Ross, le Comité a recommandé à la RCTA de déclasser ces deux ZSPA.

127. Faisant sien l'avis du CPE, la Réunion a adopté les mesures suivantes sur les zones protégées :

- Mesure 1 (2014) *Zone spécialement protégée de l'Antarctique n°113 (île Litchfield, port Arthur, île Anvers, archipel Palmer) : plan de gestion révisé.*

- Mesure 2 (2014) *Zone spécialement protégée n°121 (Cap Royds, île de Ross) : plan de gestion révisé.*

- Mesure 3 (2014) *Zone spécialement protégée n°124 (Cap Crozier, île de Ross) : plan de gestion révisé.*

- Mesure 4 (2014) *Zone spécialement protégée n°128 (côte occidentale de la baie de l'Amirauté, île du Roi Georges, îles Shetland du Sud) : plan de gestion révisé.*

- Mesure 5 (2014) *Zone spécialement protégée de l'Antarctique n°136 (péninsule Clark, côte Budd, Terre de Wilkes, Antarctique de l'Est) : plan de gestion révisé.*

- Mesure 6 (2014) *Zone spécialement protégée de l'Antarctique n°139 (pointe Biscoe, île Anvers, archipel Palmer) : plan de gestion révisé.*

- Mesure 7 (2014) *Zone spécialement protégée n°141 (vallée Yukidori, Langhovde, baie Lützow-Holm) : plan de gestion révisé.*

- Mesure 8 (2014) *Zone spécialement protégée n°142 (Svarthamaren) : plan de gestion révisé.*

- Mesure 9 (2014) *Zone spécialement protégée de l'Antarctique n°162 (Cabanes Mawson, Cap Denison, Baie du Commonwealth, Terre de George V, Antarctique de l'Est) : plan de gestion révisé.*

- Mesure 10 (2014) *Zone spécialement protégée de l'Antarctique n°169 (Baie Amanda, côte Ingrid Christensen, Terre Princesse Elizabeth, Antarctique de l'Est) : plan de gestion révisé.*

- Mesure 11 (2014) *Zone spécialement protégée de l'Antarctique n°171 (pointe Narebski, péninsule Barton, île du Roi Georges) : plan de gestion révisé.*

- Mesure 12 (2014) *Zone spécialement protégée de l'Antarctique n°174 (Stornes, Collines Larsemann, Terre Princesse Elisabeth) : plan de gestion.*

- Mesure 13 (2014) *Zone spécialement protégée de l'Antarctique n°175 (zones géothermiques de haute altitude de la région de la mer de Ross) : plan de gestion.*

- Mesure 14 (2014) *Zone gérée spéciale de l'Antarctique n°1 (Baie de l'Amirauté, île du Roi Georges) : plan de gestion révisé.*

- Mesure 15 (2014) *Zone gérée spéciale de l'Antarctique n°6 (collines Larsemann, Antarctique oriental) : plan de gestion révisé.*

128. Relativement au plan de gestion révisé pour la ZGSA n°1, les États-Unis d'Amérique ont rappelé la présentation du Comité scientifique de la CCAMLR au CPE, qui avait mis en lumière le fait que la procédure de la Décision 9 (2005) consistant à soumettre des projets de plans de gestion incluant les zones marines à l'approbation de la CCAMLR dans certaines circonstances avait été suivie dans le cas du plan de gestion révisé pour la ZGSA n°1. Lors de cette présentation de l'observateur du Comité scientifique de la CCAMLR auprès du CPE, il a été fait mention de l'accord de la CCAMLR de l'année dernière selon lequel, conformément à la procédure établie à la Décision 9 (2005), toute proposition visant à entreprendre une exploitation commerciale des ressources au sein d'une ZGSA devait être soumise à la CCAMLR pour examen, et les activités décrites dans cette proposition ne pouvaient être menées qu'avec l'accord préalable de la CCAMLR. Les États-Unis d'Amérique ont noté que ce mécanisme de

communication d'avis de la CCAMLR à la RCTA avait été inclus dans le plan de gestion révisé pour la ZGSA 1 et les États-Unis d'Amérique ont salué cet exemple concret de coopération et d'harmonisation entre la CCAMLR et la RCTA. L'Australie est convenue que la ZGSA constituait un instrument de coopération et de collaboration important.

129. En outre, le Comité a décidé de transmettre les plans de gestion révisés et le projet de nouvelle ZSPA suivants au GSPG pour examen en période intersession :

   - ZSPA n°125 (péninsule Fildes, île du Roi Georges (Chili)).
   - ZSPA n°150 (île Ardley (péninsule Ardley), baie Maxwell, île du Roi Georges (Chili)).

Autres questions relevant des plans de gestion pour les zones protégées et gérées

130. Le Président du CPE a informé que le Comité a examiné la charge de travail actuelle du GSPG et est convenu que le GSPG devait répondre aux besoins en matière de documents d'orientation pour la création de ZGSA et pour la préparation et la révision de plans de gestion de ZGSA en période intersession.

131. Répondant au rapport du Président du CPE, l'Australie a salué le travail intersession relatif aux documents d'orientation pour la désignation de ZGSA et la préparation de plans de gestion, et a noté que le travail complèterait les lignes directrices existantes relatives aux ZSPA. L'Australie a observé que ce travail contribuerait utilement au système de zone protégée.

132. Le CPE a informé que la Chine a fait part des discussions informelles intersession relatives au projet de nouvelle ZGSA à la station chinoise antarctique Kunlun, Dôme A. La Chine avait signalé que des questions cruciales avaient été identifiées durant les débats, notamment la façon dont les Parties utilisent le mécanisme mis à disposition par le Protocole ainsi que les différences d'interprétation de l'Annexe V, dues à des différences de formulation d'une version linguistique à l'autre. La Chine avait noté que des participants n'avaient toujours pas marqué leur accord sur cette proposition et qu'elle nourrissait toujours l'espoir de promouvoir l'intérêt de protéger le Dôme A en désignant une ZGSA. Le Comité a accepté l'offre de la Chine de poursuivre les discussions informelles sur ce projet de ZGSA.

133. Le Royaume-Uni a annoncé que, sur la base des données de télédétection les plus récentes, les valeurs originelles justifiant la protection de la ZSPA n°114

(île Coronation du Nord, îles Orcades du Sud) n'étaient plus valides. Insistant sur le fait que le site jouissait toujours de la protection générale du Protocole relatif à l'environnement, le Comité est convenu qu'il n'était plus nécessaire d'accorder une protection supplémentaire assurée par le statut de ZSPA, et a par conséquent recommandé le déclassement de la ZSPA n°114.

134. Faisant sien l'avis du CPE, la Réunion est convenue de déclasser la ZSPA n°114 et a adopté la Mesure 16 (2014) *Zone spécialement protégée de l'Antarctique N°114 (île Coronation du Nord, îles Orcades du Sud) : plan de gestion abrogé.*

Sites et monuments historiques

135. Le Président du CPE a indiqué qu'aucun document n'avait été soumis à ce point de l'ordre du jour.

Lignes directrices pour les visites de sites

136. Le Royaume-Uni a informé le Comité que la présence de matériaux contenant de l'amiante au SMH n°63 (Base Y, île Horseshoe) était confirmée. Le Comité a approuvé les Lignes directrices révisées pour les visites de sites pour l'île Horseshoe indiquant : i) la présence établie de matériaux contenant de l'amiante dans les combles ; ii) que les visiteurs ne sont plus autorisés à accéder aux combles ; et iii) que les visiteurs doivent signaler tout dégât significatif occasionné au toit à la British Antarctic Survey.

137. Le Comité a approuvé les Lignes directrices révisées pour les visites de sites pour les cabanes Mawson et le cap Denison telles que présentées par l'Australie, indiquant l'élargissement de la ZSPA n° 162 et le déclassement de la ZGSA n°3.

138. Faisant sien l'avis du CPE, la Réunion a adopté la Résolution 4 (2014) *Lignes directrices pour les visites de sites.*

Empreinte humaine et valeurs de la nature à l'état sauvage

139. Le Comité a examiné une mise à jour de l'ASOC concernant le travail effectué sur les questions liées à l'empreinte humaine et à la nature à l'état sauvage en Antarctique. Le Comité est convenu de l'importance de prendre en considération les valeurs de la nature à l'état sauvage dans les diverses initiatives en cours, notamment dans la révision des lignes directrices relatives aux EIE et dans les plans de gestion de zones protégées.

Protection et gestion de l'espace marin

140. La Belgique et la France ont proposé que les Membres définissent une approche plus cohérente concernant la mise en œuvre de l'Article 3 de l'Annexe V relatif à la désignation de ZSPA, afin de rendre compte des impacts sur l'environnement marin des activités terrestres et du soutien logistique associé, en formant un groupe intersession sur la question. Répondant à la proposition, le Comité est convenu de créer un GCI pour débattre des « valeurs exceptionnelles » dans l'environnement marin de l'Antarctique, avec les objectifs suivants :

    • identifier les principales « valeurs exceptionnelles » clés dans différents contextes/champs de l'environnement marin et analyser la façon dont elles peuvent être affectées par les activités relevant de la compétence du CPE concernant tant les environnements terrestre que marin ;

    • identifier les critères selon lesquels les zones marines ayant des « valeurs exceptionnelles » devraient être protégées par le mécanisme des ZSPA et, le cas échéant, identifier les activités qui pourraient avoir des impacts sur le milieu marin et les risques associés à gérer ou à atténuer au moyen de la gamme d'outils disponibles auprès du CPEdont dispose le CPE.

    • comprendre le travail de la CCAMLR sur la planification systématique de la conservation afin d'éviter la duplication des efforts, de les compléter et de maintenir des rôles distincts, tout en utilisant les outils approprié disponibles pour le travail du CPE pour la mise en œuvre de l'Article 3 (2) de l'Annexe V au Protocole ;

    • discuter des options du CPE dans le cadre existant et des outils du Traité et du Protocole pour inclure les « valeurs exceptionnelles » de l'environnement marin lors de l'établissement et/ou la révision des ZSPA, conformément à l'Article 3 de l'Annexe V au Protocole ; et

    • fournir un rapport préliminaire au XVIIIᵉ CPE.

Autres questions relevant de l'Annexe V

141. La Norvège a rappelé au Comité que, sur la base des débats au XVIe CPE, de nombreux Membres avaient soutenu l'idée d'une révision complète du processus de désignation de ZSPA et de ZGSA par le CPE. Par conséquent, la Norvège a encouragé le CPE à examiner les questions suivantes relatives à la désignation de ZSPA/ZGSA : (1) serait-il utile d'instaurer une procédure qui permettrait aux Membres et au CPE de débattre de l'intérêt de désigner une zone ZSPA/ZGSA avant qu'un plan de gestion pour une zone ne faisant pas encore l'objet d'une protection ou d'une gestion soit élaboré et soumis

par le(s) promoteur(s) ? (2) Si cette approche présentait un intérêt, serait-il judicieux de disposer d'orientations concernant une protection temporaire éventuelle à mettre en place contre des menaces immédiates dans l'attente de la soumission et de l'adoption d'un plan de gestion ? En outre, la Norvège a signalé que lors de l'examen de ces questions, il conviendrait également d'envisager les répercussions négatives potentielles que pourraient engendrer l'introduction de procédures de cette nature ainsi que la façon de surmonter ces obstacles potentiels. Le Comité est convenu de poursuivre les discussions informelles sur la question durant la prochaine période intersession.

142.   Lors de la présentation de son document de travail WP 57, intitulé « Contributions à la protection des fossiles en Antarctique », l'Argentine a également souligné le besoin de créer un mécanisme adéquat pour éviter les impacts cumulatifs sur les fossiles et pour optimiser les mécanismes d'échange d'informations ainsi que ceux interdisant aux travaux paléontologiques d'être menés sans qu'une autorité compétente ne délivre un permis.

143.   La majorité des Membres sont convenus de l'importance de protéger les fossiles et de l'utilité de partager les informations relatives à l'extraction de fossiles. Cependant, un certain nombre de Membres ont émis des réserves quant à l'adoption de la résolution proposée par l'Argentine. L'Argentine a indiqué qu'elle prendrait les observations en considération lors de l'élaboration d'un nouveau document de travail visant à poursuivre le débat au XVIIIe CPE.

144.   Le Royaume-Uni a présenté des informations relatives aux techniques de télédétection utilisées pour fournir des données de référence sur le couvert végétal dans 43 ZSPA protégeant la végétation terrestre.

145.   Le Comité a conclu que les techniques de télédétection revêtaient une grande importance, non seulement dans le suivi des impacts à l'intérieur des ZSPA, mais également dans l'évaluation des informations relatives aux dommages potentiels occasionnés aux zones faisant l'objet de nombreuses visites touristiques. Le CPE a reconnu la valeur potentielle des approches de télédétection pour : (i) le suivi en cours dans les ZSPA ; (ii) déterminer les effets potentiels des changements climatiques sur la végétation antarctique dans les ZSPA et (iii) assurer le développement informé du système des ZSPA.

146.   La Fédération de Russie a présenté le compte-rendu des débats informels portant sur le document de travail WP 21, soumis par la Fédération de Russie au XVIe CPE. Les participants ont remarqué que le suivi à long terme était

un outil important dans l'évaluation de l'état de l'environnement au sein d'une ZSPA. Dans le même temps, certains participants avaient exprimé leurs doutes concernant la pertinence d'un suivi obligatoire, car les activités de suivi pourraient selon eux porter atteinte aux valeurs spécifiques des ZSPA.

147. Le Comité est convenu : (a) de poursuivre le débat sur le suivi environnemental à l'intérieur des ZSPA ; et (b) d'élaborer des propositions d'amendements au Guide pour l'élaboration des Plans de gestion des Zones spécialement protégées de l'Antarctique contenu dans la Résolution 2 (2011).

Conservation de la faune et de la flore de l'Antarctique (point 10 de l'ordre du jour du CPE)

148. L'Allemagne a présenté les résultats des discussions informelles sur le tourisme et sur le risque d'introduire des organismes non indigènes dans la région de l'Antarctique. Insistant sur l'importance de prendre en considération les risques liés aux espèces non indigènes et à leurs liens avec le tourisme, le Comité a décidé qu'il convenait de poursuivre la discussion et la réflexion.

Surveillance de l'environnement et rapport (point 11 de l'ordre du jour du CPE)

Modèles numériques d'élévation

149. Les États-Unis d'Amérique ont décrit la conception de modèles numériques d'élévation (MNE) pour toutes les ZSPA et ZGSA. Le Comité a :

- noté et reconnu l'utilité des MNE comme nouvelle technique de recherche et de suivi dans les ZGSA et ZSPA ;
- encouragé les programmes antarctiques nationaux disposant d'informations de contrôle au sol actuelles ou qui peuvent acquérir de nouvelles informations de contrôle au sol dans les ZGSA ou les ZSPA à envoyer ces données au Centre géospatial polaire (CGP) de l'Université du Minnesota, afin qu'elles soient intégrées à la production des MNE ; et
- encouragé les Parties à faire part de leurs observations au CGP par l'intermédiaire du représentant des États-Unis auprès du CPE concernant les ZGSA ou les ZSPA qui devraient être prioritaires en matière de production de MNE.

Application des recommandations de l'étude du CPE sur le tourisme.

150. La Nouvelle-Zélande, l'Australie, la Norvège, le Royaume-Uni et les États-Unis d'Amérique ont fait part des progrès réalisés dans la mise à jour des précédentes analyses de vulnérabilités environnementales potentielles des sites visités de la péninsule antarctique, dans le but d'informer le CPE lors de son examen des Recommandations 3 et 6 de son étude sur le tourisme, jugées prioritaires. Utilisant les ensembles de données à long terme provenant de l'Antarctic Site Inventory d'Oceanites, les coauteurs du document ont noté que le travail programmé :

    1. décrirait la série de caractéristiques qui pourraient être associées aux sites « très vulnérables » ;

    2. décrirait une méthodologie visant à évaluer la vulnérabilité des sites qui pourrait s'appliquer aux sites faisant l'objet de visites moins fréquentes ou de nouveaux sites qui pourraient faire l'objet de visites touristiques ;

    3. démontrerait l'application de cette méthodologie sur (au minimum) les dix sites les plus visités de l'Antarctique ; et

    4. recommanderait les éventuelles analyses supplémentaires nécessaires.

151. Le Comité a encouragé les Membres intéressés à poursuivre le travail programmé, en prenant en considération des méthodologies supplémentaires le cas échéant, et à présenter un nouveau rapport au XVIIIᵉ CPE.

152. La Réunion a chaleureusement remercié le Dr Frenot pour les informations actualisées qu'il a fournies concernant les travaux du CPE relatifs aux Recommandations 3 et 6, et a souligné l'importance d'assurer un dialogue permanent entre la RCTA et le CPE.

Questions à caractère général (point 13 de l'ordre du jour du CPE)

153. Le Président du CPE a fait part de la proposition du Brésil, de la Belgique, de la Bulgarie, du Portugal et du Royaume-Uni d'organiser un atelier durant la XXXVIIIᵉ RCTA afin de faciliter les débats concernant les activités éducatives et informatives qui peuvent sensibiliser un public plus large aux travaux du Traité sur l'Antarctique, et en particulier les activités organisées en collaboration avec les RCTA.

155. Le Comité a débattu de la proposition, reconnaissant que les activités éducatives et informatives constituaient une question importante dont devaient débattre les Parties ; le Comité a en outre approuvé la tenue

d'un atelier lors de la XXXVIIIe RCTA en Bulgarie pour faciliter les débats concernant les activités éducatives et informatives, et en particulier pour échanger les expériences et améliorer la possibilité d'une meilleure coordination à l'avenir, entre autres, par la création d'un forum.

Élection du Bureau (point 14 de l'ordre du jour du CPE)

Élection du Président

156. L'Argentine, l'Australie, le Chili et les États-Unis d'Amérique ont tous désigné un candidat pour le poste de Président du CPE. Au vu du nombre inhabituel de candidats et de l'absence de détails concernant la procédure d'élection dans le Règlement intérieur du CPE, le Comité a d'abord convenu de procéder à un vote et avait noté qu'il serait souhaitable d'inclure cette nouvelle procédure lors d'une future révision du Règlement intérieur.

157. Le Comité a élu M. Ewan McIvor, d'Australie, au poste de Président du CPE et l'a félicité pour son élection à ce poste.

Élection du Vice-Président

158. Le Comité a élu Mme Birgit Njaastad, de Norvège, au poste de Vice-Présidente pour un second mandat de deux ans, et l'a félicitée pour sa réélection à ce poste. Le Comité a noté que le Dr Polly Penhale, des États-Unis d'Amérique, conservait son poste de seconde Vice-Présidente.

Préparatifs du XVIIIe CPE (Point 15)

159. Le Comité a adopté l'ordre du jour provisoire du XVIIIe CPE figurant à l'Annexe 2 au rapport du CPE.

160. La RCTA a remercié le Dr Yves Frenot pour sa sage et excellente direction. La RCTA a également reconnu les efforts accomplis par le Comité pour fournir un rapport complet ainsi que le long travail qu'il a abattu. Le Président du CPE a remercié la RCTA et a souligné le soutien du CPE et son approche très proactive et enthousiaste, et a insisté sur le besoin permanent de répondre à toute requête de la RCTA.

Point 9 – Responsabilité : mise en oeuvre de la Décision 4 (2010)

161. L'Afrique du Sud a présenté le document d'information IP 53, intitulé « Implementation of Annex VI of the Protocol on Environmental Protection to the Antarctic Treaty: A South African update », portant sur l'état d'avancement de l'approbation de l'Annexe VI et sur l'intention d'introduire un processus de permis.

162. Des Parties ont fourni des informations actualisées concernant le statut de leur ratification de l'Annexe VI au Protocole. À la fin de la XXXVIIe RCTA, onze Parties consultatives (Afrique du Sud, Espagne, Finlande, Italie, Norvège, Nouvelle-Zélande, Pays-Bas, Pérou, Pologne, Royaume-Uni et Suède) ont signalé avoir approuvé l'Annexe VI. Les États-Unis d'Amérique, en leur qualité de gouvernement dépositaire du Traité sur l'Antarctique et de son Protocole relatif à la protection de l'environnement, ont rappelé aux Parties que les États-Unis d'Amérique constituent la source autorisée d'information auprès de laquelle des États ont déposé leurs instruments pour le Traité sur l'Antarctique et son Protocole, ou ont communiqué leur approbation de mesures. Ces informations sont disponibles sur *http://www.state.gov/s/l/treaty/depositary/index.htm#ANTARCTICA*.

163. En outre, l'Australie et la Fédération de Russie ont indiqué que les mesures juridiques essentielles à l'approbation de l'Annexe VI avaient été adoptées par leur Parlement. Les États-Unis d'Amérique ont indiqué que le projet de loi visant à appliquer l'Annexe VI avait été soumis au Congrès. D'autres Parties consultatives ont confirmé être résolues à approuver l'Annexe VI et ont attribué les retards d'approbation aux consultations interministérielles portant sur des questions de fond et de compétence. Des Parties ont signalé que les précédentes contraintes en matière de ressources et les défis représentés par la mise en oeuvre avaient été surmontés.

164. La Réunion a invité les Parties ayant adopté des mesures législatives pour appliquer l'Annexe VI à mettre ces mesures à disposition sur le Système électronique d'échange d'informations (SEEI). Plusieurs Parties ont fourni des informations relatives à leurs sites internet nationaux où les mesures sont disponibles :

   • Australie *(http://www.comlaw.gov.au/Details/C2012A00090)* ;
   • Norvège *(http://www.regjeringen.no/en/dep/kld/documents-and-publications/acts-and-regulations/regulations/2013/protection-environment-safety-antarctica.html?id=724506)* ;
   • Suède *(http://www.polar.se/en/environmental/acts-and-ordinances)* ;
   • Royaume-Uni *(http://www.legislation.gov.uk/ukpga/2013/15/contents)*.

165. La Réunion a examiné le document du Secrétariat SP 11 intitulé « Réédition WP27 CPE XVI : Réparation des dégâts causés à l'environnement : Rapport du Groupe de contact intersession ». Le document, réédité à partir de la XXXVIᵉ RCTA, donne l'avis du CPE sur la réparation et la réhabilitation des dommages environnementaux dans le Traité sur l'Antarctique, comme l'exige la Décision 4 (2010). Le GCI avait été créé afin d'aider la RCTA à prendre une décision informée en 2015 concernant la reprise ou non des négociations sur la responsabilité.

166. Les Parties ont à nouveau remercié le CPE pour son travail précieux relatif à la question de la réparation et de la réhabilitation des dommages environnementaux et ont salué son avis pratique sur la question. De nombreuses Parties ont marqué leur accord avec l'avis fourni par le CPE, et ont particulièrement insisté sur le fait que toute tentative de réparation ou de réhabilitation en Antarctique devrait être envisagée au cas par cas. La Réunion est convenue qu'aucun avis complémentaire du CPE n'était nécessaire pour prendre une décision l'année prochaine concernant la reprise ou non des négociations sur la responsabilité, conformément à la Décision 4 (2010). La Réunion a pris note du fait que le CPE poursuit son travail en la matière.

Point 10 – Sécurité et opérations en Antarctique

167. Les États-Unis d'Amérique ont présenté le document de travail WP 51 intitulé « Considérations sur l'utilisation des systèmes d'aéronef sans pilote (UAS) pour la recherche, la surveillance et l'observation dans l'Antarctique ». Ils ont attiré l'attention de la Réunion sur l'expansion mondiale des véhicules aériens sans pilote au cours des décennies écoulées ainsi que sur leurs avantages par rapport aux aéronefs avec pilote. Gardant à l'esprit les risques inhérents aux UAV, les États-Unis d'Amérique ont invité le CPE et la RCTA à examiner le potentiel lié à l'utilisation accrue de systèmes aériens sans pilote en Antarctique ainsi que la meilleure manière d'assurer la sécurité du personnel, des infrastructures, de la faune et de l'environnement.

168. La Réunion a remercié les États-Unis pour leur document et a pris note du débat exhaustif mené par le CPE sur les aspects environnementaux repris dans le document de travail WP 5. Le Royaume-Uni et la Fédération de Russie ont souligné l'importance de débattre également des questions d'opérations relatives à l'utilisation d'UAV dans la région du Traité sur l'Antarctique, notamment celles concernant la sécurité par rapport aux

autres véhicules. À cet égard, ils ont noté que l'échange d'informations sur les opérations menées par les UAV devait être renforcé.

169. Certaines Parties sont d'avis que l'utilisation de cette technologie a facilité les opérations en Antarctique, notamment concernant la collecte de données. Le Royaume-Uni a qualifié les Lignes directrices pour les aéronefs à proximité des concentrations d'oiseaux en Antarctique de la Résolution 2 (2004) de modèle utile pour toute future discussion sur la question. La Fédération de Russie a suggéré que le COMNAP fournisse une annexe spéciale sur les UAV pour le Manuel d'information aéronautique en Antarctique (AFIM).

170. La France a souligné les avantages que peuvent apporter les UAV par rapport à des moyens de collecte de données traditionnels et, saluant les observations de la Fédération de Russie sur les questions opérationnelles liées à l'utilisation des UAV, la France a soulevé une question sur la nécessité ou non de réglementer leur utilisation dans la région du Traité sur l'Antarctique sans avoir préalablement évalué le phénomène. L'Australie a marqué son accord avec les observations de la Fédération de Russie et du Royaume-Uni et s'est dite en faveur de discussions plus approfondies en la matière.

171. L'IAATO a indiqué être en train de compiler les lignes directrices existantes de certains de ses membres sur l'utilisation des UAV et s'est dite prête à partager les informations. Le COMNAP a signalé que, de concert avec le SCAR, il mènerait volontiers une révision plus large des risques et des avantages liés à l'utilisation des UAV en Antarctique et fixerait le mandat de cette révision. Selon les conclusions de cette révision, qui seraient présentées à la RCTA et au CPE l'année prochaine, on envisagerait l'élaboration de lignes directrices et on examinerait la pertinence ou non d'inclure à l'avenir, pour chaque station, des informations relatives à l'utilisation d'UAV à proximité de stations particulières, au sein de l'AFIM.

172. Les États-Unis d'Amérique ont présenté le document de travail WP 53 *Opérations de recherche et de sauvetage en Antarctique. Comprendre les hypothèses liées à la planification*, qui a découlé du groupe de travail spécial sur les opérations de recherche et de sauvetage (SAR) lors de la XXXVIe RCTA. Le document était axé sur les défis et les considérations pratiques relevés par le groupe de travail spécial et sur ceux émanant d'évènements récemment survenus dans la région du Traité sur l'Antarctique. Les États-Unis d'Amérique ont noté que les travaux menés sur les opérations de recherche et de sauvetage pourraient avoir des répercussions sur la recherche scientifique, les programmes nationaux et le personnel, et ont souligné le besoin de planifier des hypothèses et d'évaluer les risques afin de limiter

les impacts secondaires sur les programmes nationaux. Ils ont exhorté le COMNAP à prendre des mesures afin d'améliorer les liens avec les Centres de coordination de sauvetage (RCC) et à utiliser les réseaux de coordinations existants pour partager les hypothèses de gestion de risque pour ainsi réduire le risque. Les États-Unis ont souligné que la sauvegarde de la vie humaine restera toujours la priorité principale.

173. La Réunion a accueilli favorablement le document et a remercié les États-Unis d'avoir convoqué un groupe de travail spécial sur les opérations de recherche et de sauvetage à la XXXVIᵉ RCTA et d'en avoir assuré le suivi. Elle a salué les éclaircissements apportés par les États-Unis quant au fait que leur proposition visant à améliorer la coordination et l'évaluation du risque n'avait pas pour but de revoir le cadre de travail actuel des RCC ou de retarder le temps d'intervention des services de SAR. La Réunion est convenue que plus les RCC disposent d'informations, plus leurs opérations sont efficaces.

174. La Nouvelle-Zélande a insisté sur la nécessité d'accorder une plus grande attention à une approche proactive du sauvetage. Elle a indiqué que les interventions des services SAR puisent dans des ressources destinées aux programmes antarctiques nationaux et à d'autres opérateurs et que le choix de l'équipement d'intervention est souvent très limité. Selon elle, la mission des RCC consiste à coordonner les interventions des services de SAR, et il ne leur incombe par d'évaluer d'autres facteurs. Néanmoins, les opérateurs peuvent refuser d'intervenir s'ils estiment que l'équipement SAR spécialisé requis pour l'intervention est essentiel à la survie du personnel des programmes antarctiques nationaux.

175. La France a indiqué que, si les programmes antarctiques nationaux constituaient souvent la seule ressource disponible pour assurer les services de SAR, et assumer par conséquent la responsabilité de ces opérations, la nécessité d'assurer la sécurité du personnel des programmes et les impacts secondaires sur les programmes de recherche nationaux rendaient la situation compliquée. Elle a soutenu l'idée selon laquelle les RCC doivent comprendre les risques et les impacts liés aux opérations de SAR grâce à une évaluation des risques de toutes les activités et elle a par ailleurs rappelé les dispositions de la Mesure 4 (2004) relative aux plans d'urgence.

176. La Norvège a noté l'importance du partage d'informations et le fait que l'absence de communication entre les RCC pouvait constituer en soi un facteur de risque. En outre, elle a signalé que cela ne devait changer en rien les responsabilités officielles et l'efficacité des RCC et des programmes nationaux.

177. Le Chili a rappelé aux Parties que des procédures opérationnelles permanentes élaborées et reconnues internationalement existent dans la Convention SAR de 1979 et dans les manuels de recherche et de sauvetage aéronautiques et maritimes de l'IAMSAR. Le Chili a également fait part de ses préoccupations concernant la proposition faite au COMNAP de prendre des mesures pour mieux préparer les RCC.

178. Le COMNAP a également remercié les États-Unis pour leurs éclaircissements et a noté que les groupes régionaux des programmes antarctiques nationaux avaient développé de très bonnes relations de travail avec les RCC concernés. Le COMNAP a signalé qu'il ne lui revenait pas d'interférer avec les procédures des RCC. Le COMNAP a suggéré que les outils existants, tels que le site internet SAR et les ateliers réguliers sur les SAR, soient utilisés pour partager les hypothèses de gestion du risque.

179. La Réunion est convenue que les outils actuels du COMNAP pouvaient être utilisés pour faciliter les activités suivantes :

- étendre les possibilités d'échange d'informations afin d'assurer une compréhension plus globale des impacts sur la sécurité et le sauvetage des programmes antarctiques nationaux qui pourraient être appelés en cas d'urgence à assurer des opérations SAR ; et
- utiliser les réseaux de coordination régionaux pour partager les hypothèses de gestion du risque liées aux opérations, parallèlement aux révisions régulières des activités SAR, et élaborer des pratiques recommandées pour réduire le risque le cas échéant.

180. La Réunion est également convenue d'encourager les Parties, par l'intermédiaire de leurs programmes antarctiques nationaux, à mettre régulièrement à jour le site internet SAR en y ajoutant des informations pertinentes et à prendre part aux ateliers.

181. L'Afrique du Sud a présenté le document d'information IP, intitulé « Joint SANAP / MRCC SAR Exercise ». Ce document décrivait les activités menées par le programme antarctique national sud-africain (SANAP) dans le cadre des récentes recommandations du Traité sur l'Antarctique appelant à ce que les cinq pays ayant contracté des obligations de recherche et de sauvetage dans les eaux antarctiques au titre de SOLAS favorisent une collaboration plus étroite et plus régulière avec leurs agences SAR locales. Le document présentait également des informations complémentaires et les leçons à tirer de leur tout premier exercice conjoint de recherche et de sauvetage (SAREX).

182. Le Brésil a présenté le document d'information IP 5, intitulé « Antarctic Operation (OPERANTAR XXXII) ». Ce document faisait part des activités d'OPERANTAR XXXII, qui ont débuté le 6 octobre 2013 et qui se sont achevées le 15 avril 2014. Ce document indiquait que 24 projets scientifiques de différents domaines d'études ont bénéficié d'un appui durant OPERANTAR XXXII. La mise en œuvre, par le ministère de l'Environnement, d'un processus de réhabilitation dans la zone touchée par l'incendie qui avait détruit la station brésilienne en 2012 a constitué une tâche extrêmement importante.

183. L'Équateur a remercié le Brésil de l'avoir aidé à entretenir l'abri installé dans la baie de l'Amirauté et a également remercié le Chili et l'Argentine pour leur appui logistique durant la campagne antarctique écoulée.

184. Le Pérou a fait part de ses opérations en Antarctique durant la saison 2013/2014 et a remercié le Brésil, le Chili et l'Argentine pour leur appui logistique. Le pays a annoncé qu'il était en voie d'acquérir un nouveau navire polaire et a proposé d'apporter son appui aux pays voisins lors de prochaines opérations. La Bulgarie a également remercié l'Argentine, le Brésil, le Chili, l'Espagne, la Fédération de Russie et l'IIATO pour leur appui logistique et leur aide précieuse durant la saison 2013/2014.

185. Le COMNAP a présenté le document d'information IP 20, intitulé « Icebreaker Workshop », qui décrivait l'atelier ouvert brise-glace organisé par le COMNAP du 21 au 23 octobre 2013, et a adressé des remerciements officiels au programme antarctique national sud-africain pour avoir accueilli cet atelier. L'objectif de cet atelier était de partager les plans, les questions et les innovations relatifs à l'utilisation et la conception des brise-glaces.

186. Le Chili a présenté le document d'information IP 21, intitulé « Transfert des Stations de Parodi et Huneeus vers le glacier de l'Union ». Le Chili a informé la Réunion que les installations chiliennes situées sur les collines Patriot ont été transférées vers la zone du glacier de l'Union, pour commencer les opérations en tant que Station Scientifique Polaire Mixte. Les opérations sur les collines Patriot étaient devenues difficiles en raison des vents forts soufflant fréquemment dans la zone. C'est pourquoi il a été décidé de transférer toutes les infrastructures chiliennes existantes vers la zone du glacier de l'Union, autour de la piste de glace, pour apporter un soutien plus fiable aux opérations scientifiques nationales.

187. Le COMNAP a présenté le document d'information IP 31, intitulé « Antarctic Flight Information Manual (AFIM) - An update on the status

of the reformatting », qui faisait part de l'avancement de la migration de l'AFIM vers un format entièrement numérique. Ce format a été considéré comme étant plus pratique, et permet en outre d'accéder plus facilement aux révisions d'informations afin de garantir que les informations de l'AFIM soient toujours pertinentes et d'actualité.

188. Le COMNAP a présenté le document d'information IP 32, intitulé « Update on Search and Rescue (SAR) Website », élaboré en réponse à la Résolution 4 (2013) de la RCTA *Renforcement de la collaboration en matière de recherche et de sauvetage (SAR) en Antarctique*. Le COMNAP a encouragé les Parties à diffuser ce site internet auprès de leurs programmes antarctiques nationaux et des autorités SAR responsables de la coordination SAR en Antarctique. Il leur a ensuite suggéré de publier régulièrement sur le site des informations, des documents et des observations.

189. Le Royaume-Uni a présenté le document d'information IP 91, intitulé « An update on the Antarctic Polar View sea ice information service », qui a fourni des informations actualisées sur la glace de mer collectées par imagerie satellite. Il a conclu que : (1) le programme Polar View Antarctic avait continué à fournir un accès fiable aux informations relatives à la glace de mer depuis 2005 et que des améliorations allaient être apportées par le nouveau projet European Polar Ice ; (2) le nouveau satellite européen Sentinel-1 fournirait à la navigation dans l'océan Austral un meilleur accès à l'imagerie par radar satellite ; et (3) que le Groupe de travail international de cartographie des glaces (IICWG) porterait toute son attention sur l'amélioration de la coordination des activités de cartographie de la glace antarctique. Les Membres ont été invités à participer à la Réunion annuelle 2014 de l'IICWG qui se tiendra à Punta Arenas. Le Royaume-Uni a par ailleurs noté que ces informations sur la glace constituaient une aide précieuse pour la coordination des efforts de sauvetage lors d'accidents impliquant des navires.

190. L'Allemagne a présenté le document d'information IP 50, intitulé « Operational Ice Information around Antarctica ». Ce document soulignait l'importance de disposer d'informations fiables et actualisées sur la glace de mer pour assurer une navigation sûre dans les eaux couvertes de glace de l'Antarctique, en particulier après l'incident récent de l'*Akademik Shokalskiy*. Afin d'améliorer la sécurité marine en Antarctique, ce document encourageait les parties prenantes de l'Antarctique à faire part de leurs commentaires au Groupe de travail international de cartographie des glaces sur les besoins spécifiques relatifs aux données opérationnelles sur les glaces et aux

informations et procédures nécessaires dans le cas d'interventions d'urgence. Il présentait également un certain nombre de services en ligne relatif à la glace qui fournissent des informations sur l'état actuel de la glace de mer en Antarctique, qui pourraient se révéler précieuses lors d'interventions SAR. On y trouve *Ice services of the world* (voir publication 574 de l'OMM sur *http://wdc.aari.ru/wmo/docs/WMO574.pdf*), et le portail *Ice Logistics* de la JCOMM (Commission conjointe sur l'océanographie et la météorologie marine) (site internet sur *http://www.bsis-ice.de/IcePortal/*).

191. La Fédération de Russie a présenté le document d'information IP 65, intitulé « Ice incident with the Russian vessel "Akademik Shokalskiy» in the season 2013-2014 ». Ce document décrivait un incident impliquant un navire russe qui, le 24 décembre 2013, est resté piégé dans la glace durant deux semaines alors qu'il effectuait une expédition pour l'Expédition antarctique australasienne 2013/14. Il y avait 40 personnes à bord, qui ont toutes été évacuées le 2 janvier 2014. La Fédération de Russie a exprimé sa gratitude et sa reconnaissance envers les programmes antarctiques nationaux de l'Australie, de la France, de la Chine et des États-Unis d'Amérique, pour leur promptitude à venir en aide au navire russe coincé dans la glace et pour le coût financier qu'ils ont dû supporter durant l'opération de sauvetage. La Russie a tenté d'instruire le registre des navires russes afin d'inclure une disposition concernant la présence d'informations adéquates sur la glace dans les contrats d'affrètements.

192. L'Australie a présenté le document d'information IP 95, intitulé « Akademik Shokalskiy incident » et a indiqué que l'incident avait nécessité une intervention du SAR maritime. Ce document fournissait des informations sur l'implication de l'Australie, qui a coordonné l'intervention SAR, a contribué à celle-ci en lui affectant le navire *Aurora Australis* du programme antarctique australien, et a fourni l'autorisation environnementale à l'expédition. L'Australie a reconnu les efforts de toutes les Parties impliquées (en particulier la Chine, la France et les États-Unis d'Amérique), des programmes antarctiques nationaux, des exploitants de navires, des organisations et des personnes impliquées dans l'intervention.

193. La Chine a fourni quelques détails sur la tentative de sauvetage à l'aide d'un hélicoptère chinois et a reconnu l'importance de la coordination de toutes les activités du RCC australien. La Chine s'est dite prête à soutenir toute mesure qui permettrait d'améliorer la collaboration entre les Parties dans le cadre d'incidents similaires et a reconnu l'importance des évaluations de risque dans le cas d'activités aussi difficiles.

194. L'IAATO a remercié l'Australie et la Fédération de Russie pour les informations complémentaires qu'elles ont fournies sur l'incident de l'*Akademik Shokalskiy*, car il est intéressant pour l'ensemble de la communauté de tirer les enseignements de ce genre d'incident. L'IAATO a appuyé les observations de la Fédération de Russie, qui appelait à disposer de plus d'informations sur la glace, signalant que cela se conformerait aux exigences prévues dans le Manuel sur les opérations en eaux polaires (PWOM) du Code polaire de l'OMI, qui exigerait des exploitants d'envisager des mesures d'atténuation comme celles-là pour limiter les risques.

195. La Fédération de Russie a présenté le document d'information IP 66, intitulé « On rendering urgent medical aid by doctors of Russian Antarctic stations to personnel of foreign Antarctic expeditions and ship crews ». Ce document donnait des exemples de cas dans lesquels des médecins russes ont apporté une aide médicale d'urgence à des participants étrangers d'expéditions antarctiques, à des touristes et à des membres d'équipage de navires étrangers. Ce document proposait à la Réunion de débattre de cette situation, car cela pourrait également concerner les autres programmes antarctiques nationaux.

196. L'IAATO et le COMNAP ont remercié la Fédération de Russie pour ce document et ont rappelé qu'ils étaient favorables à la poursuite du débat sur la question. Le COMNAP a pris note de la requête que la Fédération de Russie lui a adressée demandant d'envisager de traiter ces questions, et a informé la Réunion qu'il avait transmis le document au groupe d'experts conjoint du SCAR/COMNAP sur la biologie humaine et la médecine pour examen lors de leurs réunions cette année.

197. L'Australie a présenté le document d'information IP 75, intitulé « Amery Ice Shelf Helicopter Incident ». Ce document faisait part de l'intervention de l'Australie à la suite de l'accident d'hélicoptère survenu le 1er décembre 2013 sur le plateau de glace d'Amery en Antarctique oriental, dans lequel un hélicoptère affrété par la Division antarctique australienne (AAD) fut impliqué. Trois personnes ont été blessées dans l'accident et l'hélicoptère a subi des dommages irréparables. L'Australie a indiqué que, après le succès de l'opération d'intervention d'urgence qui a permis d'apporter des soins médicaux aux blessés et de les rapatrier en Australie, l'AAD était en train d'évaluer les options possibles pour l'enlèvement des débris de l'aéronef se trouvant dans un endroit très isolé et pour traiter les dommages environnementaux. L'Australie a prévu de fournir un rapport sur l'accident lors de la Réunion du COMNAP.

198. L'Argentine a présenté le document d'information IP 79, intitulé « SAR Communication Exercise : Argentina – IAATO », préparé conjointement avec

l'IAATO. Ce document dressait le rapport d'un exercice de communications SAR mené entre le Centre de coordination de sauvetage et de recherche maritimes Ushuaia (MRCC Ushuaia), deux voyagistes (Aurora Expeditions et Oceanwide Expeditions) et un navire de la marine argentine. L'Argentine a remercié l'IAATO d'avoir coopéré à l'exercice. L'Argentine a indiqué que cet exercice a été mené au titre de la Résolution 4 (2013) et a expliqué qu'il avait rempli les objectifs visant à établir une communication rapide, sûre et fiable afin de fournir l'assistance nécessaire, assurant une coordination optimale entre les propriétaires, les voyagistes, leurs navires, le MRCC Ushuaia et les unités de soutien SAR stationnées en Antarctique.

199. Le Chili a présenté le document d'information IP 92, intitulé « Search and Rescue cases in the Antarctic Peninsula Area Season 2013/2014. *MRCC Chile.* » Le Chili y a fait part des cas d'urgence maritime, des incidents SAR et des évacuations médicales survenues dans la zone de la péninsule antarctique qui ont été supervisées par le MRCC du Chili durant la saison 2013/14.

200. Le Chili a également présenté le document d'information IP 99, intitulé « Contribution of the Joint Antarctic Naval Patrol to the maritime and environmental protection operations in the Antarctic area », préparé conjointement avec l'Argentine, dans lequel sont fournis des détails relatifs aux activités de la Patrouille antarctique navale combinée (*Patrulla Antártica Naval Combinada*, PANC) de l'Argentine et du Chili. Outre ces détails sur leurs activités SAR, le document présentait également des informations relatives à la météorologie, aux services médicaux et au soutien logistique fournies aux bases et aux expéditions de recherche.

201. Notant que la XXXVIᵉ RCTA avait invité la CCAMLR à envisager de mettre à disposition des RCC les données relatives au système de suivi des navires (VMS) à des fins de SAR, la CCAMLR a annoncé avoir approuvé l'élaboration d'un protocole d'entente entre la CCAMLR et les cinq MRCC responsable des opérations de SAR. À la suite de l'incident SAR, des discussions visant à dégager un accord pour le partage des données VMS étaient en cours et les résultats de ces discussions devraient être examinés par la CCAMLR au cours des prochains mois.

202. Les autres documents soumis au titre de ce point de l'ordre du jour incluaient :

    • Le document d'information IP 15 intitulé « Rapport de l'Organisation hydrographique internationale. État de l'hydrographie et de la cartographie marine dans les eaux antarctiques (OHI) »
    • Le document d'information IP 70, intitulé « Management of Vessels in the Antarctic Treaty Area » (ASOC)

- Le document du Secrétariat SP 8 intitulé « Plan de travail stratégique pluriannuel de la RCTA : Compilation des recommandations de la RCTA en matière de sécurité »
- Le document de contexte BP 16, intitulé « Compilación de la producción cartográfica antártica española » (Espagne)

Point 11 – Tourisme et activités non gouvernementales dans la zone du Traité sur l'Antarctique

Examen des politiques touristiques : Tourisme terrestre et tourisme d'aventure

203. Le Secrétariat a présenté le document du Secrétariat SP 9 intitulé « ATCM Multi-Year Strategic Work Plan: Summary of the ATCM discussions and decisions on land-based and adventure tourism », lequel révise et met en commun les discussions de la RCTA ainsi que les actions adoptées concernant le tourisme terrestre et d'aventure, entre 2004 et aujourd'hui. Ce document contient : des questions soulevées lors des discussions ; d'éventuelles actions envisagées par les Parties durant cette période ; et un récapitulatif des mesures adoptées par la RCTA directement ou indirectement liées au tourisme terrestre et d'aventure en Antarctique. Le Secrétariat a signalé que le document ne présentait ni analyse ni interprétation.

204. Les Parties ont remercié le Secrétariat pour le document du Secrétariat SP 9. Le Royaume-Uni a noté que les Mesures, Décisions et Résolutions reprises dans ce document ne seraient efficaces dans la gestion de l'ensemble du tourisme antarctique et des activités non gouvernementales qu'à la condition d'être mises en œuvre et d'entrer en vigueur sur le plan international. Il a évoqué l'importance de la tenue de discussions entre les autorités compétentes ayant autorisé le tourisme en Antarctique, quant à leurs expériences en matière de mise en œuvre des accords existants, et sur les lacunes repérées.

205. La France et les États-Unis ont soutenu la proposition du Royaume-Uni de réunir les autorités compétentes afin d'identifier les éventuelles lacunes du cadre juridique. La France a souligné les risques associés à l'entrée de touristes en Antarctique en termes d'impacts sur l'environnement et de sécurité pour ces personnes. Les États-Unis ont noté que la Norvège avait traité cette question dans le document de travail WP 32, avec des propositions concrètes d'actions futures.

206. Les États-Unis d'Amérique ont présenté le document de travail WP 13 intitulé « Activités de campement côtier menées par les organisations non gouvernementales », élaboré conjointement avec la Norvège. Ce document synthétisait les informations relatives aux expériences et aux réactions des autorités compétentes concernant les questions liées aux activités de campement non gouvernementales Il soulignait en outre que la plupart des autorités compétentes avaient reçu peu ou aucune demande(s) pour des activités de campement côtier, et que les approches utilisées pour gérer ces questions étaient variables. Au vu de l'augmentation probable de la fréquence et de l'intensité des activités de campement côtier à l'avenir, les États-Unis ont suggéré que ce sujet soit débattu plus en profondeur.

207. Plusieurs Parties ont remercié les États-Unis et la Norvège de jouer un rôle de premier plan sur un sujet d'une telle importance. Plusieurs Parties ont noté leur participation à cette étude et rappelé leur soutien pour la poursuite des travaux sur cette question. La Norvège a également remarqué qu'une partie de leurs voyagistes avaient débuté des activités de campement en Antarctique, et que de telles activités avaient vocation à se multiplier à l'avenir.

208. En réponse à une question de la France, les États-Unis ont fait allusion aux discussions générales tenues au CPE dans le document de travail WP 13. Les États-Unis ont déclaré que de nombreux membres avaient soutenu l'échange continu d'informations sur les activités de campement côtier en Antarctique, afin notamment d'harmoniser les différentes approches utilisées par les Parties. Ils ont salué l'accord du SCAR pour inclure le campement côtier parmi ses considérations sur les distances à respecter vis-à-vis des espèces de faune et de flore.

209. Répondant à la France qui souhaitait savoir si l'on disposait d'informations quant au nombre total de touristes campant en Antarctique, les États-Unis ont indiqué que l'IAATO avait présenté, lors de la XXXVIe RCTA, des informations relatives au nombre de touristes accueillis par ses membres pour des activités de campement côtier. L'IAATO a en outre précisé que les données statistiques ne différentiaient malheureusement pas les multiples formes d'activités de campement côtier, parmi lesquelles figurent les «séjours courts d'une nuit» et les «campements de plusieurs nuits», mais elle a déclaré que ces activités étaient autorisées et incluaient la gestion des déchets.

210. La Norvège a présenté le document de travail WP 32, intitulé « Cadre pour de futures discussions portant sur les expériences et les défis identifiés par les autorités compétentes et concernant les différents types de tourisme et d'activités non gouvernementales ». Ce document identifie les prochains

domaines de travail, en proposant que ces discussions se poursuivent lors de la XXXVIIIe RCTA, par exemple à travers un atelier au sein de la RCTA, semblable à l'atelier SAR de la XXXVIe RCTA. La Norvège a indiqué être disposée à mener les travaux intersession afin de continuer à développer, si nécessaire, le projet de cadre.

211. De nombreuses Parties ont félicité la Norvège pour ses travaux et ont manifesté leur soutien pour les propositions présentées dans le document de travail WP 32.

212. Tout en acceptant l'idée d'un atelier, plusieurs Parties ont posé quelques questions pratiques. La France a rappelé aux Parties qu'elles avaient déjà, lors de cette Réunion, convenu de la tenue d'un atelier sur l'éducation et la sensibilisation lors de la XXXVIIIe RCTA. À choisir, la France préférerait l'atelier proposé par la Norvège. Le Royaume-Uni a fait remarquer que, dans la programmation de la discussion des autorités compétentes, il serait important de s'assurer d'éviter des chevauchements avec le travail du CPE, où de nombreux experts des autorités compétentes étaient présents. L'Uruguay a noté que de plus petites délégations étaient limitées dans le nombre de sessions auxquelles elles pouvaient participer simultanément, et a attiré l'attention de la Réunion sur le fait que de nombreuses activités étaient d'ores et déjà prévues pour la XXXVIIIe RCTA.

213. Les États-Unis d'Amérique ont suggéré qu'il importait de limiter l'ordre du jour en fonction du temps imparti. L'Argentine a remarqué que les ateliers avaient des implications budgétaires, et qu'il pourrait être pertinent d'inclure l'atelier au sein du programme du Groupe de travail sur le tourisme. Tout en reconnaissant l'exhaustivité de la liste de questions proposée par la Norvège, les Pays-Bas ont suggéré d'y inclure les questions de conformité et de surveillance.

214. De nombreuses Parties ont exprimé leur souhait de participer à un GCI afin de développer le projet de cadre présenté dans le document de travail WP 32.

215. La Réunion a convenu qu'un Groupe de travail spécial devrait être établi lors de la XXXVIIIe RCTA, discutant des questions d'autorités compétentes liées au tourisme et aux activités non gouvernementales en Antarctique, lors d'une session d'une journée. Le Groupe de travail spécial aura lieu le lundi de la deuxième semaine de la RCTA. Les Parties ont été invitées à inclure des représentants de leurs autorités compétentes dans les délégations nationales pour ces discussions.

216. La Réunion a convenu de créer un GCI afin de préparer la session du Groupe de travail spécial sur les questions d'autorités compétentes liées au tourisme et aux activités non gouvernementales en Antarctique, avec pour objectif :

    1. identifier et définir les thèmes prioritaires à discuter en utilisant les sujets présentés dans le document de travail WP 32 comme point de départ ;

    2. préparer un ordre du jour pour une session d'une journée lors de la XXXVIIIᵉ RCTA; et

    3. présenter un ordre du jour provisoire pour cette session au secrétariat du pays hôte, 100 jours avant le début de la Réunion.

    Il a également été convenu que :

    • les observateurs et les experts qui participent à la RCTA seraient invités afin d'apporter des contributions ;

    • le Secrétaire exécutif ouvrerait le forum RCTA au GCI et lui apporterait l'assistance nécessaire ; et

    • la Norvège assurerait la coordination.

217. Les États-Unis d'Amérique ont présenté le document de travail WP 44 intitulé« Vers une évaluation des activités touristiques en fonction du risque», qui propose que les Parties envisagent d'utiliser un cadre d'évaluation basé sur les risques lorsqu'elles évaluent des activités en Antarctique. Le document contient des exemples de principes directeurs pour l'examen de critères de risques. Les États-Unis d'Amérique ont souligné que ce document de travail visait à contribuer aux discussions portant sur le tourisme terrestre et d'aventure, lequel serait, conformément au Plan de travail stratégique pluriannuel de la RCTA, au centre des débats liés au tourisme pendant la Réunion de cette année. Le document contient un projet de résolution sur l'importance de la prise en compte des risques par les voyagistes et les gouvernements lorsqu'ils gèrent ces activités.

218. Les États-Unis d'Amérique ont déclaré que le document traitait avant tout des risques liés à la sécurité des participants et des effets potentiels sur les activités scientifiques des Parties, davantage que sur les impacts sur l'environnement limités que ces types d'activités pouvaient engendrer. Ils ont toutefois signalé que le cadre de ce document pouvait s'appliquer aux préoccupations environnementales.

219. La Réunion a remercié les États-Unis, a accueilli favorablement le document WP 34 et a reconnu que l'évaluation des risques constituait un outil important et précieux dans la gestion des activités touristiques en Antarctique.

220. Tout en exprimant leur soutien pour le document WP 44, l'Inde et les Pays-Bas se sont montrés inquiets que la sécurité des touristes puisse être vue comme le seul élément de la discussion, alors qu'il importait également de prendre en compte les questions environnementales. Ces Parties ont en outre douté que le tourisme terrestre et d'aventure n'ait pas d'impacts notables sur l'environnement. L'ASOC a manifesté de semblables réserves.

221. Le Royaume-Uni a accueilli favorablement le document des États-Unis sur la mise en œuvre d'analyses des risques, et a rappelé que nombre des outils dont les Parties avaient besoin pour évaluer et atténuer les risques étaient d'ores et déjà disponibles au sein du STA. Il a mentionné l'utilité du cadre offert par la mise en œuvre de la Mesure 4 (2004) pour l'autorisation de propositions d'activités nouvelles ou inhabituelles.

222. La France a remercié les États-Unis pour la préparation du document WP 44, et a soulevé des questions spécifiques sur les critères de risques. Elle a identifié des questions de légitimité lors de l'autorisation d'une activité présentant un risque spécifique ne pouvant être atténué, ainsi que la responsabilité juridique des Parties et des autorités compétentes lorsqu'elles autorisent de telles activités à haut risque. Par conséquent, la France a plaidé pour une approche préventive dans l'autorisation d'activités impliquant un certain risque. La France a annoncé qu'elle mettrait en œuvre cette approche basée sur les risques à travers des réglementations nationales dans un avenir très proche. La Fédération de Russie a noté que son autorité compétente imposait aux voyagistes la souscription à une assurance comme condition préalable à l'octroi d'une autorisation pour une activité. Elle a déclaré que la loi russe considérait les voyagistes comme responsables une fois les activités autorisées.

223. Le Royaume-Uni a déclaré que l'évaluation des risques faisait déjà partie du système britannique d'autorisations. Il a suggéré que la formulation du projet de résolution devrait reconnaître l'existence de différents systèmes d'évaluation des risques, tout comme le fait que l'évaluation des risques devrait s'appliquer non seulement au tourisme terrestre et d'aventure, mais à toutes les activités menées en Antarctique. L'Argentine a également signalé qu'une multitude de réglementations nationales rendait difficile la normalisation des systèmes d'évaluation des risques entre les Parties.

224. L'IAATO a encouragé les Parties à inclure dans le projet de résolution une mention concernant les activités non gouvernementales aussi bien que le tourisme, dans la mesure où certaines expéditions ne se classaient pas elles-mêmes comme touristiques, mais devraient cependant être incluses

dans le processus d'évaluation des risques. L'IAATO a également noté que l'évaluation des risques ne constituait nullement un processus isolé, et devait être conduite parallèlement à d'autres processus existants.

225. La Fédération de Russie a remarqué que tous les pays ne disposaient pas de normes précises en termes de réglementation des activités touristiques et non gouvernementales en Antarctique, et que des citoyens, en cas d'impossibilité d'obtenir une autorisation de leur propre pays, pouvaient être amenés à recourir au pavillon d'un Etat tiers. Remarquant que certains Etats tiers n'appliquaient pas ou peu de réglementations, elle a prié instamment toutes les Parties à appliquer des normes spécifiques et précises pour la réglementation des activités touristiques et non gouvernementales.

226. La Belgique a suggéré que le langage du projet de résolution examine le cadre existant de réglementation des activités touristiques et non gouvernementales, rappelant que cela ne constituait pas un nouveau sujet de discussion.

227. Répondant à une question soulevée par la Norvège, les États-Unis ont convenu que les acteurs se proposant de mener des activités de tourisme terrestre et d'aventure devraient endosser la responsabilité première de l'évaluation des risques qu'ils prennent à travers ces opérations. Les États-Unis ont en outre précisé que la proposition ne visait aucunement à exclure les questions environnementales de l'évaluation des risques, et ont reconnu l'importance d'une évaluation des risques qui ne soit pas seulement axée sur le tourisme terrestre et d'aventure — ce sur quoi le Plan de travail stratégique pluriannuel mettait l'accent —, mais bien pour toutes les activités menées en Antarctique.

228. La Réunion a adopté la Résolution 6 (2014) : *Vers une évaluation des risques associés aux activités touristiques et non gouvernementales.*

229. Le Chili a présenté le document de travail WP 50, intitulé « Reprise du groupe de contact intersession sur les marathons et les événements sportifs de grande ampleur en Antarctique ». Ce document met à jour les informations présentées par le Chili lors de la XXXIIIᵉ RCTA dans le document de travail WP 65 sur les marathons et autres activités sportives de grande échelle en Antarctique. Compte tenu du vif intérêt exprimé par les Parties pour développer un meilleur contrôle des activités de grande échelle et des événements sportifs en Antarctique, et au vu de leur augmentation régulière ces dernières années, il a recommandé que des travaux soient de nouveau menés sur cette question, avec si possible l'implication d'un plus grand nombre de Parties.

230. Plusieurs Parties ont remercié le Chili pour le travail du GCI et ont reconnu l'importance de cette question. Le Canada a informé la Réunion

qu'il bénéficiait d'expérience en matière d'octroi d'autorisations pour des marathons et autres événements sportifs de grande envergure en Antarctique, et qu'il soutenait le renouvellement du GCI. L'Argentine a signalé avoir reçu par le passé des demandes pour la mise en place de marathons à proximité des installations argentines, mais qu'elle les avait déclinées eu égard aux discussions démarrées par le Chili et toujours en cours. Elle a par conséquent indiqué soutenir également le renouvellement du GCI.

231. Rappelant à la Réunion qu'elle avait déjà fixé plusieurs GCI cette année, les États-Unis ont posé la question de savoir si le renouvellement de ce GCI constituait la meilleure marche à suivre. Ils ont suggéré que les Parties débattent des marathons et des événements de grande échelle lors du Groupe de travail spécial sur les questions d'autorités compétentes liées au tourisme et aux activités non gouvernementales, qui doit se tenir lors de la XXXVIIIe RCTA. Ils ont suggéré qu'au cas où la Réunion déciderait effectivement le renouvellement du GCI, les mandats précédents devraient être minutieusement révisés. En réponse, le Chili a déclaré qu'il existait différentes manières de traiter cette question, et a souligné le besoin de débat, quel que soit le mécanisme.

232. En réponse à une question de l'Allemagne quant à la possibilité d'élargir l'étendue des recommandations proposées afin d'inclure des sports d'aventure de plus petite envergure, le Chili a exprimé certaines réserves et a déclaré que selon lui les sports d'aventures de plus petite envergure n'affectaient pas le fonctionnement des stations ou leurs travaux scientifiques.

233. Le Chili, la Fédération de Russie, l'Uruguay et la Chine ont convenu de poursuivre les consultations sur la question des marathons tenus à l'île du Roi George, notant que le marathon annuel avait avant tout un impact sur les infrastructures et le personnel de leurs stations. Ils ont convenu de présenter un document de travail WP sur les résultats de ces discussions informelles lors de la prochaine Réunion.

234. L'IAATO a présenté le document IP 78 intitulé « Adventure Tourism: Activities undertaken by IAATO Members » et le document IP 77 intitulé « Management of tourism in Antarctica – an IAATO perspective ». L'IAATO a indiqué que le document IP 78 récapitulait à la fois les activités d'aventure et le tourisme terrestre selon des paramètres définis, et offrait un aperçu des tendances observées durant la dernière décennie, dans la mesure où ses membres étaient concernés. L'IAATO a indiqué que le document IP 77 offrait son point de vue sur les défis et opportunités de la gestion du tourisme en Antarctique. L'IAATO a mis en avant l'importance de la Recommandation

XVIII-1, laquelle contenait la section « directives pour ceux qui organisent et conduisent des activités touristiques et non-gouvernementales en Antarctique» qui pourrait être examinée pour une mise à jour.

235. Le président du Groupe de travail sur le tourisme (GTT) a rappelé que le mandat adopté dans la Décision 5 (2013), *Plan de travail stratégique pluriannuel pour la Réunion consultative du Traité sur l'Antarctique* plaidait pour des discussions ciblées lors de la XXXVIIᵉ RCTA, prenant en compte les questions préalablement soulevées au sein du GTT et des GCI, au-delà de celles soulevées dans les documents soumis à la Réunion de cette année.

236. Les Pays-Bas ont observé que la RCTA avait généralement tendance à réglementer le tourisme en Antarctique de manière réactive. Ils ont noté l'apparente incapacité des Parties à limiter ou interdire des activités déjà établies, et ont mis en avant le risque d'impacts cumulatifs sur l'environnement découlant de ces activités. Les Pays-Bas ont en ce sens recommandé une approche faisant preuve de davantage d'initiatives, par le repérage de l'augmentation des activités et des impacts cumulatifs, et ce avant qu'ils ne surviennent.

237. L'Inde a fait l'éloge de l'approche des Pays-Bas, et a noté que les opérations SAR étaient susceptibles d'être rendues plus difficiles par le tourisme d'aventure dans certaines zones reculées. L'Inde a en outre noté l'importance de passer des Résolutions aux Mesures et de mettre en vigueur des éléments fondamentaux afin de faire face aux risques posés par des activités futures.

238. Le président du GTT a pris note du document IP de l'IAATO sur la question du tourisme d'aventure, ainsi que la définition utile proposée dans ce document. Le président du GTT a mentionné une apparente croissance du tourisme d'aventure, et a posé la question d'un danger global concernant des formes de tourisme «de terrain» qui pénètrent dans des zones de l'Antarctique auparavant épargnées par les touristes.

239. Les États-Unis d'Amérique ont fait observer la difficulté de définir le tourisme terrestre et d'aventure, et ont rappelé leur document WP 44, lequel présente un modèle d'évaluation des risques qui assigne un risque spécifique à chaque activité proposée et qui comprend une estimation des risques ayant été ou non correctement traités et atténués.

240. La Fédération de Russie a rappelé à la Réunion que la question de la réglementation des activités en Antarctique avait été posée par la Fédération de Russie depuis de nombreuses années, et a souligné les avantages de

systèmes d'octroi de permis de nombreux pays. Elle a noté qu'elle définissait par tourisme d'aventure les activités impliquant des «exploits» obtenus en surmontant des contraintes naturelles ou physiques.

241. Le président du GTT a remercié la Fédération de Russie d'avoir introduit le concept d'»exploit» en rapport avec les activités d'aventure, et a noté la multiplication du tourisme basé sur l'activité, par opposition au tourisme traditionnel basé sur le lieu.

242. L'ASOC a noté que le terme «exploit» constituait un concept utile pour définir certaines formes de tourisme d'aventure ; que la multiplication d'activités dans des zones isolées était une source d'inquiétudes ; et qu'il importait d'envisager une atténuation des risques de ces activités et de traiter ces risques avant que de nouvelles activités n'aient lieu. L'ASOC a considéré que le tourisme d'aventure ne devait pas nécessairement toujours être distingué du tourisme général.

243. L'Australie a noté que toutes les activités, notamment les activités des programmes antarctiques nationaux et celles liées au tourisme et aux acteurs non gouvernementaux, pouvaient potentiellement avoir un impact sur des valeurs significatives de l'Antarctique, en particulier celles liées à des lieux encore vierges. Elle a signalé la difficulté de s'attaquer à ces risques indépendamment des autres activités en Antarctique, et a recommandé une approche collective dans le cadre du CPE.

244. La Nouvelle-Zélande a mentionné la Décision 5 (2013) ainsi que le point prioritaire du plan de travail stratégique pluriannuel demandant à la RCTA de «réviser et évaluer le besoin d'actions supplémentaires pour la gestion des zones et des infrastructures permanentes liées au tourisme, ainsi que les questions liées au tourisme terrestre et d'aventure, et répondre aux recommandations de l'étude sur le tourisme menée par le CPE». Elle a noté qu'il s'agissait d'un mandat toujours en vigueur, que la RCTA assumait à travers des Mesures, des Résolutions, des Documents de travail et des travaux intersession, à l'instar du GCI sur les questions d'autorités compétentes liées au tourisme et aux activités non gouvernementales en Antarctique, établi lors de cette RCTA.

245. Observant que le tourisme en Antarctique évoluait rapidement en termes de diversité d'activités et de l'éventail d'acteurs, la Nouvelle-Zélande a demandé si les Parties consultatives et le STA étaient les mieux placés pour relever les défis posés par ces évolutions. La Nouvelle-Zélande a suggéré qu'une attention particulière soit portée à une approche plus restreinte dans l'espace,

davantage centrée sur une région et plus prudente dans la gestion du tourisme et des activités non gouvernementales en Antarctique. La Nouvelle-Zélande a souhaité savoir si la RCTA pouvait charger le CPE de mener une évaluation scientifique stratégique afin d'examiner certaines questions, notamment celle des zones de l'Antarctique que le CPE considère comme présentant un risque environnemental plus ou moins élevé en cas d'accès touristique, ou les différentes catégories de risques en question, ou encore les outils - préexistants ou non - les plus appropriés pour la gestion de ces risques.

246. Soutenant la Nouvelle-Zélande, l'Inde a déclaré que les Parties devraient améliorer le dialogue sur la mise en œuvre et l'application des réglementations touristiques en Antarctique. L'Inde a prié instamment les Parties d'envisager la mise en place de mesures de réglementation basées sur des modèles, tout en gardant à l'esprit les relations entre différentes questions.

247. Les Pays-Bas ont loué les initiatives sur le tourisme terrestre et d'aventure présentées dans les documents de travail WP 13, 32, 44 et 50. Ils ont encouragé l'ajout de directives plus stratégiques dans le plan de travail stratégique pluriannuel, notamment des choix politiques à long terme pour le tourisme, en notant qu'ils seraient ravis de débattre par la suite du sujet proposé par la Nouvelle-Zélande.

248. La Fédération de Russie a mentionné les débats se poursuivant sur la réglementation des activités gouvernementales et a noté le besoin de davantage de réglementations sur ces activités. Elle a observé que toute initiative de réglementation sur des activités non gouvernementales devait examiner les différences entre les systèmes réglementaires des Parties.

249. La Norvège a abondé dans le sens de la Nouvelle-Zélande en demandant aux Parties d'entreprendre un débat plus stratégique et avancé sur le tourisme en Antarctique, et a souligné l'importance de la prise en compte de différences dans les approches culturelles. Le Royaume-Uni a rappelé son document datant de 2009 sur une vision stratégique pour le tourisme en Antarctique dans la prochaine décennie (RCTA XXXII/ WP 10), et a également souligné le besoin de règles et de lignes directrices claires concernant le tourisme, notant que la Recommandation XVIII-1 relative aux directives pour ceux qui organisent et conduisent des activités touristiques et non-gouvernementales en Antarctiquen'était toujours pas en vigueur à l'échelle internationale, car soumise à l'approbation d'une dernière Partie. L'ASOC a enjoint les Parties à se dégager des discussions actuelles à caractère réactif et souvent redondantes, et a noté que le document WP 32 de la Norvège permettait d'aller de l'avant.

250. Tout en soutenant fermement les discussions stratégiques et en notant que les travaux du CPE, de l'IAATO et de différentes Parties pour la conduite de l'évaluation et de la gestion des activités touristiques, le Royaume-Uni a noté que le CPE entreprenait d'ores et déjà une quantité remarquable de travaux pertinents, et a insisté sur l'importance d'une bonne articulation avec toute nouvelle demande formulée au CPE.

251. Tandis que la Réunion convenait que la RCTA avait besoin d'une approche plus stratégique sur le tourisme et les activités non gouvernementales, certaines Parties se sont montrées réticentes à ajouter une charge de travail au CPE.

252. En réponse à une demande de points stratégiques quant aux travaux à venir, les États-Unis ont suggéré que les discussions liées aux autorités compétentes pour le tourisme, les impacts cumulatifs sur les zones fréquemment visitées et les lignes directrices de sites pourraient constituer des sujets potentiels pour des discussions en profondeur lors de la XXXVIIIe RCTA.

253. La Nouvelle-Zélande a précisé que les conseils qu'elle souhaiterait voir fournis par le CPE sont une extension des travaux qu'il a mené selon les recommandations 3 (améliorer la gestion spécifique aux sites grâce à une base de données des sites touristiques gérée de façon centralisée par la RCTA) et 6 (examen en vue d'établir un programme approuvé par la RCTA de surveillance sur place) de l'étude du CPE sur le tourisme.

Autres questions liées à des problèmes de politique

254. La France a présenté le document WP *Entrée en vigueur de la Mesure 4 (2004)*, préparé conjointement avec le Royaume-Uni, le Chili, la Finlande, les Pays-Bas, la Nouvelle-Zélande et l'Afrique du Sud. Au vu de l'expansion du tourisme d'aventure et de terrain, elle a recommandé que toutes les Parties approuvent au plus tôt la Mesure, prennent toutes les mesures nécessaires pour lui donner juridiquement effet au niveau national, et d'envisager d'appliquer la Mesure au niveau national, si approprié, avant qu'elle ne soit entièrement entrée juridiquement en vigueur au niveau international.

255. La France a remercié les coparrains pour leurs travaux sur ce document. Elle a noté la remarque de l'IAATO sur le fait que ses membres avaient mis en œuvre la Mesure 4 (2004) en tant que procédure habituelle.

256. De nombreuses Parties ont remercié la France et les coparrains pour leurs travaux, ont convenu de l'importance de la capacité de réaction et des

plans d'urgence sur la question du tourisme, et ont exprimé leur appui aux recommandations contenues dans le document. Certaines Parties ont fait état de leurs efforts visant à approuver et à donner effet à la Mesure 4 (2004), et ont prié instamment les autres Parties de mettre en œuvre la Mesure le plus tôt possible. La Nouvelle-Zélande, le Royaume-Uni et l'Australie ont proposé de dialoguer avec toute partie désireuse de bénéficier de leurs expériences dans la mise en œuvre de la Mesure 4 (2004).

257. L'Afrique du Sud a fait part de son expérience en matière de mise en œuvre de la Mesure 4 (2004) durant la période de transition précédant le moment où ses règlementations antarctiques furent révisées afin de donner totalement effet à la Mesure. Elle a décrit la procédure de sélection pour deux expéditions privées en Antarctique, notamment la recherche des options d'autorisation. L'Afrique du Sud a expliqué avoir remis ces expéditions à l'autorité d'octroi d'autorisations chilienne, dans la mesure où le Chili était le dernier port maritime d'escale avant l'Antarctique, et a remercié le Chili pour son rôle dans cette procédure.

258. L'IAATO et l'ASOC ont remercié la France et les coparrains du document WP 48. L'IAATO a également félicité l'Afrique du Sud pour ses progrès dans la mise en œuvre de la Mesure 4 (2004). L'ASOC a noté qu'il s'agissait de l'une des deux seules mesures juridiquement contraignantes du STA s'appliquant au tourisme, et a encouragé les Parties ne l'ayant pas encore fait à approuver et à mettre en œuvre la Mesure.

259. Le Brésil a remercié la France et les coparrains, mais s'est montré préoccupé que la mise en œuvre de la Mesure au niveau national puisse être vue comme un moyen de contourner les procédures juridiques nationales des Parties. En réponse, la France a déclaré que son intention était d'encourager les Parties à donner juridiquement effet à la Mesure 4 (2004), lorsque cela s'avère opportun, et dans la mesure du possible en fonction de leurs systèmes juridiques respectifs.

260. La Réunion a convenu de prier instamment toutes les Parties n'ayant pas encore approuvé la Mesure 4 (2004) d'achever leurs procédures internes afin de l'approuver, et que cette Mesure puisse entrer en vigueur. Elle a par ailleurs encouragé les Parties consultatives ayant déjà approuvé la Mesure 4 (2004) de prendre les mesures nécessaires pour lui donner juridiquement effet au niveau national.

261. La Réunion a adopté la Résolution 7 (2014) : Entrée en vigueur de la Mesure 4 (2004).

262.   La France a présenté le document WP 49, intitulé « La question des navires de tourisme sous pavillon d'Etats tiers dans la zone du Traité ». Elle a rappelé aux Parties la tendance à la hausse — et les impacts potentiels associés — de la présence croissante de navires de grande capacité naviguant sous un pavillon tiers en Antarctique, et a souhaité porter à l'attention de la Réunion la question de la responsabilité des États du pavillon en cas d'accident. Selon les données fournies par le SEEI, 63% des navires d'excursion commerciaux transportant plus de 50 passagers naviguaient sous un pavillon tiers. La France a proposé la création d'un GCI afin de débattre de ce sujet et de réfléchir à la responsabilité des États du pavillon en cas d'accidents en mer entraînant des pertes humaines ou des dommages environnementaux. La France a par ailleurs proposé une amélioration du SEEI qui permette d'offrir une vision plus claire du pavillon des navires autorisés.

263.   La Réunion a remercié la France pour son document. Quelques Parties ont noté que le document semblait impliquer que les navires battant pavillon de pays tiers étaient moins sûrs que ceux battant pavillon d'une Partie, et ont demandé des clarifications supplémentaires sur les aspects de cette activité qui généraient le plus de préoccupations. Ces Parties ont insisté sur le fait que, selon elles, les expéditions non autorisées constituaient une préoccupation plus grande que les navires battant pavillon de pays tiers, et qu'il existait différentes manières de gérer la sécurité et les questions juridiques dans ces circonstances, ainsi que le démontrent les exigences en matière d'octroi de permis pour les opérateurs fonctionnant avec des navires battant pavillon d'Etats tiers. Elles ont en outre souligné que l'immatriculation des navires incombait à l'OMI, et que le Code polaire - actuellement débattu à l'OMI - pourrait accroître la sécurité des navires dans la zone du Traité sur l'Antarctique.

264.   La Réunion a convenu que des modifications au SEEI, permettant une mise en relation rapide et régulière ainsi que des synthèses de données spécifiques sur la présence de navires battant pavillon d'un Etat tiers, seraient très utiles. Elle a ensuite convenu que ceci serait débattu dans le cadre de la révision convenue des exigences en matière d'échange d'informations qui était entreprise.

265.   En réponse à une suggestion que le thème des pavillons de pays tiers soit débattu par le GCI sur les expériences et défis des autorités compétentes concernant les différents types de tourisme et d'activités non gouvernementales, les États-Unis et l'Équateur ont noté que ce sujet impliquait des problèmes de droit complexes, qui dépassaient le cadre de la mise en œuvre nationale généralement traité par les autorités compétentes.

Ils ont déclaré qu'une telle discussion devrait s'intéresser à des sujets juridiques plus vastes, notamment la Convention des Nations Unies sur le droit de la mer et les règlementations de l'OMI, ainsi que les juridictions au sein du Traité sur l'Antarctique.

266. La Réunion a accepté la proposition de l'Équateur de mener, avec la France, des discussions intersession informelles sur les navires battant pavillon d'Etats tiers. Les résultats de ces discussions seraient rapportés à la XXXVIIIe RCTA.

267. La France a présenté le document d'information IP 16 intitulé « Décision du tribunal correctionnel de Paris du 6 février 2014 relative à la conduite d'activités non-gouvernementales non autorisées dans la zone du Traité et aux dégradations commises sur le SMH n°62 Wordie House ». Ce document portait sur le premier jugement, en France (et au vu des informations du SEEI, parmi toutes les Parties) prononcé contre une personne agissant en Antarctique sans l'autorisation préalable d'une autorité nationale compétente. Le tribunal correctionnel de Paris a imposé une amende de 10 000 euros au capitaine de *L`Esprit d'équipe* pour activité en Antarctique sans autorisation. Le rapport notait que les poursuites liées aux dégradations pénales commises sur le SMH étaient toujours en cours. La France a l'intention d'inclure ceci dans le SEEI, avec une traduction en anglais du jugement. La France a précisé que ce jugement ferait jurisprudence pour tout autre incident survenant à l'avenir. La France a remercié l'IAATO et les autorités britanniques pour leur coopération, et a encouragé les Parties à rester vigilantes quant aux activités touristiques menées sans autorisation.

268. Le Royaume-Uni, la Nouvelle-Zélande et l'IAATO ont félicité la France pour cette action en justice. Les Parties ont souligné le besoin d'envoyer un message ferme sur l'importance du respect des procédures juridiques en cas d'activités menées en Antarctique.

Travaux intersession du CPE relatifs aux Recommandations 3 et 6 (concernant la méthodologie et la surveillance de la sensibilité des sites)

269. Le Dr Frenot a informé la Réunion que lors des discussions tenues au XVIIe CPE, le CPE avait exprimé son soutien pour le travail continu sur la méthodologie et la surveillance de la sensibilité des sites, et que nombre de Parties avaient suggéré que le terme «sensibilité» était peut-être à revoir. Il a mentionné le document d'information IP 82 de la Norvège sur l'approche pour l'analyse de la sensibilité des sites dans la région de Svalbard, et a noté

sa pertinence sur ce sujet. Il a par ailleurs déclaré que la Norvège rendrait compte au XVIIIe CPE des résultats d'un symposium sur la vulnérabilité dans les régions polaires, qui aura lieu à Tromsø en novembre 2014. Il a fait allusion à trois autres documents présentés au CPE qui pourraient intéresser la Réunion, notamment : le document WP 5, intitulé « Les véhicules aériens sans pilote (UAV) et leurs impacts environnementaux potentiels » soumis par l'Allemagne et la Pologne, le document WP 46 intitulé « Essai en Antarctique d'un outil de planification pour la conservation sur l'évaluation rapide de la résilience des écosystèmes circum-arctiques (RACER) par le WWF », soumis par le Royaume-Uni, l'Allemagne, la Norvège et l'Espagne, et le document WP 13 intitulé « Activités de campement côtier menées par les organisations non gouvernementales », soumis par les États-Unis et la Norvège.

270. L'Allemagne a présenté le document WP 4 intitulé « Rapport sur la discussion informelle concernant le tourisme et le risque lié à l'introduction d'organismes non indigènes ». Ce rapport met en avant des mesures pour empêcher l'introduction d'organismes non indigènes, en particulier par le lavage des chaussures. L'Allemagne a encouragé les Parties à améliorer leur conformité avec le Manuel sur les espèces non indigènes et d'autres lignes directrices fournies par le SCAR et le COMNAP, et d'offrir une protection accrue aux microhabitats spécifiques. Elle a également encouragé l'IAATO à améliorer la conformité de ses membres avec les lignes directrices de l'IAATO pour le lavage des chaussures, et a plaidé pour une restriction des zones ouvertes à la visite de touristes. En guise de conclusion, l'Allemagne a remarqué que le CPE avait d'ores et déjà reconnu qu'il restait du travail en suspend sur ce sujet, ainsi que sa décision selon laquelle davantage de débats et de réflexion étaient nécessaires.

271. Le Royaume-Uni a présenté le document IP 59 intitulé « National Antarctic Programme use of locations with Visitor Site Guidelines in 2013-14 », préparé conjointement avec l'Argentine, l'Australie et les États-Unis. Ce document a fourni un aperçu de l'information donnée par les Parties sur les visites de loisir du personnel de leurs Programmes antarctiques nationaux dans des sites où les lignes directrices relatives aux sites sont en vigueur, pendant la saison 2013/2014. Il a informé que 13 membres avaient fourni des informations sur des visites de programmes antarctiques nationaux pendant la période intersession, précisant que six d'entre eux avaient fait état de visites dans des sites disposant de Lignes directrices relatives aux sites, tandis que les sept autres membres n'avaient fait état d'aucune visite. Le Royaume-Uni a encouragé les 22 membres du CPE restants à fournir des informations similaires, soulignant l'importance de dresser un

tableau exhaustif permettant l'examen de l'impact humain total des sites fréquemment visités, et l'évaluation de l'efficacité des lignes directrices relatives aux sites. Il a noté que l'attention avait été portée sur l'impact humain, et qu'il n'était de ce fait pas nécessaire de distinguer les raisons spécifiques des visites.

272. L'ASOC a remercié les auteurs du document et a reconnu sa grande valeur. L'ASOC a déclaré qu'il serait utile de fournir des informations qui distinguent les sources d'impacts - qu'il s'agisse de tourisme ou d'autres activités - en ceci que la gestion s'en trouverait améliorée. L'ASOC a encouragé toutes les parties à contribuer à l'apport d'informations sur les visites réalisées par leurs personnels pour la prochaine RCTA.

273. L'IAATO a également remercié les auteurs et a déclaré que si le document d'information IP 59 n'était pas exhaustif, il constituait tout de même une première étape importante.

274. L'Argentine a présenté le document IP 87 intitulé « Areas of tourist interest in the Antarctic Peninsula and Orcadas del Sur Islands (South Orkney Islands) region. 2013/2014 Austral summer season ». Il s'agit d'une description de la répartition des visites touristiques en fonction des voyages réalisés par des navires qui ont opéré vers et à partir du port d'Ushuaia durant la saison 2012/2013. Plusieurs zones d'intérêt ont été identifiées, et un total de 82 lieux ont été mentionnés dans les plans de voyage, dont 29 possèdent d'ores et déjà des lignes directrices relatives aux sites pour les visiteurs.

275. Les États-Unis ont présenté le document d'information IP 27 rev. 1 intitulé « Antarctic Site Inventory : 1994-2014», lequel offre une mise à jour des découvertes de l'Inventaire des sites antarctiques jusqu'en février 2014. L'IAATO a accueilli favorablement le document IP 27 rev. 1 et a noté la qualité des travaux entrepris par l'Inventaire des sites antarctiques.

Croisières de plaisance et autres activités en Antarctique

276. La Nouvelle-Zélande a présenté le document d'information IP 48 intitulé « The SV Infinity, Ross Sea February 2014 », lequel rend compte de l'expédition non autorisée du *SV Infinity* dans la mer de Ross. Le *SV Infinity* a pénétré dans la ZSPA n° 159 (cabane Borchgrevink) sans avoir au préalable déposé de notification ni répondu aux exigences d'EIE pour son projet d'expédition auprès d'une autorité compétente. Le navire, qui avait quitté Auckland (Nouvelle-Zélande) le 30 janvier 2014, citant comme prochain port de destination Puerto Natales (Chili), battait pavillon allemand. La liste

de ses passagers comprenait 16 personnes, venant de : Canada (3), France (4), États-Unis (2), Italie (1), Royaume-Uni (2), Allemagne (2), Australie (1) et Suède (1). Le capitaine du navire était allemand, et le navire battait pavillon allemand. La Nouvelle-Zélande a noté que cet incident rendait préoccupantes les expéditions non autorisées dans la zone du Traité, et qu'elle allait envisager d'autres possibilités de faire face à ces situations.

277. En réponse à une question de la France qui demandait si la Nouvelle-Zélande avait l'intention d'entreprendre des actions en justice, la Nouvelle-Zélande a déclaré que les réponses tant administratives que juridiques étaient en examen, mais a noté qu'il s'agissait d'une question épineuse. Dans la mesure où le navire n'a pas tenté de retourner en Nouvelle-Zélande, et le capitaine et les passagers n'étant pas des ressortissants de Nouvelle-Zélande, la Nouvelle-Zélande a encouragé les autres Parties à explorer elles aussi les potentielles mesures juridiques et administratives dont elles disposaient. La Nouvelle-Zélande a noté qu'au minimum, un avertissement serait transmis à l'organisateur du voyage. La Nouvelle-Zélande a observé qu'il était important de décourager ce type de voyage à l'avenir, grâce à des mesures efficaces, en particulier parce que les commentaires du voyage sur les réseaux sciaux était positif et semblait favoriser l'organisation d'un voyage similaire.

278. Le Chili a fait part de sa gratitude à la Nouvelle-Zélande et a informé la Réunion que la Nouvelle-Zélande l'avait informé de l'intention du *SV Infinity* de se rendre à Puerto Natales. Le Chili a déclaré qu'il avait surveillé les activités des navires afin de prévenir une éventuelle entrée dans la péninsule antarctique sans autorisation. Le Chili a en outre fait écho au souhait formulé par la Nouvelle-Zélande que tout événement de cet ordre devait être surveillé attentivement. Le Royaume-Uni a ajouté qu'il allait envisager les possibilités s'offrant à lui d'entreprendre des actions contre les ressortissants britanniques présents à bord du *SV Infinity*.

279. L'IAATO a remercié la Nouvelle-Zélande pour le document, et s'est montré satisfaite du sérieux avec lequel les Parties agissaient. Elle a noté être très intéressée par les futures actions envisagées par les Parties, et qu'elle suivrait ces questions attentivement.

280. Le Royaume-Uni a présenté le document IP 55 intitulé « Data Collection and Reporting on Yachting Activity in Antarctica in 2013-14 », préparé conjointement avec l'IAATO. Les données sont extraites des escales enregistrées par l'équipe à Port Lockroy, et complétées par des observations enregistrées par d'autres navires les membres de l'IAATO. Le Royaume-Uni et l'IAATO ont prié les Parties de continuer à partager des informations

concernant les yachts qu'ils avaient autorisés, y compris, par exemple, à travers le mécanisme d'information pré-saison du SEEI, mais aussi en exploitant les rapports post-visites, dans l'esprit de la Résolution 5 (2005).

281. L'Argentine a présenté le document IP 88, intitulé « Non-commercial pleasure and/or sport vessels which travelled to Antarctica via Ushuaia during the 2013/2014 season », reprenant les discussions de la XXXVIᵉ RCTA sur l'importance de la collecte d'informations relatives aux yachts et aux voiliers qui visitent la zone du Traité sur l'Antarctique.

Aperçu sur le tourisme en Antarctique pendant la saison 2013/14

282. L'IAATO a présenté le document IP 45 rev. 1 intitulé « IAATO Overview of Antarctic Tourism: 2013-14 Season and Preliminary Estimates for 2014-15 Season ». L'IAATO a informé la Réunion que bien que l'analyse statistique n'avait pas encore été achevée, des estimations préliminaires et le traitement des rapports de visite de la saison 2013/14 indiquaient qu'il n'y aurait pas de différences notables dans les statistiques du tourisme par rapport à la saison 2012/13. Le tourisme sur navire est resté dominant dans la péninsule antarctique et aucun passager des opérateurs de l'IAATO n'a participé aux survols du continent antarctique. L'IAATO a informé la Réunion que davantage d'informations détaillées seraient disponibles en juin 2014.

283. La Bulgarie a remercié l'IAATO pour le document et pour le transport de 15 scientifiques bulgares à l'île du Roi George durant la saison estivale 2013/14. Elle a noté que l'utilisation additionnelle de moyens de l'IAATO favorisant des opérations logistiques partagées dans la région était fort utile et qu'elle permettait plus de flexibilité pendant la saison de recherches d'été. La Bulgarie a en outre noté que cette pratique permettait aux scientifiques à bord de partager des informations ainsi que leurs expériences avec les touristes. Le Chili a remercié l'IAATO pour son document et a noté la valeur de ce type d'informations statistiques fournies aux Parties.

284. L'ASOC a remercié l'IAATO pour avoir transmis des informations d'une telle importance, mais a réfuté l'idée selon laquelle le tourisme n'aurait pas significativement changé ces dernières années. L'ASOC a noté en particulier la diversification des activités touristiques, notamment l'entrée de très grands navires sur le marché, le nombre croissant d'activités terrestres impliquant l'intrusion dans l'intérieur de l'Antarctique, et l'augmentation des visites de touristes au Pôle Sud. L'ASOC a encouragé les Parties à poursuivre les discussions sur la diversification du tourisme.

285. L'Argentine a présenté le document IP 84 intitulé « Report on Antarctic tourist flows and cruise ships operating in Ushuaia during the 2013/2014 Austral summer season ». Suite à une enquête, il a été indiqué qu'au total 37 164 visiteurs s'étaient rendus en Antarctique par Ushuaia, à bord de 29 navires. Il a été envisagé de compléter d'autres sources de données actuellement disponibles pour l'évaluation du tourisme sur navire dans la région de la Péninsule antarctique, avec une attention particulière portée aux navires touristiques en Antarctique ayant transité par Ushuaia.

286. L'Argentine a également présenté le document IP 89 intitulé « An account of optional activities offered by the Antarctic tour operators that operated through Ushuaia during the 2013-2014 Austral summer season ».

Point 12 – Inspections effectuées au titre du Traité sur l'Antarctique et du Protocole relatif à la protection de l'environnement

287. Le Royaume-Uni a présenté le document de travail WP 2, intitulé « Principales recommandations thématiques à l'issue de 10 années de rapports d'inspection établis en vertu du Traité sur l'Antarctique », préparé conjointement avec l'Australie, la France, l'Allemagne, les Pays-Bas, la Fédération de Russie, l'Afrique du Sud, l'Espagne et la Suède. Les promoteurs du document ont examiné tous les rapports d'inspection relatifs au Traité sur l'Antarctique de 2003 à 2013 et ont identifié cinq grands thèmes : (a) la gestion de l'environnement ; (b) la logistique et l'infrastructure ; (c) la coopération scientifique ; (d) le tourisme ; et (e) les communications.

288. Le document décrivait les recommandations générales qui ont émergé au travers des rapports d'inspection et faisait des propositions sur la meilleure façon pour la RCTA de faire avancer ces recommandations, comme par la diffusion de bonnes pratiques et / ou l'élaboration de conseils sur des questions spécifiques. Le document proposait également une approche plus structurée de l'enregistrement des rapports d'inspection et de tout autre document associé par les Parties qui ont répondu à ces rapports. En outre, il suggérait des améliorations pour le site internet du STA (et / ou des SEEI, le cas échéant) pour fournir un outil de recherche pour : (a) les rapports d'inspection par station ou par d'autres installations inspectées et (b) tout document pertinent de la RCTA soumis à la suite de ces inspections.

289. La Réunion a remercié les auteurs pour leur rapport, et a réitéré l'importance des inspections comme un élément essentiel et unique du Système du Traité sur l'Antarctique.

290. Certaines Parties ont noté que, en raison des coûts associés aux inspections, il était regrettable que les recommandations ne soient pas toujours suivies d'actions. D'autres Parties ont également souligné l'utilité et la valeur des inspections conjointes, qui expriment de façon excellente les idéaux du Traité sur l'Antarctique et qui fournissent une aide à certaines Parties moins à même de supporter seules le coût d'une inspection. Certaines Parties ont suggéré d'inclure les inspections comme un thème du Plan de travail stratégique pluriannuel.

291. La Fédération de Russie a proposé que les Parties ayant fait l'objet d'une inspection, soumettent à la RCTA, au plus tard trois ans après l'inspection, un document d'information décrivant les mesures prises, le cas échéant, en réponse aux recommandations découlant de cette dernière.

292. Plusieurs Parties ont souligné que les recommandations formulées par les équipes d'inspection étaient uniquement d'ordre consultatif et qu'elles n'obligeaient en aucune façon une Partie inspectée à répondre aux questions soulevées par l'équipe d'inspection ou à prendre des mesures en réponse à ces recommandations. Ces Parties ont noté que le débat sur le suivi des recommandations ou les rapports à la RCTA impliquerait de modifier le caractère volontaire de ces recommandations.

293. Plusieurs Parties ont souligné l'importance d'inclure au sein des équipes d'inspection des personnes qui pourraient servir d'interprètes auprès du personnel de la station qui ne parle pas la langue employée par l'équipe d'inspection.

294. Certaines Parties ont noté qu'il serait utile de développer davantage le site internet du STA en incluant une section permettant d'archiver les rapports d'inspection, avec des filtres pour rechercher les stations inspectées de façon individuelle, et tout document de travail ou document d'information que les Parties pourraient souhaiter présenter, ainsi que les références aux rapports finaux dans lesquels ils ont été discutés. La Réunion a demandé au Secrétariat d'entreprendre ce travail au cours de la période intersession.

295. Le COMNAP a indiqué que, s'il était toujours heureux de partager les bonnes pratiques, la plupart des questions soulevées dans les recommandations clés du document exigeaient une réponse communautaire, et que c'était aux Programmes antarctiques nationaux de décider de la mise en place d'éventuelles mesures en réponse aux recommandations des inspections. Le COMNAP a noté que les thèmes et les recommandations clés identifiées dans le document de travail WP 2 ne couvraient pas seulement les inspections de stations, mais également les navires, les SMH, les ZSPA et les ZGSA.

296. Les Parties ont convenu qu'il serait utile de continuer à examiner les questions relatives aux inspections. Ces considérations pourraient inclure la façon dont les leçons retenues pourraient être utilisées de façon générale pour rendre les activités sur l'Antarctique plus efficaces, plus sûres, et plus respectueuses de l'environnement.

Point 13 – Questions scientifiques, coopération et facilitation scientifiques

297. Les Pays-Bas ont présenté le document de travail WP 41, intitulé « Priorités scientifiques stratégiques des recherches en Antarctique menées par les Pays-Bas », qui décrivait la recherche scientifique qu'ils mènent autour de quatre thèmes scientifiques principaux : a) la glace, le climat et le niveau de la mer ; b) les océans polaires ; c) les écosystèmes polaires ; et d) les sciences humaines et les changements dans les zones polaires. Ils ont souligné que la recherche polaire devrait être menée dans le but d'acquérir des connaissances fondamentales sur l'Antarctique et les écosystèmes polaires, et sur les effets des changements dans l'environnement de l'Antarctique. En plus de la recherche axée sur les sciences, les Pays-Bas ont reconnu la nécessité de la recherche axée sur les politiques propres devant être financée par leur programme polaire. Les Pays-Bas ont suggéré que les priorités scientifiques stratégiques des Parties du Traité sur l'Antarctique soient synthétisées pour identifier et poursuivre les opportunités de coopération ainsi que le renforcement des capacités scientifiques dans le cadre de la mise en œuvre du plan de travail stratégique pluriannuel de la RCTA. Plusieurs Parties ont approuvé la suggestion des Pays-Bas.

298. Le Brésil a présenté le document d'information IP 9, intitulé « An action plan for the Brazilian Antarctic science over the next 10 years ». Celui-ci donnait un aperçu des programmes de recherche du Brésil. Le Brésil a prévu de développer de nouveaux programmes pour combler les lacunes existantes dans les connaissances sur les processus polaires qui ont touché le Brésil. Tous les programmes ont été conçus pour étudier les liens entre les environnements de l'Antarctique et de l'Amérique du Sud.

299. Le SCAR a présenté le document d'information IP 14, intitulé « Report on the 2013-2014 activities of the Southern Ocean Observing System (SOOS) », qui soulignait les réalisations du Système d'observation de l'océan Austral (SOOS) en 2013/14 ainsi que les priorités futures. Le SCAR a indiqué que le SOOS avait travaillé avec le Global Change Master Directory de la

NASA (GCMD), qui a accepté de soutenir le développement d'un portail de métadonnées du SOOS, sur le fondement de l'infrastructure du GCMD.

300. L'Australie s'est félicitée du document d'information IP 14, en notant avec satisfaction les efforts du SCAR pour poursuivre le travail sur l'initiative du SOOS. L'Australie avait eu le plaisir d'aider à coordonner un atelier SOOS / COMNAP en Corée, en juillet 2013, et a encouragé les Parties, leurs institutions et les programmes antarctiques nationaux à soutenir cette initiative importante.

301. L'Australie a présenté le document d'information IP 33, intitulé « Australia's Antarctic Strategic Science Priorities ». Il décrivait le cadre de la recherche australienne en Antarctique, qui vise à se concentrer sur la recherche en Antarctique et dans l'Océan Austral afin d'offrir un maximum d'avantages à l'Australie et à la communauté internationale dans les domaines suivants : (a) les processus et le changement climatique ; (b) les écosystèmes terrestres et côtiers : les changements environnementaux et leur conservation ; (c) les écosystèmes de l'océan Austral : les changements environnementaux et leur conservation ; et (d) les sciences de la frontière. La coopération internationale était un élément clé du Programme australien sur la science en Antarctique en vertu duquel plus de 60 projets avaient été menés, impliquant des chercheurs de plus de 70 institutions internationales au cours des deux dernières années. L'Australie s'est félicitée de la présentation des documents sur les priorités scientifiques par un certain nombre de Parties, et a encouragé la poursuite de ces contributions de la part des Parties, du SCAR et d'autres Observateurs. L'Australie a espéré que la RCTA pourrait s'orienter vers un processus de consolidation et de comparaison plus importante des priorités scientifiques, dans le but d'identifier des priorités communes et de s'employer à renforcer la coopération sur les priorités clés.

302. La République Tchèque a présenté le document d'information IP 96, intitulé « Overview of Czech Research Activities in Antarctica in 2013-2014 », qui indiquait que la majorité des activités de recherche menées par la communauté scientifique tchèque est relative au traitement des données et des échantillons. Faisant référence en particulier à la recherche menée sur l'île James Ross, le rapport présentait les activités scientifiques en Antarctique dans les domaines de la géologie et de la géomorphologie, de la glaciologie et du pergélisol, de la microbiologie, de la climatologie, de la biologie végétale, de la biologie animale, de la parasitologie des poissons et de la recherche médicale.

303. Le Japon a présenté le document d'information IP 34, intitulé « Japan's Antarctic Research Highlights 2012–13 », qui illustrait trois thèmes de

recherche menés par l'Expédition scientifique japonaise en Antarctique : 1) un projet de grande ampleur approuvé à l'échelle internationale, de la basse atmosphère vers la haute atmosphère, nommé PANSY, ainsi que sa version améliorée et les observations LIDAR de la mésosphère Antarctique au-dessus de la station Syowa ; 2) des observations sur la glace marine à bord du *Shirase* et sur la glace rapide à proximité de la station Syowa ; et 3) un levé géophysique au niveau des stations Princess Elisabeth et Asuka pour détecter un ajustement isostatique glaciaire et des changements de masse dans la nappe glaciaire causés par le changement climatique mondial. Le Japon a exprimé ses sincères remerciements à l'expédition de recherche belge en Antarctique pour son soutien et son hospitalité généreux durant l'observation.

304. Le COMNAP a présenté le document d'information IP 47, intitulé « International Scientific and Logistic Collaboration in Antarctic », qui était une mise à jour du document d'information IP 92 de la XXVIe RCTA et fournissait les résultats d'une enquête réalisée en Janvier 2014. Il a noté que tous les membres du COMNAP avaient participé ou apporté leur soutien à la coopération scientifique internationale en Antarctique et dans les établissements d'accueil. Depuis la première enquête du COMNAP en 1997, il y a eu une augmentation moyenne de 30 pour cent dans la coopération internationale dans tous les Programmes antarctiques nationaux du COMNAP. Il a noté qu'un seul des 29 membres du COMNAP a répondu «non» à la question : «Au cours des dix dernières années, votre programme antarctique national a-t-il été impliqué dans la coopération scientifique internationale, dans une forme de partenariat ou de recherche conjointe ?». Cela signifie que 96 pour cent des membres du COMNAP se sont engagés dans la coopération scientifique internationale. Il a noté également que seulement deux des 29 membres du COMNAP ont répondu «non» à la question : «Au cours des dix dernières années, votre programme antarctique national a-t-il partagé des installations avec un autre programme antarctique national ?» Cela signifie que 93 pour cent ont partagé de la logistique.

305. Les résultats de l'enquête ont mis en évidence le fait que les programmes antarctiques nationaux coopèrent de différentes façons les uns avec les autres, à la fois en Antarctique et dans leurs institutions nationales respectives. Les résultats de l'enquête ont révélé que les Programmes antarctiques nationaux s'attendent à voir une telle coopération augmenter dans le futur.

306. L'Australie, la France et le Royaume-Uni ont remercié le COMNAP pour cette information utile, ont noté qu'elle serait d'un grand intérêt, et ont

également suggéré qu'elle pourrait éventuellement constituer une base de référence pour de futures enquêtes de même nature.

307. La Malaisie a présenté le document d'information IP 76, intitulé « Malaysia's Activities and Achievements in Antarctic Research and Diplomacy, » qui examinait les priorités fixées et les activités menées par le groupe de travail du Programme de recherche malaisien en Antarctique (MARP). Il s'agit notamment de recherche en géologie, géosciences, télédétection, microbiologie et écologie polaire. La Malaisie a signalé l'arraisonnement de deux navires qui avaient pêché illégalement dans les eaux de la CCAMLR et a noté qu'elle poursuivrait ces deux navires en justice.

308. L'Australie, les États-Unis et le Royaume-Uni ont chaleureusement accueilli et félicité la Malaisie pour son action récente lors de la détention et de l'enquête sur les navires impliqués dans la pêche illégale, non déclarée et non réglementée dans la zone de la CCAMLR.

309. La Norvège a présenté le document d'information IP 81, intitulé « Norwegian Antarctic research », qui résumait les domaines prioritaires de recherche de la Norvège. Son domaine thématique prioritaire était «Un climat changeant et un environnement sous pression» et ses domaines prioritaires transversaux sont : a) coopération internationale de la recherche ; b) infrastructures de recherche ; c) recrutement ; et d) communication et vulgarisation.

310. Le Royaume-Uni a remercié les Parties qui avaient présenté des documents d'information IP en lien avec leurs priorités scientifiques, et dit que le British Antarctic Survey était en train de revoir sa stratégie scientifique. Le Royaume-Uni a également informé la Réunion au sujet d'une annonce récente selon laquelle le financement pour un nouveau navire de recherche polaire avait été identifié.

311. Autres documents soumis au titre de ce point de l'ordre du jour :
   - Document d'information IP 6, intitulé « Reconstruction Project of the Brazilian Antarctic Station » (Brésil)
   - Document d'information IP 11, intitulé « Antarctic Conservation Strategy : Scoping Workshop on Practical Solutions » (COMNAP, préparé conjointement avec le SCAR)
   - Document d'information IP 73, intitulé « New Antarctic stations : Are they justified? » (ASOC)
   - Document d'information IP 90, intitulé « Scientific activities in Terra Nova Bay: a brief overview of the Italian National Antarctic Program » (Italie)

- Document de contexte BP 1, intitulé « Brazilian automatic remote modules in the West Antarctic Ice Sheet » (Brésil)

- Document de contexte BP 2, intitulé « Scientific advances of the Brazilian oceanographic research in the Southern Ocean and its vicinity » (Brésill)

- Document de contexte BP 3, intitulé « The geological record of the transition from greenhouse to icehouse (Eocene to Oligocene) in Western Antarctica »(Brésil)

- Document de contexte BP 4, intitulé « National Institute of Science and Technology of the Cryosphere » (Brésil)

- Document de contexte BP 5, intitulé « National Institute for Science and Technology – Antarctic Environmental Research (INCT-APA): Five-Year Highlights » (Brésil)

- Document de contexte BP 6, intitulé « SCAR Lecture: "Back to the Future: Past Antarctic Climates, Ice Sheet History & Their Relevance for Understanding Future Trends » (SCAR)

- Document de contexte BP 8, intitulé « Scientific & Science-related Collaborations with Other Parties During 2013-2014 » (République de Corée)

- Document de contexte BP 12, intitulé « New Zealand Antarctic and Southern Ocean Science: Directions and Priorities 2010-2020 (Nouvelle Zélande)

- Document de contexte BP 15, intitulé Digital upgrade of SuperDARN radar at SANAE IV 2013/2014 » (Afrique du Sud)

- Document de contexte BP 16, intitulé « Compilación de la producción cartográfica antártica española » (Espagne)

- Document de contexte BP 19, intitulé « Vigésima Segunda Expedición Científica del Peru a la Antártida – ANTAR XXII » (Pérou)

- Document de contexte BP 20, intitulé « Agenda Nacional de Investigación científica Antártica 2014-2016 – ANTARPERU » (Pérou)

Point 14 – Implications du changement climatique pour la gestion de la zone du Traité sur l'Antarctique

312. Les Etats-Unis ont introduit le document de travail WP 40, Favoriser la surveillance coordonnée du changement climatique en Antarctique, préparé conjointement avec la Norvège et le Royaume-Uni. Pour promouvoir une meilleure compréhension du changement climatique et pour reconnaître les implications managériales et opérationnelles de ces changements, les États-

Unis ont proposé que les Parties concentrent leurs efforts sur le soutien de la surveillance des systèmes de l'Antarctique et de l'océan Austral. Ils ont recommandé de réaliser ceci en : (i) renforçant la coordination des priorités de recherche sur le climat pour maximiser les bénéfices des projets de recherche ; et (ii) continuant à soutenir la coopération entre le CPE et le SC-CAMLR dans les domaines d'intérêt commun, notamment la surveillance des écosystèmes et de l'environnement grâce à des ateliers périodiques conjoints.

313. La Réunion a remercié les États-Unis, la Norvège et le Royaume-Uni, et a soutenu fortement les recommandations du document. Le SCAR a souligné qu'il y avait aussi un système d'observation de l'Antarctique en cours de développement qui vise à fournir une version terrestre du SOOS. Ils ont également présenté un compte-rendu sur l'Initiative internationale de partenariat polaire dirigée par l'OMM qui vise à améliorer la coordination scientifique entre les organisations polaires, bien que cette activité fût encore en discussion.

314. Les Parties ont souligné l'importance d'étudier les effets du changement climatique en Antarctique et la nécessité de renforcer la compréhension et la coopération sur cette question.

315. L'Australie a noté que le document de travail WP 40 était cohérent avec la plupart des recommandations formulées par la RETA en 2010 sur le changement climatique, et aligné avec les objectifs du CPE. L'Australie a estimé que les recommandations de la RETA en 2010 sur le changement climatique constituaient la meilleure base pour les discussions actuellement en cours au sein de la RCTA concernant les implications du changement climatique sur la gestion de la zone du Traité sur l'Antarctique. A la XXXVe RCTA, l'Australie avait présenté le document d'information IP 12 qui suggérait que le Plan de travail stratégique pluriannuel serait un mécanisme approprié pour aider la RCTA à faire avancer l'examen des recommandations de la RETA d'une façon systématique. L'Australie a attendu avec intérêt la discussion sur les priorités scientifiques stratégiques communes, et a estimé que celle-ci pourrait présenter un certain nombre de bénéfices potentiels, tels que l'identification d'opportunités pour renforcer la coopération internationale sur la recherche et la surveillance du changement climatique.

316. Le Royaume-Uni et la Nouvelle-Zélande ont encouragé le SCAR à poursuivre ses travaux sur ce sujet et à tenir informées les Parties lors des prochaines réunions. La Nouvelle-Zélande a salué les travaux du CPE sur l'élaboration d'un programme de travail en réponse au changement climatique. La Nouvelle-Zélande a attiré l'attention des Parties sur le développement du Portail des environnements en Antarctique, qui serait un outil utile pour

permettre le transfert des connaissances scientifiques afin de constituer une meilleure interface entre science et politique. La Norvège a souligné que les recommandations figurant dans le document de travail WP 40 offraient un bon résumé des discussions actuelles sur le changement climatique en Antarctique. La France a suggéré que le système de surveillance pourrait également être utilisé pour alerter les décideurs du monde entier et pour les sensibiliser sur les impacts du changement climatique en Antarctique. L'OMM a présenté ses travaux en cours sur le sujet.

317. Le Brésil a souligné le fait que le travail sur le changement climatique entrepris dans le Système du Traité sur l'Antarctique devrait respecter les principes du régime international sur le changement climatique de la CCNUCC et du Protocole de Kyoto.

318. L'ASOC a déclaré que le changement climatique constituait le plus grand défi en Antarctique et a exhorté les Parties à prendre leurs responsabilités en contribuant à réduire les émissions de carbone au niveau mondial.

319. La Réunion a reconnu les recommandations figurant dans le document de travail WP 40 et a accepté de poursuivre l'examen des effets du changement climatique en Antarctique au cours des prochaines réunions.

320. Le SCAR a présenté le document d'information IP 39, intitulé « SCAR engagement with the United Nations Framework Convention on Climate Change (UNFCCC) », qui a donné un aperçu de la participation du SCAR dans les activités de la CCNUCC en 2013, ainsi que les activités prévues à l'avenir. Le SCAR a également présenté le document d'information IP 60, intitulé « Antarctic Climate Change and the Environment – 2014 Update », fournissant une mise à jour du rapport sur le changement climatique et l'environnement en Antarctique (ACCE) (Turner et al. 2009) publié par le SCAR en 2009. Le document a souligné certaines avancées notables dans la science du climat en Antarctique au cours des deux dernières années.

321. L'Australie s'est félicitée de la participation du SCAR dans la CCNUCC, notant qu'il était cohérent avec les recommandations 1, 2 et 3 de la RETA en 2010 sur le changement climatique, et a remercié la Norvège pour le soutien qu'elle a apporté pour faciliter la participation du SCAR. Ces actions étaient consistantes avec les recommandations 1 - 3 de la RETA en 2010 sur le changement climatique, et étaient également consistantes avec les vues de l'Australie concernant les avantages de l'amélioration de l'engagement de la RCTA avec la CCNUCC. En conséquence, l'Australie accueillera l'implication actuelle du SCAR dans les futurs événements de la CCNUCC, y compris

lors de la Conférence des Parties en 2015 si le financement est disponible, et continuera ses efforts pour tenir la RCTA informée de cette participation.

322. Autres documents soumis au titre de ce point de l'ordre du jour :

- Document d'information IP 68, intitulé « Antarctic Climate Change Report Card 2014 » (ASOC)
- Document d'information IP 72, intitulé « Near-term Antarctic Impacts of Black Carbon and Short-lived Climate Pollutant Mitigation » (ASOC)
- Document d'information IP 74, intitulé « The West Antarctic Ice Sheet in the Fifth Assessment Report of the Intergovernmental Panel on Climate Change (IPCC): a key threat, a key uncertainty » (ASOC)

Point 15 – Questions éducatives

323. Le Brésil a introduit le document de travail WP 9, *Activités éducatives et informatives associées aux Réunions consultatives du Traité sur l'Antarctique (RCTA)*, préparé conjointement avec la Belgique, la Bulgarie, le Portugal et le Royaume-Uni. Il recommandait que les Parties approuvent l'organisation d'un atelier qui se tiendra dans le cadre de la XXXVIIIᵉ RCTA. Il faciliterait la discussion sur les activités d'éducation et de sensibilisation pour faire connaître le travail du Traité sur l'Antarctique à un plus large public, avec un accent particulier sur les activités qui ont eu lieu en association avec les RCTA. Le Brésil a souligné l'intérêt des promoteurs pour favoriser la plus large participation possible des membres à l'atelier.

324. La Bulgarie a remercié ses co-auteurs et a proposé d'accueillir un atelier sur l'éducation et la sensibilisation sur l'Antarctique à la XXXVIIIᵉ RCTA.

325. Un grand nombre de Parties ont salué l'initiative et ont souligné l'importance de promouvoir la sensibilisation et la diffusion des connaissances sur l'Antarctique. Ces parties ont exprimé leur soutien total à l'atelier qui se tiendra au cours de la prochaine RCTA, tout en reconnaissant l'importance de réunir les scientifiques, les éducateurs, les communicateurs et les décideurs pour discuter les questions d'éducation et de sensibilisation.

326. Le Portugal a souligné le fait que l'atelier serait une plate-forme opportune pour fournir des conseils aux pays qui sont moins actifs en Antarctique. Le Chili a fait une présentation sur les activités d'éducation et de sensibilisation menées par son programme antarctique national comme un exemple de travail effectué régulièrement par les programmes antarctiques nationaux

dans ces domaines. Il a en outre suggéré que les Parties devraient coordonner leurs efforts pour parvenir à une plus grande synergie en termes d'éducation et de sensibilisation au sein des programmes antarctiques nationaux.

327. Le SCAR, l'IAATO et le COMNAP ont offert leur plein appui à l'atelier, et ont exprimé leur intérêt à participer, rappelant que l'éducation et la sensibilisation sont des éléments importants de leur travail.

328. La Réunion a convenu d'organiser un atelier sur l'éducation et la sensibilisation sur l'Antarctique à la XXXVIIIe RCTA en Bulgarie.

329. Le Portugal a présenté le document d'information IP 2, intitulé « The mission and objectives of the recently established Polar Educators International (PEI) », préparé conjointement avec la Belgique, le Brésil et la Bulgarie. L'organisation, qui a été créée lors de la dernière Année polaire internationale, a été approuvée par le SCAR et l'International Arctic Science Committee (IASC). Elle comptait plus de 600 membres issus de 39 pays.

330. Les Etats-Unis ont présenté le document d'information IP 41, intitulé « Joint Chile and United States Antarctic Educational Expedition for High School Students and Teachers: a Pilot Program », préparé conjointement avec le Chili. Ce document a présenté un rapport sur le renforcement du partenariat entre les deux Programmes antarctiques nationaux et leur travail pour établir des relations entre les générations futures de scientifiques tout en développant la prise de conscience des participants sur les questions scientifiques mondiales.

331. Le COMNAP a présenté le document d'information IP 46, intitulé « COMNAP Practical Training Modules: Module 1 – Environmental Protocol ». Ce document présentait un module de formation (version 1.0) qui a été élaboré par le Groupe d'experts en formation du COMNAP. L'information provenait de la combinaison de présentations de formation des Programmes antarctiques nationaux de l'Argentine, de l'Australie, de la France et de l'Espagne, et était disponible dans les quatre langues du Traité.

332. Le Royaume-Uni et le COMNAP ont noté que, même si ce module de formation n'avait pas été créé spécifiquement pour répondre aux recommandations figurant dans les rapports d'inspection, il constituait un exemple utile de la façon dont les questions communes pourraient être abordées.

333. Autre document soumis au titre de ce point de l'ordre du jour :

   • Document d'information IP 93, intitulé « Proyecto A: Residencias artísticas en la Antártica » (Chili)

Point 16 – Échange d'informations

334. Le Secrétariat a introduit le document du Secrétariat SP 7, *Plan de travail stratégique pluriannuel de la RCTA: Rapport du Secrétariat sur les exigences en matière d'échange d'informations et sur le Système électronique d'échange d'informations.*

335. La Réunion a remercié le Secrétariat pour son rapport détaillé et approfondi, qui a été très utile pour ses travaux en cours sur l'examen approfondi des besoins existants en matière d'échange d'informations, du fonctionnement du SEEI, et sur l'identification des besoins supplémentaires.

336. L'Australie a introduit le document de travail WP 55, *Examen des besoins en matière d'échange d'informations. Le plan de travail stratégique pluriannuel de la RCTA.* Remarquant que la Décision 5 (2013) a identifié les besoins d'échange d'information et le fonctionnement du SEEI comme un élément prioritaire à examiner lors de la XXXVIIe RCTA, ce document proposait un processus pour structurer cette discussion.

337. La Réunion a remercié l'Australie pour son travail sur la détermination d'une voie à suivre pour examiner complètement les besoins actuels en matière d'échange d'informations, de fonctionnement du SEEI, et d'identification des besoins supplémentaires.

338. Après discussion, l'Australie a proposé de convoquer un GCI pour discuter de l'examen approfondi des besoins existants en matière d'échange d'informations et d'identification des besoins supplémentaires, dans une approche en deux étapes. Dans un premier temps, les Parties discuteraient des points suivants : les informations qu'elles veulent inclure, les informations qui seraient considérées comme obligatoires et les informations qui seraient considérées comme complémentaires. Dans un deuxième temps, les Parties examineraient les informations à échanger en demandant au CPE de fournir des conseils sur l'échange d'informations relatives aux questions environnementales. Les Parties exploreraient ensuite comment le SEEI devrait être reconfiguré pour fournir les meilleurs moyens d'échange d'informations. L'Australie a noté qu'il serait nécessaire d'examiner les modifications à apporter à la Résolution 6 (2001) à la suite de la première étape du processus d'examen.

339. La Réunion a accepté cette approche et a convenu d'établir un GCI sur l'examen approfondi des besoins existants en matière d'échange d'informations, et d'identification de tout besoin supplémentaire dans le but de :

   • Examiner les informations devant être échangées actuellement ;

- Déterminer s'il existe une valeur dans le temps pour les Parties d'échanger des informations sur chaque sujet et si certains éléments doivent être modifiés, mis à jour, décrits différemment, rendus obligatoires (lorsqu'ils sont considérés comme optionnels actuellement), ou enlevés ;
- Considérer les questions en suspens relatives à l'échange d'informations listées par le Secrétariat dans le document du Secrétariat SP 7 ;
- Déterminer où d'autres mécanismes d'échange d'informations (par exemple ceux qui sont exploités par le COMNAP) peuvent se chevaucher avec les besoins actuels de la RCTA ;
- Déterminer le temps nécessaire à l'échange d'informations, y compris lorsque les Parties pourraient souhaiter un échange continu d'informations plutôt que des rapports annuels ; et
- Déterminer la façon dont chaque élément correspond au mieux aux catégories d'information : pré-saison, annuelle ou permanente.

340. Il a également été convenu que :

- Les observateurs et les Experts qui participent à la RCTA soient invités afin d'apporter leurs contributions ;
- Le Secrétaire exécutif ouvre le forum de la RCTA au GCI et qu'il lui apporte l'assistance nécessaire ; et
- que l'Australie assume les fonctions d'organisateur et rende compte à la prochaine RCTA sur les progrès accomplis par le GCI.

341. La Réunion a demandé au CPE de fournir des conseils sur l'échange d'informations relatives aux questions environnementales et de présenter un rapport à la XXXVIIIe RCTA.

342. La France a introduit le document de travail WP 49, intitulé « La question des navires de tourisme sous pavillons d'Etats tiers dans la zone du Traité ». Il a été produit pour sensibiliser les Parties à la hausse et à l'impact probable de la présence croissante de navires touristiques battant pavillon d'Etats non-parties au Traité sur l'Antarctique. La France a proposé que le SEEI soit amélioré afin de rendre plus facilement accessibles aux Parties les données sur l'Etat du pavillon, pour chaque navire.

Point 17 – Prospection biologique en Antarctique

343. La Belgique a introduit le document de travail WP 12, intitulé « Évaluation de la prospection biologique en Antarctique », qui proposait une mise en œuvre en deux étapes de la Résolution 6 (2013) sur la prospection biologique

en Antarctique. Tout d'abord, elle a suggéré que les Parties s'accordent sur une définition de travail de la prospection biologique dans le seul but de mettre en œuvre les recommandations contenues dans la Résolution 6 (2013). Deuxièmement, la Belgique a proposé que les Parties consultatives soient encouragées à inclure, dans leur processus national de demande de délivrance de permis et dans le contexte de l'évaluation d'impact sur l'environnement de l'activité proposée, une nouvelle obligation de déclarer la prospection biologique comme l'un des objectifs de la mission ou de l'activité.

344. Certaines Parties ont trouvé la définition de travail proposée par la Belgique trop large ou impraticable à l'égard de leurs activités de recherche scientifique, tandis que d'autres l'ont trouvée trop étroite par rapport à ce qui pourrait constituer de la recherche avec une application commerciale potentielle. En outre, plusieurs Parties ont demandé des éclaircissements sur les questions techniques et d'autres termes employés dans la définition.

345. Plusieurs Parties ont noté des discussions en cours dans le cadre de la Convention sur la diversité biologique, en particulier le Protocole de Nagoya sur l'accès aux ressources génétiques et le partage juste et équitable des avantages découlant de leur utilisation relatif à la Convention sur la diversité biologique, et l'assemblée générale des Nations Unies, en particulier son groupe de travail informel ad hoc à composition non limitée pour étudier les questions relatives à la conservation et l'utilisation durable de la diversité biologique marine au-delà des zones de juridiction nationale, sur l'accès aux ressources génétiques et le partage juste et équitable des avantages découlant de leur utilisation. Elles ont suggéré que ces discussions pourraient être pertinentes pour le travail de la RCTA sur la prospection biologique. Plusieurs Parties ont estimé que la façon la plus appropriée de gérer la prospection biologique en Antarctique est dans le cadre du Système du Traité sur l'Antarctique, tel que décrit dans la Résolution 9 (2009), et tel que réaffirmé dans la Résolution 6 (2013).

346. Les Parties ont examiné les moyens de poursuivre les discussions sur la bioprospection. Plusieurs Parties ont suggéré que la RCTA établisse un GIC ou tienne des discussions informelles intersession pour aborder le problème d'une définition de travail de la prospection biologique et de la procédure de déclaration proposée. D'autres Parties ont préféré aborder les questions plus larges à la prochaine RCTA.

347. Il a également été suggéré que le Secrétariat prépare éventuellement un document contenant des informations sur les régimes d'accès et de partage des bénéfices liés à l'utilisation des ressources génétiques dans d'autres

forums internationaux, mais certaines Parties ont noté que, compte tenu de la nature complexe de la prospection biologique, ceci pourrait être une tâche difficile pour le Secrétariat.

348. En réponse à une suggestion du Président encourageant les Parties à élaborer des documents de travail et des documents d'information pour la prochaine RCTA, afin de continuer à stimuler le débat sur la prospection biologique, le PNUE a proposé de mettre à jour le document d'information sur la prospection biologique en Antarctique et sur le développement récent de la politique au niveau international qu'il avait soumis à la XXXVe RCTA avec les Pays-Bas, la Belgique et la Suède.

349. La Réunion a convenu que la question de la prospection biologique devrait rester à l'ordre du jour de la XXXVIIIe RCTA. Etant donné qu'aucun consensus n'a pu être obtenu sur la création d'un GIC ou sur l'adoption d'une résolution, la Réunion a encouragé des consultations informelles entre les Parties pendant la période intersession.

Point 18 – Préparatifs de la XXXVIIIe Réunion

a. Date et lieu

350. La Réunion s'est félicitée de la généreuse invitation du Gouvernement de la Bulgarie d'accueillir la XXXVIIIe RCTA à Sofia, en Bulgarie, aux alentours du 1er au 10 juin 2015.

351. À toutes fins de planification, la Réunion a pris note du calendrier probable ci-après des prochaines RCTA :
   - 2016 Chili
   - 2017 Chine

b. Invitation aux organisations internationales et non gouvernementales

352. Comme le veut l'usage, la Réunion a décidé que les organisations ci-après ayant des intérêts scientifiques ou techniques en Antarctique devraient être invitées à envoyer des experts à la XXXVIIIe RCTA : le Secrétariat de l'ACAP, l'ASOC, l'IAATO, l'OHI, l'OMI, la COI, le Groupe d'experts intergouvernemental sur l'évolution du climat (GIEC), l'UICN, le PNUE, l'OMM et l'OMC.

c. *Préparation de l'ordre du jour de la XXXVIII^è RCTA*

353.   La Réunion a approuvé l'ordre du jour provisoire de la XXXVIIIe RCTA.

d. *Organisation de la XXXVIIIème RCTA*

354.   Conformément à l'Article 11, la Réunion a décidé à titre provisoire de proposer pour la XXXVIIIe RCTA les mêmes groupes de travail que ceux de la présente RTCA, ainsi qu'un groupe de travail spécial sur les questions des autorités compétentes en matière de tourisme et d'activités non-gouvernementales.

355.   La Réunion a convenu que le pays d'accueil, en coopération avec le Secrétariat, devrait informer les Parties avant la XXXVIIIe RCTA de tous les postes de président vacants pour les groupes de travail, de recueillir les candidatures et de les transmettre aux Parties.

e. *Conférence du SCAR*

356.   Eu égard aux riches conférences que le SCAR dispense depuis plusieurs RCTA, La Réunion a décidé d'inviter le SCAR à organiser une nouvelle conférence sur les questions scientifiques intéressant la XXXVIIIe RCTA.

Point 19 – Questions diverses

357.   Concernant les références erronées relatives au statut territorial des Malouines, de la Géorgie du Sud et des Îles Sandwich du Sud, qui apparaissent dans les documents en lien avec cette Réunion consultative du Traité sur l'Antarctique, l'Argentine a rejeté toute référence décrivant ces îles comme des entités séparées du territoire national, ce qui leur donnerait un statut international qu'elles n'ont pas, et a affirmé que les Îles Malouines, l'Île Géorgie du Sud, et l'Île Sandwich du Sud ainsi que les zones maritimes environnantes sont partie intégrante du territoire national argentin. En outre, l'Argentine a rejeté le registre maritime utilisé par les autorités britanniques qui en auraient prétendument la responsabilité, et a également rejeté l'utilisation des ports de registre dans ces archipels, et tout autre action unilatérale entreprise par telles autorités coloniales que l'Argentine ne reconnaît pas et rejette. Les Îles Malouines, l'Île Géorgie du Sud et l'Île Sandwich du Sud ainsi que les zones maritimes environnantes sont partie intégrante du territoire national argentin, se trouvent sous occupation britannique illégale, et font l'objet d'un conflit

de souveraineté opposant la République Argentine et le Royaume-Uni de Grande-Bretagne et d'Irlande du Nord, reconnus par les Nations Unies.

358. En réponse, le Royaume-Uni a déclaré n'avoir aucun doute quant à sa souveraineté sur les Îles Falkland, l'île Géorgie du Sud, l'Île Sandwich du Sud et leurs zones maritimes environnantes, comme le savent tous les délégués présents. À cet égard, le Royaume-Uni n'a aucun doute quant au droit du gouvernement des Îles Falkland d'utiliser un registre maritime pour les navires battant pavillon du Royaume-Uni et des Îles Falkland.

359. L'Argentine a rejeté la déclaration du Royaume-Uni et a réaffirmé sa position juridique bien connue.

Point 20 – Adoption du rapport final

360. La Réunion a adopté le Rapport final de la XXXVIIe Réunion consultative du Traité sur l'Antarctique. Le Président de la Réunion, l'ambassadeur José Antonio Marcondes de Carvalho, a prononcé une allocution de clôture.

Point 21 – Clôture de la Réunion

361. La Réunion a été déclarée close le mercredi 7 mai à 14h20.

2. Rapport du CPE XVII

Rapport du Comité pour la protection de l'environnement (XVIIe CPE)

Brasilia, 28 avril - 2 mai 2014

Point 1 – Ouverture de la réunion

1. Le Président du CPE, Dr Yves Frenot (France) a ouvert la réunion le lundi 28 avril 2014 et a remercié le Brésil de l'avoir organisée à Brasilia.

2. Le Comité a noté qu'il n'y a pas eu de nouvelle adhésion et que le CPE est toujours composé de 35 Membres.

3. Le Président a résumé les travaux effectués pendant la période intersessions (document d'information IP 97- XVIIe CPE, intitulé « Work done during the intersession period »). Il a noté que les travaux retenus et programmés lors du XVIe CPE ont été intégralement réalisés.

Point 2 – Adoption de l'ordre du jour

4. Le Comité a adopté l'ordre du jour ci-après et a confirmé la répartition des documents à examiner, à savoir 43 documents de travail (WP), 52 documents d'information (IP), 4 documents du Secrétariat (SP) et 8 documents de contexte (BP) :

    1. Ouverture de la réunion
    2. Adoption de l'ordre du jour
    3. Débat stratégique sur les travaux futurs du CPE
    4. Fonctionnement du CPE
    5. Coopération avec d'autres Organisations
    6. Réparation ou réhabilitation des dégâts environnementaux
    7. Conséquences des changements climatiques pour l'environnement : Approche stratégique
    8. Évaluation d'impact sur l'environnement (EIE)
        a. Projets d'évaluation globale d'impact sur l'environnement

b. Autres questions relatives aux EIE

9. Plans de gestion et de protection des zones

    a. Plans de gestion

    b. Sites et monuments historiques

    c. Lignes directrices relatives aux visites de sites

    d. Empreinte humaine et valeurs de la nature à l'état sauvage

    e. Gestion et protection de l'espace marin

    f. Autres questions relevant de l'Annexe V

10. Conservation de la faune et de la flore de l'Antarctique

    a. Quarantaine et espèces non indigènes

    b. Espèces spécialement protégées

    c. Autres questions relevant de l'Annexe II

11. Surveillance de l'environnement et rapports

12. Rapports d'inspection

13. Questions à caractère général

14. Élection du Bureau

15. Préparatifs de la prochaine réunion

16. Adoption du rapport

17. Clôture de la réunion

Point 3 – Débat stratégique sur les travaux futurs du CPE

5. La Nouvelle-Zélande a présenté le document de travail WP 10, intitulé « Portail des environnements de l'Antarctique : rapport d'avancement », préparé conjointement avec l'Australie, la Belgique, la Norvège et le SCAR, qui offre une mise à jour des évolutions du Portail. La Nouvelle-Zélande a noté que le Portail visait à appuyer les travaux du Comité en fournissant des informations scientifiques mises à jour sur les questions prioritaires traitées par le Comité. La Nouvelle-Zélande a souligné deux aspects essentiels du Portail : le site internet en lui-même, notamment les résumés d'information sur des sujets cruciaux - disponibles dans les quatre langues du Traité -, un outil de recherche, une carte interactive et une section sur les « questions émergentes » ; ainsi que le procédé d'édition grâce auquel le contenu du Portail est alimenté et géré. La Nouvelle-Zélande a exposé les prochaines

étapes prévues du développement du Portail, en particulier la recherche de fonds pour permettre l'hébergement du site sur le long terme ; le recrutement d'un éditeur qui veillerait au bon développement et à la gestion des contenus du Portail, ainsi qu'à l'achèvement de l'élaboration technique du Portail. Afin de favoriser ces travaux à venir et de permettre au Portail de répondre aux besoins du CPE, la Nouvelle-Zélande a fait part de son intention de mettre en place un Groupe de référence ayant pour objectifs l'échange d'idées et l'obtention de retours d'expériences.

6.   De nombreuses Parties ont manifesté leur soutien quant à l'initiative du Portail et leur satisfaction quant à la qualité des réponses apportées par la Nouvelle-Zélande aux commentaires transmis au XVIᵉ CPE.

7.   Le SCAR a réaffirmé qu'il soutenait sans réserve l'initiative du Portail et le potentiel qu'il offre pour aider le SCAR dans son rôle consultatif auprès du Système du Traité sur l'Antarctique. Le SCAR a insisté à cet égard sur l'importance qu'il accordait au maintien de la fiabilité et de l'indépendance des contenus du Portail.

8.   Débattant des évolutions à venir du Portail, plusieurs Membres ont recommandé de garantir un équilibre dans la composition des membres du Comité éditorial proposé, et qu'un mandat clair lui soit attribué, afin de s'assurer que les contenus du Portail restent apolitiques et basés sur des recherches publiées et réexaminées par les pairs.

9.   L'Argentine a suggéré que le Comité éditorial comprenne des Membres du CPE. Elle a manifesté son intérêt à joindre le Comité éditorial et a proposé son concours pour les traductions en espagnol des contenus du Portail, afin de réduire les coûts.

10. Le Royaume-Uni a souligné le besoin de maximiser l'utilisation du Portail, et d'intégrer les informations qu'il pourra offrir aux futurs débats du CPE.

11. En réponse à une suggestion émise par la France, le SCAR a noté que ses ressources limitées l'empêcheraient de prendre en charge la gestion et la maintenance du Portail, mais qu'il jouerait un rôle actif d'appui au projet, au développement des contenus, ainsi qu'à leur révision.

12. Le Japon a fait part de son soutien au Portail et à une procédure éditoriale rigoureuse. Il a indiqué que si le Secrétariat devait à l'avenir être impliqué dans la gestion du Portail, il faudrait que cela reste neutre en termes de coûts.

13. En réponse à une question des États-Unis concernant la manière dont les informations seraient hiérarchisées sur le Portail, la Nouvelle-Zélande a expliqué que le Portail a évolué en fonction des questions prioritaires fixées par le Plan de travail quinquennal du CPE. Cette hiérarchisation des priorités évoluera au fil du temps en fonction des priorités du CPE.

14. En réponse à une question de l'Allemagne sur le processus d'examen par les pairs, la Nouvelle-Zélande a expliqué qu'une deuxième évaluation par les pairs était réalisée afin de garantir que les synthèses d'informations disponibles sur le Portail offrent un aperçu équilibré des publications examinées par les pairs existantes.

15. Le Chili a déclaré qu'il était important de définir un mandat précis, qui garantisse que les informations contenues sur le Portail excluent les questions politiques et les interprétations de données prêtant à controverses, ce qui dépasserait le cadre prescrit.

16. Le Brésil a également souligné l'importance d'une représentation équilibrée à la fois au sein du Comité éditorial et dans les publications révisées.

17. Le Comité et l'ASOC ont adressé leurs vives félicitations à la Nouvelle-Zélande, l'Australie, la Belgique, la Norvège et le SCAR pour les progrès accomplis sur le Portail ; ils ont appuyé les recommandations incluses dans le document de travail, et ont encouragé les promoteurs du projet à achever le développement du Portail avant la XVIII réunion du CPE.

18. L'Argentine a présenté le document de travail WP 47 rev.1 , intitulé « Activités de sensibilisation à l'occasion du 25ᵉ anniversaire de la signature du Protocole au Traité sur l'Antarctique relatif à la Protection de l'environnement », préparé conjointement avec le Chili. Elle a suggéré, au vu du prochain anniversaire du Protocole, que les Membres envisagent de lancer des activités de sensibilisation du public afin d'attirer l'attention sur le Comité et ses réalisations. De tels travaux d'information devraient viser la communauté internationale au sens large, et en particulier la communauté des États Parties au Protocole de Madrid, qui ont soutenu ces travaux. L'Argentine a suggéré en particulier d'envisager la possibilité de la préparation d'une publication en ligne, écrite dans un registre de langue accessible au grand public, et qui pourrait être diffusée au sein de divers institutions gouvernementales ou organismes non gouvernementaux, et à des établissements scolaires et universitaires, entre autres. Elle a recommandé que le CPE : reconnaisse l'importance des

informations publiques sur les travaux du Comité; encourage l'échange d'idées relatives à des activités de sensibilisation adaptées, comme la publication en ligne; et consulte le Secrétariat du Traité sur l'Antarctique quant à la manière dont il pourrait offrir son soutien en ce sens.

19.   Le Comité a remercié l'Argentine et le Chili, et a déclaré offrir son soutien à cette initiative. Plusieurs Membres ont mis en avant le besoin pour le CPE de réfléchir à l'avance sur l'anniversaire et sur des manières novatrices d'améliorer la visibilité du Comité et de ses travaux.

20.   Certains Membres ont soulevé des questions liées à la publication en ligne proposée ; notamment la nature de son contenu et la manière dont elle pourrait être préparée dans les délais fixés. La Norvège a noté que si elle émettait un certain doute quant à l'implication du Comité dans les activités de sensibilisation en général, vu son rôle d'organe consultatif auprès de la RCTA, elle convenait cependant que le CPE était le mieux placé pour communiquer les réalisations du Comité. L'Australie a informé qu'elle a travaillé sur une liste des réalisations du CPE, liste qui pourrait constituer un bon point de référence pour les discussions. Elle a en outre rappelé au Comité que toute communication devait être approuvée par consensus, et suggéré que le contenu soit concis et repose sur des faits. Le Brésil et la Belgique ont noté la pertinence du document de travail WP 9 concernant ce sujet. Tout en reconnaissant l'importance de célébrer les accomplissements du CPE, le Royaume-Uni a formulé le souhait que toute publication soit honnête et réaliste par rapport aux défis qui restent à surmonter. L'ASOC a déclaré que le 25ᵉ anniversaire de la signature du Protocole constituait une occasion d'évaluer les réussites et les défis liés à la mise en œuvre de cet instrument.

21.   La Norvège a suggéré que le 25ᵉ anniversaire constituerait une occasion appropriée pour dresser le bilan de l'efficacité des synergies entre le CPE, en tant qu'organe consultatif, et la RCTA, notamment par l'organisation d'un colloque. Elle a noté qu'elle était disposée à débattre plus en avant avec les autres Membres intéressés de la planification d'un tel évènement. En réponse à la suggestion formulée par la Norvège quant à la tenue d'un colloque consacré à ces questions, le Chili a indiqué qu'il serait intéressé à offrir son soutien pour la tenue d'un colloque en 2016, avant la XXXIXᵉ RCTA, afin de conclure ces discussions et de coordonner les activités de sensibilisation proposées.

22.   Répondant à certaines inquiétudes formulées, l'Argentine a fait remarquer que la proposition n'était pas seulement de mettre en lumière les réalisations,

mais également de remplir le devoir d'informer la communauté des actions entreprises pour mettre en œuvre les dispositions du Protocole de Madrid. Elle a noté que la proposition avait été formulée deux ans en avance avec pour objectif de lancer un débat et de rendre sa mise en œuvre possible. Elle a remercié l'Australie pour sa précieuse contribution et pour avoir proposé de mettre à disposition la liste préliminaire des réalisations.

23. Le Comité a convenu que le libellé de toute publication devrait être validé par consensus, et devrait par conséquent être concis et basé sur des faits. Il a en outre convenu que, parallèlement à la mise en valeur des réalisations, il était important de rester attentif aux défis en cours et émergents de l'environnement en Antarctique, notamment les défis identifiés dans le Plan de travail quinquennal du CPE. Il a noté que l'Australie avait travaillé sur une liste de réalisations du CPE, liste qui pourrait constituer un bon point de départ pour les discussions.

24. Le Comité a convenu de poursuivre les discussions informelles sur ce sujet durant la période intersessions.

25. Le Comité a révisé et actualisé son Plan de travail quinquennal (WP1). (Annexe 1).

Point 4 – Fonctionnement du CPE

26. Le secrétariat a présenté le document du Secrétariat SP 7, intitulé « Plan de travail stratégique pluriannuel de la RCTA: Rapport du Secrétariat sur les exigences en matière d'échange d'informations et sur le Système électronique d'échange d'informations ». Il a offert un aperçu des exigences existantes pour l'échange d'informations et leurs évolutions, un récapitulatif des résultats des discussions informelles sur le sujet à la fois à la RCTA et au CPE, une liste de questions en suspens et un rapport sur le fonctionnement du Système électronique d'échange d'informations (SEEI). Le Secrétariat a noté que ce document devra être débattu en profondeur à la RCTA.

27. Plusieurs Membres ont félicité le Secrétariat pour le développement efficace du SEEI, et ont rappelé que l'échange d'informations était fondamental au fonctionnement du Traité. La Nouvelle-Zélande a évoqué le document de travail WP 55 *Examen des conditions de l'échange d'information*, soumis à la RCTA par l'Australie. Elle a indiqué que cela pourrait constituer une occasion pour le Comité de conseiller la RCTA sur la question du système

d'échange d'informations. L'Australie a précisé qu'elle avait soumis le document de travail WP 55 à la RCTA au titre de la priorité identifiée dans le Plan de travail stratégique pluriannuel de la RCTA qui consiste à mener un examen exhaustif des exigences en matière d'échange d'informations. Plusieurs Membres ont avancé qu'il conviendrait au CPE de participer à la formulation d'avis en matière d'exigences liées à la déclaration de données relatives à l'environnement, si la RCTA décidait de mener une révision, et que cette suggestion était formulée dans le document de travail WP 55.

28.   L'Allemagne a pleinement soutenu la révision complète du SEEI et la mise en place d'un GCI à ce sujet. Toutefois, l'Allemagne a noté que trois niveaux du SEEI méritent des développements: (1) le contenu, (2) la fonctionnalité et (3) des rapports fiables et complets en temps opportuns. L'Allemagne a noté que le document de travail WP 55 s'attardait avant tout sur le point (1), tandis que pour elle les principaux problèmes sont les points (2) et (3), points qui devraient être traités en conséquence.

29.   Le Comité a exprimé son accord, et a noté son intérêt à participer aux débats relatifs aux exigences en matière d'échange d'informations environnementales. Il a convenu d'attendre les conclusions des discussions tenues à la RCTA sur le document de travail WP 55.

30.   Le document suivant a également été soumis à ce point de l'ordre du jour :

   •   IP 97, XVIIe CPE, intitulé « Work done during the intersession period » (France)

Point 5 – Coopération avec d'autres organisations

31.   Le COMNAP a présenté le document d'information IP 3, intitulé « Rapport annuel 2013 du Conseil des directeurs de programmes antarctiques nationaux (CONMAP) » et a rappelé la tenue d'un Atelier de gestion des eaux usées à Christchurch en août 2014. Le document indiquait en outre que le COMNAP célébrait son 25e anniversaire à travers la publication du livre : « Histoire de la coopération en Antarctique: 25 ans du Conseil de directeurs des programmes antarctiques nationaux ». Parmi les autres activités phares des dernières années, signalons : l'octroi d'une adhésion de plein droit au Programme antarctique national de la République tchèque, ainsi que le développement de la page internet Recherche et Sauvetage (SAR).

32. L'observateur SC-CAMLR a présenté le document d'information IP 10, intitulé « Rapport de l'Observateur SC-CAMLR à la dix-septième Réunion du Comité pour la protection de l'environnement ». Comme les années précédentes, le document se penchait sur cinq questions d'intérêt commun, identifiées en 2009 lors d'un atelier organisé conjointement par le CPE et le SC-CAMLR, à savoir : a) le changement climatique et l'environnement marin de l'Antarctique, b) la biodiversité et les espèces non indigènes dans l'environnement marin de l'Antarctique, c) les espèces antarctiques nécessitant une protection spéciale, d) la gestion de l'espace marin et les aires marines protégées, et e) le suivi écosystémique et environnemental. Le rapport complet de la XXXIIIᵉ réunion SC-CAMLR a été mis en ligne sur le site Internet de la CCAMLR *http://www.ccamlr.org/en/meetings/27.*

33. L'Observateur SC-CAMLR a attiré l'attention du Comité sur la question des effets des changements climatiques en tant que problème transversal. Il a insisté sur le fait que le réchauffement et l'acidification croissante avaient de fortes chances de perturber les écosystèmes marins dans le siècle en cours. Il a, par conséquent, informé le Comité que le changement climatique constituerait une priorité lors de la XXXIIIᵉ réunion du SC-CAMLR.

34. Le SCAR a présenté le document d'information IP 13, intitulé « Rapport annuel 2013-2014 du Comité scientifique pour la recherche en Antarctique (SCAR) » et a mis en avant plusieurs exemples de ses activités. Celles-ci comprenaient le lancement en 2013 des cinq nouveaux Programmes de recherche scientifique, en particulier État de l'écosystème antarctique (AntEco) ; Seuils de l'Antarctique – résilience et adaptation de l'écosystème (AnT-ERA) ; et Évolution du climat antarctique au 21ᵉ siècle (AntClim21). Plusieurs autres groupes du SCAR sont également importants pour les travaux du CPE, notamment : Acidification de l'océan Austral, qui publiera un rapport à ce sujet en août 2014 ; Valeurs du géopatrimoine ; Contamination environnementale en Antarctique ; et Télédétection pour la surveillance des oiseaux et des populations animales. Le SCAR offre également une mise à jour annuelle au Rapport sur l'évolution du climat antarctique et sur l'environnement. Le SCAR a mené un Tour d'horizon scientifique en Nouvelle-Zélande en avril 2014, suite à la mise en commun de plus de 850 questions et la nomination de près de 500 scientifiques par la communauté SCAR. Les 70 participants sélectionnés ont identifié une liste des 80 questions scientifiques les plus cruciales, qui devront faire l'objet de recherches en Antarctique et dans l'océan Austral au cours des 20 prochaines années. Le SCAR, en association avec plusieurs partenaires, est en train de

développer une nouvelle stratégie intitulée « Antarctic Conservation in the 21ˢᵗ century ». Un atelier d'évaluation des solutions pratiques a eu lieu en septembre 2013 et un symposium se tiendra en août 2014. Les 33ᵉ Réunions du SCAR et la Conférence scientifique publique auront lieu à Auckland (Nouvelle-Zélande) entre le 22 août et le 3 septembre 2014.

35. Le Comité a convenu d'envoyer des Observateurs CPE aux prochains événements ci-après : Dr Yves Frenot représenterait le Comité lors de la prochaine réunion COMNAP qui se tiendra à Christchurch, en Nouvelle-Zélande, du 27 au 29 août ; Dr Polly Penhale représenterait le CPE lors de la XXXIIIᵉ réunion de la CCAMLR à Hobart, du 20 au 31 octobre, et ᴹᵐᵉ Verónica Vallejos représenterait le CPE à la XXXIIIᵉ réunion du SCAR et à la conférence « Open Science Conference » à Auckland, du 22 août au 3 septembre.

36. Les documents suivants furent également soumis au titre de ce point de l'ordre du jour :

    • Le document de contexte BP 9, intitulé « The Scientific Committee on Antarctic Research (SCAR) Selected Science Highlights for 2013/14 » (SCAR)

    • Le document de contexte BP 14 intitulé « Antarctica New Zealand Membership of the International Union for Conservation of Nature (IUCN) » (Nouvelle-Zélande)

Point 6 – Réparation et réhabilitation des dégâts environnementaux

37. L'Australie a introduit le document de travail WP 28, intitulé « Activités de nettoyage de l'Antarctique : liste de contrôle pour l'évaluation préliminaire de sites », qui présente une proposition de liste de vérification pour l'évaluation des sites. Ce document recommande d'inclure la liste de vérification pour l'évaluation préliminaire d'un site jointe au document dans le chapitre 3 du Manuel de nettoyage du CPE, manuel qui a été adopté par la Résolution 2 (2013), comme une ressource pour ceux qui planifient ou sont en train d'entreprendre des activités de nettoyage en Antarctique. La liste de vérification identifie les grandes catégories d'information et les détails plus spécifiques qui pourraient être utilisés pour constituer une documentation du site et fournir des informations lors des étapes ultérieures du processus de nettoyage.

38. Suite à des modifications mineures pour prendre en compte les suggestions faites par la France, l'Argentine et le Royaume-Uni, le Comité a convenu d'inclure la liste de vérification dans le Manuel de nettoyage du CPE.

39. Le Brésil a présenté le document d'information IP 7, intitulé « Remediation Plan for the Brazilian Antarctic Station area », et a signalé ses progrès dans la réhabilitation du site où la station Comandante Ferraz fut détruite par un incendie. Conformément à l'Annexe III du Protocole de Madrid et du Manuel de nettoyage, le programme brésilien en Antarctique a commencé à élaborer un plan de réhabilitation de la zone entourant la station, dans le but de minimiser les impacts sur l'environnement en Antarctique. Le Brésil a présenté un exposé informatif sur les activités menées sur le site.

40. Le Comité a félicité le Brésil pour ses efforts dans la mise en œuvre du plan de réhabilitation. L'Australie a remercié le Brésil d'avoir informé le CPE sur l'avancement du projet, et l'a encouragé à continuer de fournir des informations sur les méthodes et sur l'efficacité des activités menées, de manière à favoriser le partage d'expérience sur les activités de réhabilitation.

41. En réponse à une question du Chili, le Brésil a répondu qu'un comité d'étude indépendant, qui avait été mis en place par la Marine brésilienne pour évaluer les impacts environnementaux, était responsable de l'approbation du plan de reconstruction de la station.

42. Le CPE a remercié le Brésil pour les informations fournies dans le cadre de son projet de réhabilitation et a exprimé son intérêt à recevoir les prochaines mises à jour de la part du Brésil.

43. Le document suivant a également été soumis au titre de ce point de l'ordre du jour :

    • Document de contexte BP 18, intitulé « Tareas de Gestión Ambiental en la Base Belgrano II » (Argentine)

Point 7 – Conséquences des changements climatiques pour l'environnement : Approche stratégique

44. La Norvège et le Royaume-Uni ont conjointement introduit le document de travail WP 8, intitulé « Rapport du GCI sur les changements climatiques », qui a rendu compte des résultats des discussions intersessions du GCI. Le

Comité a rappelé que le but ultime du GCI est de développer un Programme de travail en réponse aux changements climatiques (CCRWP) pour le CPE. Le GCI avait convenu d'une approche par étapes pour l'élaboration d'un tel programme de travail en réponse aux changements climatiques. Au cours de la première période intersessions, le GCI avait : (1) examiné le statut des recommandations pertinentes pour le CPE de la Réunion d'experts du Traité sur l'Antarctique (RETA) sur les impacts des changements climatiques (2010) pertinentes pour le CPE ; (2) catégorisé et systématisé les thèmes / questions relatifs aux changements climatiques intégrés dans les recommandations de la RETA ; (3) considéré et identifié les décisions / mesures déjà prises par le CPE ou en cours en ce qui concerne les questions et les sujets identifiés ; et (4) lancé un processus de réflexion pour identifier les besoins restants et les actions requises par le CPE, qui pourraient former, lors du prochain cycle de discussion, la base du CCWRP. Les organisateurs du GCI ont également encouragé et invité les Membres à s'impliquer activement dans le développement de la phase finale du processus. Au cours de ses délibérations, le GCI avait également remarqué qu'il pourrait être utile de se pencher sur l'éventuel besoin de fixer un objectif primordial au CCRWP pour fournir des orientations et définir le champ d'application du plan.

45. Plusieurs Membres et Observateurs ont salué le travail du GCI et souligné l'importance de lutter contre les effets des changements climatiques en Antarctique. La Nouvelle Zélande a remarqué que le Portail des environnements en Antarctique pourrait constituer un outil utile pour orienter les discussions sur les meilleures réponses à apporter dans la gestion de cette question.

46. Tout en reconnaissant l'importance d'aborder ces effets, le Brésil et la Chine ont exprimé l'avis que le programme de travail devrait tenir compte des résultats des discussions dans d'autres forums multilatéraux, tels que la Convention-cadre des Nations Unies sur les Changements Climatiques (CCNUCC) et le Protocole de Kyoto. Le Chili a déclaré que le CPE devait tenir compte de la préoccupation mondiale sur les changements climatiques et que les circonstances qui existaient lors de la signature du Protocole de Madrid ont changé en raison de l'avancement de la science et de la technologie. L'Argentine a également souligné l'importance de limiter les discussions sur les changements climatiques à ses conséquences dans l'Antarctique. Ils ont en outre appuyé le fait que les recommandations ne devraient pas imposer des obligations qui ne respectent pas les principes du régime international sur les changements climatiques, en particulier le principe des responsabilités communes mais différenciées.

47. La Nouvelle-Zélande et l'Australie ont fait référence à la suggestion du GCI relative à un objectif primordial et ont convenu qu'un tel objectif fournirait des indications utiles et définirait le cadre du travail.

48. Le Comité a reconnu les progrès réalisés par le GCI sur les changements climatiques, et a convenu que le GCI poursuive ses travaux et termine ses tâches liées à la phase finale du processus afin de répondre aux exigences restantes de son mandat. Tout en approuvant le travail du GCI, le Comité a appelé à une participation accrue de tous les Membres dans le processus.

49. Le Comité a en outre décidé de demander au Secrétariat de continuer à mettre à jour la liste des recommandations de la RETA (actuellement la version mise à jour du document du Secrétariat SP 7 de la XXXVIe RCTA), en lien avec les recommandations du XIVe CPE.

50. Les États-Unis ont présenté le document de travail WP 40, intitulé « Promotion de la surveillance coordonnée des changements climatiques en Antarctique », préparé conjointement avec le Royaume-Uni et la Norvège. Compte tenu de l'importance des questions liées aux changements climatiques et de la constante attention portée par la RCTA, le CPE et le SC-CAMLR à ces questions, le document proposait que la RCTA continue à développer de nouveaux systèmes d'observation pour mieux comprendre les processus climatiques. En particulier, il recommandait que la RCTA promeuve les efforts pour (1) renforcer la coordination pour répondre aux priorités de recherche sur le climat comme un moyen d'améliorer les efforts d'observation existants et de comprendre les exigences du système d'observation, en particulier les exigences qui conduiraient à une meilleure compréhension de l'Antarctique à l'échelle du système et (2) continuer à soutenir la coopération entre le CPE et le SC-CAMLR dans les domaines d'intérêt mutuel, incluant la surveillance des écosystèmes et de l'environnement, au travers d'ateliers conjoints périodiques.

51. Les Membres ont remercié les promoteurs d'avoir attiré l'attention sur les besoins de renforcer les efforts dans la coordination de la surveillance des impacts des changements climatiques. Le SCAR a noté les efforts de surveillance à grande échelle déjà entrepris ou en cours ; le Système d'observation de l'océan Austral (SOOS) (IP 14, intitulé « Report on the 2013-2014 activities of the Southern Ocean Observing System (SOOS) ») et l'Atelier de développement d'un système d'observation terrestre et près des côtes en Antarctique (ANTOS), et offert son soutien pour mettre en

relation les organes du SCAR traitant de cette question avec les Membres. Le COMNAP a noté en outre les coûts impliqués dans les programmes de surveillance, et a souligné le commentaire des États-Unis dans le document de travail WP 40 portant sur la nécessité d'allouer les ressources adéquates à de tels programmes. La CCAMLR a également convenu que le Comité et le SC-CAMLR ont partagé un intérêt commun dans la surveillance des écosystèmes et de l'environnement, en particulier en ce qui concerne l'impact des changements climatiques sur le milieu marin.

52.   Le CPE a examiné la proposition du document de travail WP 40 sur l'opportunité d'un deuxième atelier conjoint CPE - SC-CAMLR et a accueilli le principe favorablement. Le cadre général d'un tel atelier pourrait être d'identifier les effets des changements climatiques qui sont considérés comme les plus susceptibles d'influer sur la conservation de l'Antarctique et d'identifier les sources existantes et potentielles de données de recherche et de surveillance pertinentes pour le CPE et le SC-CAMLR.

53.   Le CPE a salué l'offre de l'Observateur du CPE au SC-CAMLR (Dr Penhale) de coordonner un groupe de discussion informel pour développer davantage le cadre d'un atelier. En outre, le CPE a encouragé ses Membres à consulter leurs représentants respectifs du SC-CAMLR pour se préparer à l'examen de cette question lors du XXXIIIᵉ SC-CAMLR.

54.   Le CPE a remarqué que la date et le lieu de l'atelier devraient faciliter l'engagement maximal du CPE et du SC-CAMLR et a estimé que la planification d'un atelier en 2016 permettrait une collaboration appropriée étant donné les réunions planifiées respectives du CPE et du SC-CAMLR.

55.   Le Chili a noté qu'il serait l'hôte du CPE en 2016 et que ce délai lui permettrait de planifier l'accueil d'un tel atelier en collaboration avec le XIXᵉ CPE.

56.   Le Royaume-Uni a présenté le document de travail WP 46, intitulé « Essai en Antarctique d'un outil de planification pour la conservation sur l'Evaluation rapide de la résilience des écosystèmes circum-arctiques (RACER) par le WWF », préparé conjointement par l'Allemagne, la Norvège et l'Espagne, et le document d'information IP 94 rev 1, intitulé « *Essai en Antarctique d'un outil de planification pour la conservation sur l'Evaluation rapide de la résilience des écosystèmes circum-arctiques (RACER) par le WWF – méthodologie et résultats de l'essai* ». Le RACER se concentrait sur

l'identification des sources de résilience plutôt que la vulnérabilité et sur la fonction écologique plutôt que les espèces individuelles. Le XVe CPE avait approuvé un essai pour tester l'applicabilité de la méthodologie RACER dans la partie terrestre de l'Antarctique. L'essai, qui avait été réalisé par 17 experts venant d'Allemagne, d'Australie, du Chili, de Chine, d'Espagne, de la Fédération de Russie et du Royaume-Uni, avait porté sur la Région de conservation biogéographique de l'Antarctique (ACBR) 3 (péninsule nord-ouest de l'Antarctique). Les premiers résultats dans cette partie relativement productive et diversifiée de la péninsule Antarctique terrestre indiquaient que la méthodologie et le concept RACER avaient de la valeur dans le contexte de l'Antarctique, tout en remarquant qu'il comporte des limites et des challenges. L'essai avait identifié un certain nombre de zones jugées comme étant importantes du point de vue de la conservation, sur la base de leur résilience probable face aux changements climatiques. Certaines de ces zones étaient situées dans des ZSPA existantes, alors que d'autres n'étaient pas encore protégées selon l'Annexe V.

57. Le Royaume-Uni a noté la valeur potentielle de cet outil de planification de la conservation pour fournir des informations pour le développement du système des Zone protégées de l'Antarctique et pour la surveillance et l'examen des ZSPA existantes.

58. En remarquant que la résilience devrait être un facteur clé dans la désignation et l'examen des zones protégées, plusieurs Membres ont félicité les promoteurs et exprimé leur volonté de contribuer à la poursuite du développement de l'outil RACER, pour compléter les mesures existantes en matière de protection de l'environnement. En réponse à une question du Chili, le Royaume-Uni a indiqué que les travaux sur le RACER continueraient d'une manière accélérée mais informelle et qu'il accueillerait volontiers tous les Membres intéressés à participer aux travaux intersessions.

59. L'Espagne a souligné que les véhicules aériens sans pilote (UAV) et la télédétection, également utilisés en Arctique, seraient utiles dans une approche des écosystèmes axée sur les régions éloignées.

60. L'Argentine a souligné que la méthode aurait son plus grand potentiel dans les endroits reculés, étant donné que certains lieux disposent d'une grande quantité d'informations de surveillance obtenues sur le terrain et que ces zones ont déjà fait l'objet d'une étude.

61.   Le Comité a fait sienne les recommandations contenues dans le document de travail WP 46 et :

- sur la base des résultats de l'essai RACER, et étant donné la vitesse rapide des changements climatiques dans la péninsule Antarctique, il a encouragé les Parties à prendre en considération la résilience dans la désignation, la gestion et l'examen des zones protégées ;

- il a reconnu le RACER comme un possible outil pour déterminer les principales caractéristiques importantes qui confèrent de la résilience (en remarquant qu'il peut être adapté pour une utilisation dans des parties plus productives et diversifiées de l'Antarctique) ; et a noté que la protection des zones qui sont résilientes aux changements climatiques pourrait contribuer à la protection de la biodiversité sur le long terme ; et

- il a encouragé le soutien continu pour une collaboration renforcée entre les experts intéressés par l'étude de l'applicabilité de la méthodologie RACER en Antarctique.

62.   L'OMM a présenté le document d'information IP 29 « WMO-led developments in Meteorological (and related) Polar Observations, Research and Services », et a attiré l'attention du Comité sur les observations, la recherche et les services météorologiques (et connexes) pertinents qui ont résulté de ses travaux. Ceci comprend le Réseau d'observation de l'Antarctique, la Surveillance de la cryosphère mondiale par l'OMM et son réseau d'observation central CryoNet, le Système mondial de prévision polaire intégré et le Cadre mondial pour les services climatologiques, avec ses Centres climatologiques régionaux polaires et ses Forums sur les perspectives climatiques régionales polaires.

63.   Le SCAR a présenté les documents d'information IP 39, intitulé « SCAR engagement with the United Nations Framework Convention on Climate Change (UNFCCC) » et IP 60, intitulé « Antarctic Climate Change and the Environment – 2014 Update ». Le SCAR a noté qu'en 2013, il avait assisté à la réunion de la CCNUCC à Bonn et à la Conférence des Parties de la CCNUCC à Varsovie où il a pu promouvoir la mise à jour du Résumé exécutif de l'ACCE. Il a également indiqué que le groupe ACCE lancerait une version «wiki» de son rapport en 2014.

64.   L'ASOC a présenté les documents d'information IP 68, intitulé « Antarctic Climate Change Report Card 2014 » et IP 74, intitulé « The West Antarctic

Ice Sheet in the Fifth Assessment Report of the Intergovernmental Panel on Climate Change (IPCC): a key threat, a key uncertainty », donnant les principaux résultats de la recherche sur les changements climatiques en Antarctique au cours des deux dernières années.

65.   L'ASOC a présenté le document d'information IP 72, intitulé « Near-term Antarctic Impacts of Black Carbon and Short-lived Climate Pollutant Mitigation ». Le document faisait référence au Rapport « On Thin Ice », co-publié par la Banque mondiale et l'Initiative internationale sur le climat de la cryosphère (ICCI) en novembre 2013, qui montrait un niveau surprenant de bienfaits pour le climat de l'Antarctique provenant des réductions de noir de carbone, en termes de diminution du forçage radioactif sur l'Antarctique.

Point 8 – Évaluation d'impact sur l'environnement (EIE)

8a) Projets d'évaluation globale d'impact sur l'environnement

66.   La Chine a présenté le document de travail WP 16, intitulé « Projet d'évaluation environnementale complète pour la construction et l'exploitation de la nouvelle station de recherche chinoise, Terre Victoria, Antarctique », le document d'information IP 37, intitulé « The Draft Comprehensive Environmental Evaluation for the construction and operation of the New Chinese Research Station, Victoria Land, Antarctica» et le document d'information IP 54, intitulé « The Initial Responses to the Comments on the Draft CEE for the construction and operation of the New Chinese Research Station, Victoria Land, Antarctica ». Le projet d'EGIE a fourni des informations sur la construction et l'exploitation d'une nouvelle station de recherche chinoise située sur l'île Inexpressible, dans la baie de Terra Nova, dans la mer de Ross. Il a été élaboré conformément à l'Annexe I du Protocole au Traité sur l'Antarctique relatif à la protection de l'environnement et aux Lignes directrices pour l'évaluation d'impact sur l'environnement en Antarctique (Résolution 4 (2005)). La Chine a remercié les Membres pour leurs observations initiales sur le projet d'EGIE et a présenté un exposé instructif sur la construction proposée.

67.   Les États-Unis ont présenté le document de travail WP 43, intitulé « Rapport du Groupe de contact intersessions à composition non limitée créé pour examiner le projet d'EGIE relatif à la « Proposition de construction et d'exploitation d'une nouvelle station de recherche chinoise à Terre Victoria, Antarctique ». Le GCI a félicité la Chine pour ses efforts d'atténuation des impacts environnementaux, tels

que son projet de construire la station à l'aide de modules préfabriqués dans le but de réduire les déchets de construction sur le site, d'utiliser des technologies modernes, de minimiser la consommation énergétique et les émissions atmosphériques, d'utiliser des énergies renouvelables et de limiter le rejet de déchets. Le GCI a informé le Comité que le projet d'EGIE était, dans l'ensemble, clair, bien structuré et bien présenté. Il était d'accord sur le fait que les informations contenues dans le projet d'EGIE confirmaient la conclusion de l'auteur de la proposition, selon laquelle la construction et l'exploitation de la nouvelle station chinoise avaient probablement un impact plus que mineur ou transitoire sur l'environnement. Le GCI a également fait remarquer que si la Chine souhaitait poursuivre l'activité proposée, la version finale de l'EGIE devrait apporter des réponses à un certain nombre de questions, comme le mentionne le rapport.

68.   Le Comité a remercié la Chine pour sa présentation, pour avoir répondu à bon nombre de préoccupations évoquées initialement par les Membres, ainsi que pour les précieuses informations fournies dans le document d'information IP 54, en réponse aux observations et préoccupations émises lors de la discussion intersessions. Le Comité a également adressé ses remerciements aux États-Unis pour leur excellent travail en tant qu'organisateur du GCI.

69.   La Nouvelle-Zélande a rappelé que selon les dispositions sur l'EIE du Protocole au Traité sur l'Antarctique relatif à la protection de l'environnement, toutes les activités menées en Antarctique doivent être planifiées sur la base d'informations suffisantes, afin de permettre de réaliser des évaluations préalables et d'émettre des jugements avisés sur les impacts potentiels des activités sur l'environnement en Antarctique. De plus, la Nouvelle-Zélande a souligné qu'il était important que les opérateurs nationaux établissent des normes élevées en matière d'EIE et a ajouté que la procédure d'examen de l'EGIE représentait une opportunité pour les Membres de s'entraider afin de respecter ces normes.

70.   Plusieurs Membres ont formulé des observations précises quant au projet d'EGIE de la Chine, y compris sur le besoin de fournir : des informations plus détaillées sur les stations scientifiques utilisées pour construire une nouvelle station dans cette zone ; un niveau de référence nettement amélioré ou des informations sur « l'état de référence » du site choisi, concernant en particulier la faune et la flore de la zone, ainsi que l'environnement marin côtier ; une meilleure évaluation des impacts cumulatifs de la station dus à la proximité des autres stations de la zone ; et de plus amples informations sur le réseau aéronautique prévu par le projet d'EGIE.

71. En réponse à l'Allemagne qui avançait que la méthode de gestion des déchets proposée par la Chine ne répondait pas aux exigences des meilleures technologiques disponibles, la Chine a affirmé qu'elle avait examiné ce point en détail et avait comparé la méthode choisie aux différentes alternatives. La Chine a également invité les experts de l'Allemagne à participer aux recherches et aux tests de gestion des déchets.

72. La France et l'ASOC ont proposé que les Membres recherchent de nouvelles façons de collaborer, en partageant notamment leurs infrastructures ou en aidant au démantèlement de stations non désirées.

73. L'Italie a invité la Chine à fournir aux Parties des informations complémentaires sur ses activités de recherche scientifique futures menées dans la zone de la Terre Victoria. Elle a également souligné que des informations pertinentes sur la bibliographie, présentées à la RCTA dans le document d'information IP 90 intitulé, « Scientific activities in Terra Nova Bay: a brief overview of the Italian National Antarctic Program », devraient être dûment prises en considération lors des futures activités d'examen.

74. Les États-Unis ont fait remarquer qu'ils souhaiteraient établir un contact direct avec la Chine afin de discuter d'une éventuelle coopération et collaboration.

75. La République de Corée a déclaré espérer que le plan de la Chine renforcerait la capacité régionale de recherche scientifique et qu'il conduirait à la consolidation du réseau de coopération internationale. Par ailleurs, la République de Corée a recommandé à la Chine de tenir compte des avis et suggestions émis par les Parties en vue de construire une station respectueuse de l'environnement qui servira de plate-forme scientifique bien conçue. Elle a également fait part de sa volonté d'apporter aide et soutien à la Chine.

76. En guise d'observation générale, l'Australie a souligné que lors des discussions du CPE sur le projet d'EGIE, il était très utile de disposer d'un document présentant les premières réponses de l'auteur de la proposition aux observations faites durant la procédure d'examen intersessions, à l'instar des informations apportées par la Chine dans le document d'information IP 54.

77. En réponse à ces observations, la Chine a reconnu la nécessité d'améliorer la disponibilité des installations en Antarctique afin de soutenir les activités de ses scientifiques. Elle a également souligné l'importance scientifique de la zone de la mer de Ross en raison de son influence potentielle sur le climat de la Chine

et a exprimé son désir d'améliorer la coopération internationale dans cette zone. La Chine a assuré le Comité que davantage d'informations et de détails seraient fournis dans la version finale de l'EGIE concernant les questions en suspens et a invité les Membres à fournir des réflexions supplémentaires.

Avis du CPE à la RCTA concernant le projet d'EGIE préparé par la Chine pour la proposition de construction et d'exploitation d'une nouvelle station de recherche chinoise, Terre Victoria, Antarctique

78. Le Comité a examiné en détail le projet d'évaluation globale d'impact sur l'environnement (EGIE) préparé par la Chine, concernant la proposition de construction et d'exploitation d'une nouvelle station de recherche chinoise en Terre Victoria, Antarctique (WP 16). De plus, le Comité a examiné le rapport du GCI établi par les États-Unis (WP 43), visant à examiner le projet d'EGIE conformément aux *Procédures d'examen intersessions par le CPE des projets d'EGIE*. Il a également analysé les informations fournies par la Chine dans une première réponse aux observations du GCI (IP 54). Par ailleurs, le Comité a passé en revue les informations complémentaires apportées par la Chine au cours de la réunion, en réponse aux questions soulevées par le GCI.

79. Après avoir étudié tous les aspects du projet d'EGIE, le Comité a informé la XXXVIIᵉ RCTA de ce qui suit :

   1) Le projet d'EGIE répond dans l'ensemble aux exigences de l'article 3 de l'Annexe I du Protocole au Traité sur l'Antarctique relatif à la protection de l'environnement.

   2) Le projet d'EGIE est, dans l'ensemble, clair, bien structuré et bien présenté, même si l'EGIE finale devra présenter des cartes améliorées (notamment de l'emplacement des bâtiments et des installations par rapport à l'aire de répartition des espèces sauvages et aux SMH) et des figures plus précises, dessinées à l'échelle et comportant des notes et des légendes.

   3) Les informations contenues dans le projet d'EGIE soutiennent la conclusion de l'auteur de la proposition, selon laquelle la construction et l'exploitation de la station chinoise auraient probablement un impact plus que mineur ou transitoire sur l'environnement.

   4) Si la Chine décide de poursuivre l'activité proposée, certains points devront faire l'objet d'informations complémentaires ou de clarifications

dans l'EGIE finale requise. Le Comité suggère tout particulièrement à la RCTA d'approfondir les informations pour les points suivants :

- le programme scientifique prévu, en particulier par rapport aux autres programmes nationaux menés dans les régions de la baie de Terra Nova et de la mer de Ross ;

- l'état initial de référence de l'environnement, en se concentrant sur la géologie de la région, les sols, l'eau douce et les communautés marines côtières, ainsi que sur la répartition et l'abondance des communautés faunistiques et floristiques ;

- la description des méthodes utilisées pour prévoir les impacts de l'activité proposée ;

- les mesures d'atténuation portant sur les espèces non indigènes, la gestion des combustibles et la production d'énergie, ainsi que sur les perturbations potentielles et leur impact sur la faune, la flore et les SMH environnants ;

- les risques d'impacts cumulatifs des activités de recherche opérationnelle et scientifique dus à la pluralité des programmes nationaux menés dans la région de la baie de Terra Nova ;

- des informations plus détaillées sur la production d'énergie éolienne, en raison de la vitesse extrêmement élevée et variable du vent sur le site proposé ;

- la gestion des déchets, y compris les alternatives au four pyrolyse magnétique ;

- les plans de démantèlement de la station ;

- le programme de surveillance environnementale prévu ; et

- les possibilités d'engager des discussions sur la coopération et la collaboration avec les autres programmes nationaux menés dans les régions de la baie de Terra Nova et de la mer de Ross, ainsi qu'avec les autres programmes nationaux.

---

80. Le Belarus a présenté le document de travail WP 22, intitulé « Construction et exploitation de la Station bélarusse de recherche en Antarctique au Mont Vechernyaya, Terre d'Enderby - Projet d'évaluation globale d'impact sur l'environnement ». Le projet d'EGIE a servi de base à la construction de

la station de recherche bélarusse en Antarctique sur les collines de Tala, en Terre d'Enderby. Ce projet d'EGIE a été élaboré conformément à l'Annexe I du Protocole au Traité sur l'Antarctique relatif à la protection de l'environnement et aux *Lignes directrices pour l'évaluation d'impact sur l'environnement en Antarctique* (Résolution 4 (2005)). Le Belarus a informé le Comité que la première phase de construction se déroulerait entre 2014 et 2018, puis a exposé les détails du projet.

81.   L'Australie a soumis le document de travail WP 27, intitulé « Rapport du Groupe de contact intersessions ouvert sur le projet d'EGIE pour la « Construction et l'exploitation de la station antarctique bélarusse de recherche au Mont Vechernyaya, Terre Enderby ». En outre, elle a constaté que les participants au GCI avaient félicité le Belarus pour son intention d'utiliser une station compacte munie de sources d'énergies renouvelables, de développer la coopération internationale et de mettre en œuvre un programme de surveillance et de réponse aux impacts de l'activité proposée. Le GCI a fait remarquer que le projet d'EGIE était, dans l'ensemble, clair, bien structuré et bien présenté, et généralement conforme aux exigences de l'article 3 de l'Annexe I du Protocole au Traité sur l'Antarctique relatif à la protection de l'environnement. Il a également souligné que les informations présentées dans la conclusion du projet d'EGIE n'étaient pas suffisantes pour étayer la conclusion selon laquelle les impacts de l'activité proposée seraient probablement mineurs ou transitoires. Le GCI a suggéré que, si le Belarus décidait de poursuivre l'activité proposée, certains points devraient faire l'objet d'informations complémentaires ou de clarifications dans l'EGIE finale.

82.   Le Comité a remercié le Belarus pour sa présentation, notant l'attention sur ses réponses aux questions soulevées au cours des discussions intersessions. Le Comité a également remercié l'Australie d'avoir réuni le GCI.

83.   La Fédération de Russie a déclaré qu'elle coopérerait avec le Belarus dans différents domaines de l'initiative, dont la science, la logistique et l'enlèvement des déchets. La France a accueilli avec satisfaction le plan d'enlèvement des déchets prévu par le Belarus et la Fédération de Russie.

84.   Plusieurs Membres ont formulé des observations précises quant au projet d'EGIE du Belarus, y compris quant au besoin de : fournir de plus amples informations sur les activités de recherche prévues dans la nouvelle station ; prendre davantage en compte les autres emplacements possibles ; fournir une description plus approfondie de l'état initial de référence du site choisi,

notamment concernant les lacs environnants ; et apporter des informations complémentaires sur les plans de gestion des combustibles et des déchets.

85. La Belgique a suggéré que les techniques moléculaires modernes permettant de référencer la biodiversité microscopique et microbienne soient appliquées par les Parties soumettant le projet d'EGIE, afin de mieux évaluer les impacts potentiels sur les microhabitats.

86. La Norvège, la Nouvelle-Zélande, les Pays-Bas et le Royaume-Uni ont rappelé au Comité que, conformément au Traité sur l'Antarctique, la construction d'une station de recherche en Antarctique n'était pas une condition *sine qua non* pour obtenir le statut de Partie consultative. Cette remarque fait écho à une affirmation contenue dans le projet d'EGIE attestant le contraire. Les Pays-Bas ont ajouté que leur activité scientifique menée dans la Zone du Traité sur l'Antarctique leur avait conféré le statut de Partie consultative pendant plusieurs années, avant d'inaugurer leurs propres installations en Antarctique en 2013. Le Royaume-Uni a, quant à lui, évoqué de manière positive l'accueil des installations néerlandaises en Antarctique sur la zone de ses activités et a encouragé l'intensification de la coopération entre les Programmes antarctiques nationaux.

Avis du CPE à la RCTA concernant le projet d'EGIE préparé par le Belarus pour la « *Construction et l'exploitation de la station de recherche bélarusse en Antarctique, implantée au Mont Vechernaya, Terre Enderby* »

87. Le Comité a examiné en détail le projet d'évaluation globale d'impact sur l'environnement (EGIE) préparé par le Belarus pour la *Construction et l'exploitation d'une nouvelle station de recherche bélarusse au Mont Vechernaya, Terre Enderby* (WP 22). Le Comité a également étudié le rapport du GCI établi par l'Australie, visant à examiner le projet d'EGIE conformément aux *Procédures d'examen intersessions par le CPE des projets d'EGIE* (WP 27). Par ailleurs, il a analysé les informations complémentaires exposées par le Belarus lors de la Réunion, en réponse aux observations du GCI.

88. Après avoir étudié tous les aspects du projet d'EGIE, le Comité a informé la XXXVIIe RCTA de ce qui suit :

    1. Le projet d'EGIE répond, dans l'ensemble, aux exigences de l'article 3 de l'Annexe I du Protocole au Traité sur l'Antarctique relatif à la protection de l'environnement.

2. Si le Belarus décide de poursuivre l'activité proposée, certains points devront faire l'objet d'informations complémentaires ou de clarifications dans l'EGIE finale requise. Le Comité suggère tout particulièrement à la RCTA d'approfondir les informations pour les points suivants :

- la description de l'activité proposée, y compris les activités scientifiques proposées, les installations scientifiques et les infrastructures auxiliaires, ainsi que les plans de démantèlement de la station ;

- les autres emplacements possibles, notamment les sites alternatifs des nouvelles infrastructures dans la zone de la station du Mont Vechernyaya ;

- certains aspects de l'état initial de référence environnementale, concernant notamment la faune et la flore, l'environnement marin côtier et le biote du lac ;

- la description des méthodes utilisées pour prévoir les impacts de l'activité proposée ;

- les risques d'impact direct sur la faune et la flore, les environnements paysagers et lacustres et les risques que représentent les espèces non indigènes ;

- les mesures d'atténuation liées à la gestion des combustibles et de l'énergie, aux espèces non indigènes, à la gestion des déchets et des eaux usées, et aux perturbations des espèces sauvages dues aux opérations aériennes ;

- les impacts cumulatifs éventuels imputables aux activités existantes et aux autres activités planifiées dans la zone ;

- le programme de surveillance environnementale prévu ; et

- d'autres possibilités de coopération internationale.

3. Les informations fournies dans le projet d'EGIE n'étayent pas la conclusion selon laquelle les impacts dus à la construction et à l'exploitation de la station proposée seraient probablement mineurs ou transitoires.

4. Le projet d'EGIE est, dans l'ensemble, clair, bien structuré et bien présenté, bien qu'il ait été recommandé d'apporter des améliorations

aux cartes et aux figures et que des informations complémentaires et des clarifications soient nécessaires pour faciliter l'évaluation globale de l'activité proposée.

8b) *Autres questions relatives aux EIE*

89.   L'Allemagne a présenté le document de travail WP 5, intitulé « Les véhicules aériens sans pilote (UAV) et leurs impacts environnementaux potentiels », élaboré conjointement avec la Pologne, et a attiré l'attention des Membres sur les impacts environnementaux potentiels liés à l'utilisation de véhicules aériens sans pilote (UAV, en anglais) au vu de l'utilisation significativement accrue qui en est faite à des fins scientifiques et non scientifiques en Antarctique. L'Allemagne et la Pologne ont encouragé les Membres à : (1) reconnaître le problème ; (2) échanger des informations et partager leur expérience en matière d'utilisation des UAV et des impacts environnementaux potentiels qui en découlent ; (3) faciliter la recherche sur les impacts environnementaux potentiels des UAV et ; (4) créer un GCI afin de débattre de la proposition et de continuer d'y travailler durant la période intersessions 2014/15. L'Allemagne et la Pologne ont ensuite proposé de fusionner ces recommandations avec celles contenues dans le document de travail WP 51.

90.   Les États-Unis d'Amérique ont présenté le document de travail WP 51, intitulé *« Considérations sur l'utilisation des systèmes d'aéronefs sans pilotes (UAS) pour la recherche, la surveillance et l'observation dans l'Antarctique ».* Les États-Unis d'Amérique ont encouragé le CPE et la RCTA à : (1) prendre en compte la valeur potentielle des systèmes aériens sans pilote (UAS, en anglais) pour la recherche scientifique et le suivi environnemental en Antarctique ; (2) demander au SCAR d'examiner les risques environnementaux liés à l'exploitation d'UAS ; (3) demander au COMNAP d'examiner les risques que pourrait présenter l'exploitation d'UAS pour d'autres aéronefs et pour l'exploitation des stations ; (4) inviter le COMNAP, le SCAR et des experts externes à débattre de l'élaboration éventuelle de lignes directrices pour l'utilisation de ces plateformes en Antarctique.

91.   Le Comité a remercié l'Allemagne, la Pologne et les États-Unis d'Amérique pour leur contribution et a souligné qu'il s'agissait d'un débat opportun au vu de l'utilisation accrue des UAV en Antarctique à des fins scientifiques et non scientifiques. Plusieurs Membres ont souligné les avantages scientifiques et environnementaux potentiels des UAV pour la recherche et

le suivi environnemental, ainsi que les risques potentiels liés à la sécurité, à l'environnement et à leur exploitation. Ils ont également exprimé leur souhait d'élaborer des lignes directrices adéquates relatives à l'utilisation de ce type d'appareils dans la zone du Traité sur l'Antarctique.

92. Concernant les avantages découlant de l'utilisation des UAV, l'Espagne a fait valoir qu'ils sont particulièrement utiles pour atteindre des zones isolées. En outre, ces appareils pourraient compléter les informations de télédétection et fournir une confirmation *in situ* des données satellites. Plusieurs Membres ont fait remarquer que, dans le cadre du suivi de l'environnement, les UAV avaient souvent un impact environnemental plus faible que celui d'autres solutions. L'ASOC a affirmé qu'il était important d'élaborer des lignes directrices et des meilleures pratiques et a ajouté que le déploiement des UAV devait être soumis aux EIE conformément à l'article 8 et à l'Annexe I du Protocole.

93. L'Australie, le Canada, le Royaume-Uni et la France ont déclaré être prêts à partager l'expérience qu'ils détiennent en matière d'utilisation et de réglementation des UAV et/ou des robots terrestres. L'IAATO a reconnu que l'utilisation d'UAV augmentait et a remarqué qu'un certain nombre de ses membres avait déjà acquis de l'expérience concernant l'utilisation d'UAV en Antarctique. L'IAATO a commencé à élaborer des lignes directrices pour l'utilisation d'UAV au cours d'opérations touristiques, qui indiquent, par exemple,l'interdiction de survol des concentrations d'animaux. L'IAATO serait heureuse de pouvoir partager ces lignes directrices et son expérience avec les Parties. À la lumière de leur expérience en Arctique, le Canada et la Norvège ont insisté sur l'intérêt de prendre en considération les synergies bipolaires lors de l'élaboration des lignes directrices pour l'utilisation d'UAV.

94. Les Membres ont par ailleurs souligné qu'il existe de nombreux types différents de véhicules autonomes sans pilote, y compris des appareils marins et terrestres, ainsi que des appareils utilisés à des fins scientifiques ou de loisir. Au vu de la variété des appareils, la Chine, la Norvège et l'IAATO ont approuvé la suggestion de la Pologne concernant la nécessité que les lignes directrices soient, à la fois, suffisamment générales pour être utilisées par un large éventail d'opérateurs et suffisamment complexes pour inclure les différents types d'appareils, d'utilisations et d'environnements.

95. L'Argentine a soulevé des questions concernant l'utilisation de cet équipement, en particulier à proximité des concentrations d'oiseaux, notamment en ce qui concerne la hauteur de vol, la nécessité d'envisager la délivrance de permis

dans le cadre de « perturbations nuisibles » ou la nécessité d'analyser, dans certains cas, l'intérêt d'appliquer les « Lignes directrices pour les aéronefs à proximité des concentrations d'oiseaux en Antarctique ». L'Argentine a également signalé les dispositions relatives aux interdictions de survols fixées dans certains plans de gestion de ZSPA et la difficulté que pourrait constituer la récupération de cet équipement dans les zones isolées, où peut survenir un accident. L'Argentine a souligné la nécessité de distinguer l'utilisation scientifique de l'utilisation récréative de l'équipement.

96.   La Norvège a suggéré qu'il pourrait être utile que les personnes recourant aux UAV à l'avenir, en particulier lors de recherches fauniques, documentent, dans la mesure du possible, leurs recherches et publient les résultats relatifs à la réaction qu'engendre la présence d'UAV au cours de leur utilisation, car cela pourrait contribuer à l'amélioration des lignes directrices.

97.   En vue de débats plus approfondis sur les UAV lors du prochain CPE, le Comité a exigé que soient élaborés pour le XVIIIe CPE : des rapports du SCAR et du COMNAP sur l'utilité et les risques de l'exploitation d'UAV en Antarctique ; un document de l'IAATO relatif à son expérience et à ses pratiques actuelles concernant les UAV ; et des documents supplémentaires relatifs à l'expérience des Membres en la matière. Le Comité est également convenu d'inscrire dans son plan quinquennal son intention de poursuivre les discussions relatives aux UAV.

98.   Les États-Unis d'Amérique ont présenté le document de travail WP 13, intitulé « Activités de campement côtier menées par les organisations non gouvernementales », élaboré conjointement avec la Norvège. Ce document synthétisait les informations relatives aux expériences et aux réactions des autorités compétentes concernant les questions liées aux activités de campement non gouvernementales. Il en est ressorti que certaines Parties considéraient les lignes directrices existantes suffisantes, tandis que d'autres souhaitaient que des éclaircissements soient apportés et éventuellement que des lignes directrices supplémentaires relatives aux activités de campement côtier soient élaborées. Au vu de l'augmentation probable à l'avenir, à la fois, de la fréquence et de l'intensité des activités de campement côtier, les promoteurs ont suggéré que ce sujet soit débattu plus en profondeur.

99.   Remerciant les États-Unis d'Amérique et la Norvège d'avoir abordé la question, plusieurs Membres ont souligné la nécessité d'harmoniser les procédures et les règlementations applicables à la délivrance de permis

autorisant les activités de campement côtier. La Fédération de Russie a souligné que les différences existant entre les systèmes nationaux concernant l'autorisation d'activités en Antarctique, ainsi que la non-adoption de l'Annexe VI au Protocole relatif à la protection de l'environnement, ont donné lieu à des incertitudes juridiques concernant cette activité et d'autres activités potentiellement néfastes, et a exhorté les Membres à examiner la manière de mettre en œuvre un système global visant à autoriser les activités non gouvernementales. L'ASOC a souligné que les Lignes directrices pour les visites de sites qui étaient à l'origine utilisées pour les débarquements touristiques à des endroits particuliers devaient désormais être utilisées pour un certain nombre d'activités, dont le campement. En réponse aux inquiétudes formulées par la France, l'IAATO a expliqué que le campement côtier désignait les séjours courts d'une nuit durant lesquels les passagers se rendent à terre tard dans la nuit et retournent à bord avant le petit-déjeuner. L'IAATO a présenté des lignes directrices relatives à cette activité dans le document d'information IP 98 lors du XVIe CPE. Dans le cadre du débat, la Norvège a souligné qu'il était primordial de poursuivre le travail visant à comprendre quels peuvent être les impacts environnementaux du campement sur un site spécifique et la façon dont il convient de mieux les envisager et de les règlementer.

100. Le Comité a salué la proposition des États-Unis d'Amérique de mener des consultations intersessions informelles avec les Membres intéressés afin de débattre plus en profondeur de la question et de décider de la meilleure marche à suivre.

101. L'Australie a présenté le document de travail WP 29, intitulé « Révision des Lignes directrices relatives aux évaluations d'impact sur l'environnement en Antarctique ». Rappelant que les Lignes directrices relatives aux EIE ont été adoptées pour la première fois en 1999 et révisées pour la dernière fois en 2005 et que le CPE avait programmé un travail de révision approfondi des Lignes directrices relatives aux EIE via un GCI en 2014/18, l'Australie avait passé en revue les débats du CPE sur la question des EIE et les évolutions connexes et a identifié les sujets qui pourraient être examinés par ce CGI. Ceux-ci incluent la possibilité d'aborder des questions soulevées lors de précédentes discussions au CPE portant sur les espèces non indigènes, l'empreinte écologique et les valeurs de la faune et de la flore, le déclassement de stations, les aspects environnementaux du tourisme antarctique et le changement climatique. En outre, les lignes directrices relatives aux EIE pourraient être mises à jour pour prendre en compte les nouvelles procédures et ressources pertinentes relatives

aux EIE et aborder les questions régulièrement soulevées lors de l'examen des projets d'EGIE par le CPE.

102. Le Royaume-Uni a présenté le document de travail WP 24, intitulé « Améliorations pour la procédure d'évaluation d'impact sur l'environnement en Antarctique ». Il a encouragé les Membres à se pencher sur la question de savoir si, outre les lignes directrices d'EIE, il existe des mécanismes qui pourraient améliorer le processus d'EIE pour garantir que cet outil permette de limiter efficacement et de manière pratique l'impact sur l'environnement. Le Royaume-Uni a également assuré son soutien au document de l'Australie, et a souligné la nécessité de faire des EIE une priorité dans le plan quinquennal. Il a suggéré qu'un GCI sur les EIE soit mis sur pied pour une période de deux ans en vue d'examiner les questions relatives aux EIE soulevées dans les documents de travail WP 29 et 24.

103. Le Comité a félicité l'Australie et le Royaume-Uni pour leurs efforts visant à encourager la révision et l'amélioration des lignes directrices relatives aux EIE. Plusieurs Membres ont souligné l'importance de cette initiative face aux défis grandissants comme le changement climatique.

104. Plusieurs Membres ont soulevé un certain nombre de questions qu'il pourrait valoir la peine d'aborder lors de la révision des lignes directrices relatives aux EIE. Certains Membres ont signalé que l'examen des questions relatives au changement climatique dans le cadre du débat sur les EIE en Antarctique devait prendre en considération le fait que la CCNUCC est le principal forum d'action internationale contre les changements climatiques, mais que les Parties au Traité ont d'importantes responsabilités en ce qui concerne la façon d'aborder les implications du changement climatique dans la gouvernance et la gestion de la zone du Traité sur l'Antarctique.

105. La Norvège a souligné que la méthodologie générale et les principes généraux des EIE ont significativement évolué depuis l'adoption du Protocole, et a indiqué qu'il pourrait être utile d'évaluer les dispositions de l'Annexe I à l'aune de cette évolution, celle-ci pouvant servir de base à l'identification des questions qui pourraient mériter une attention plus soutenue à l'avenir.

106. Le Brésil, l'Argentine et la Chine ont insisté sur la nécessité de prendre en considération les principes du régime international sur les changements climatiques, en particulier le principe de responsabilités communes mais différenciées, et de se concentrer, lors des débats sur la question, sur les

conséquences des changements climatiques en Antarctique plutôt que sur leurs causes. L'Argentine a également indiqué que certaines des questions soulevées par le Royaume-Uni dans le document de travail WP 24 nécessitaient d'être débattues plus longuement, notamment celles relatives à « la meilleure technologie disponible », « l'audit » ou l'impact d'une activité sur le changement climatique, avant d'être examinées durant le processus de révision des lignes directrices.

107. Reconnaissant la pertinence de ce principe, les Pays-Bas ont suggéré qu'au vu de la nature scientifique du CPE, le Comité devrait éviter toute référence à ce principe dans ses travaux, d'autres forums plus politiques, tels que la CCUNCC, étant plus aptes à en discuter.

108. En réponse aux observations des Pays-Bas, le Brésil a souligné que les principes fixés pour lutter contre le changement climatique s'appliquent à tous les débats portant sur la question, y compris en dehors du forum.

109. La Fédération de Russie a déclaré que la révision devait se faire dans le cadre de nouvelles lignes directrices relatives aux EIE et ne devait pas engendrer une révision de l'Annexe I, en soulignant le fait que de nombreux Membres avaient transposé le Protocole relatif à la protection de l'environnement dans leur législation nationale. L'ASOC a approuvé l'importance d'adopter une approche holistique à long terme dans la planification des activités antarctiques et a indiqué, concernant le document de travail WP 24, qu'il serait primordial d'étudier le suivi des EIE dans le cadre d'une révision des lignes directrices relatives aux EIE.

110. Le Comité a décidé de mettre sur pied un GCI pour réviser les Lignes directrices relatives aux EIE, dont les termes de référence seront les suivant :

1. Déterminer si les Lignes directrices relatives aux évaluations d'impact sur l'environnement figurant en annexe à la Résolution 1 (2005) doivent être modifiées pour aborder les questions telles que celles identifiées dans le document de travail WP 29 de la XXXVIIᵉ réunion de la RCTA et, le cas échéant, suggérer les modifications à apporter aux Lignes directrices.

2. Noter les questions soulevées lors des débats menés en vertu du point 1 du mandat qui relèvent d'une politique plus vaste ou les autres questions relatives à l'élaboration et à la gestion des EIE, qui pourraient entraîner un débat plus approfondi au CPE dans le but de renforcer la mise en œuvre de l'Annexe I au Protocole.

3. Fournir un rapport initial au XVIIIe CPE.

111. Le Comité est convenu qu'il reviendra à l'Australie et au Royaume-Uni de convoquer conjointement le GCI.

112. La France a présenté le document de travail WP 34 *EPIE ou EGIE : comment choisir ?*, élaboré conjointement avec la Belgique, qui fournit une analyse de la façon dont les Membres choisissent de soumettre une EPIE ou une EGIE pour diverses activités. Elle indique que l'interprétation du concept « d'impact mineur ou transitoire » varie fortement d'une Partie à l'autre. Prenant en considération la création d'un GCI sur la révision des Lignes directrices relatives aux EIE, la France a suggéré d'inclure dans les termes de référencela poursuite de l'analyse des EPIE et EGIE entamée dans le document de travail WP 34 ainsi que la réflexion concernant l'opportunité de définir une liste restreinte d'activités qui doivent systématiquement être considérées comme ayant « un impact plus que mineur ou transitoire » sur l'environnement et qui exigent par conséquent la mise en œuvre systématique d'une EGIE. La France a fait valoir qu'une telle approche permettrait de réduire les différences potentielles qui existent entre les Membres concernant la définition d'un certain nombre d'activités et l'évaluation de leurs impacts environnementaux.

113. Si le Comité a salué l'initiative et a reconnu son intérêt, plusieurs Membres ont soulevé des questions portant principalement sur les difficultés de définir une interprétation commune de « l'impact mineur ou transitoire » et sur les risques de rendre la procédure rigide en prescrivant une liste.

114. L'Allemagne a suggéré que le CPE s'accorde sur la définition des termes « mineurs » et « transitoires » dans le cadre du processus d'EIE.

115. La Fédération de Russie a rappelé qu'aucun consensus n'avait été trouvé lors de précédentes tentatives visant à définir les termes.

116. L'Espagne a remercié la France et la Belgique pour leur document de travail et rappelle au Comité que, conformément à l'article 8 et l'Annexe I du Protocole, chaque membre peut évaluer les impacts environnementaux en vertu de ses procédures nationales idoines.

117. L'Afrique du Sud a affirmé que les impacts plus généraux des activités risquaient d'être négligés si une liste était élaborée.

118. À cet égard, le Royaume-Uni a signalé qu'il était difficile de prévoir tous les problèmes qui pourraient survenir à l'avenir et qui pourraient donc être malencontreusement écartés de la liste proposée, et qu'il était important que le processus d'EIE conserve sa flexibilité. Le Royaume-Uni a renforcé l'idée d'évaluer les impacts en fonction des conséquences et des résultats. La Chine a souligné que l'existence de diverses interprétations était un problème général qui survenait dans plusieurs parties du Protocole.

119. Reconnaissant l'inquiétude des Membres, la Belgique a expliqué que la proposition visait à promouvoir l'efficacité plutôt que la rigidité, et a appelé à débattre plus en profondeur de la question.

120. L'Argentine a indiqué que la méthodologie elle-même ne permettait pas de déterminer à l'avance si une activité devait faire l'objet d'une EPIE ou d'une EGIE avant d'en analyser les impacts. La France a répondu en attirant l'attention sur les différences existant entre les EGIE et les EPIE en ce qui concerne le degré de détail et le processus d'examen, indiquant que le fait qu'il faille consulter le CPE pour toute EGIE rendait la catégorie d'évaluation d'autant plus complexe.

121. Le Comité a remercié la France et la Belgique pour les efforts qu'elles ont engagés dans l'amélioration du processus d'EIE. S'il n'a pas convenu de créer un GCI cette fois, il a décidé de poursuivre la réflexion sur la question de manière informelle. En outre, le Comité a fait remarquer qu'un certain nombre de lignes directrices relatives aux EIE ont été élaborées par des Membres et qu'il pourrait s'avérer utile de les échanger.

122. La Fédération de Russie a présenté le document d'information IP 63, intitulé « Results of drilling operations for the study of the lower part of the glacier in deep bore hole at Vostok Station in the season 2013-14 », et le document d'information IP 64, intitulé « Study of the water column of the Subglacial Lake Vostok », qui ont fournit des informations sur les opérations de forage dans la colonne d'eau du lac Vostok, et a soumis une EPIE à l'examen du CPE. Le document a présenté une comparaison entre la méthode russe et l'autre méthode utilisée pour l'étude de lacs subglaciaires, proposée par des spécialistes américains – forage rapide de la glace par utilisation d'eau chaude et mise en œuvre des instruments de mesure à travers cette colonne d'eau chaude afin de prélever des échantillons d'eau de lacs subglaciaires- et a évalué les avantages découlant de la méthode du mélange kérosène-fréon.

123. La France a remercié la Fédération de Russie pour son document, mais a remarqué la présence dans ce dernier de quelques commentaires évoquant un certain nombre de questions concernant le forage à la station Concordia, auxquelles la France et l'Italie avaient répondu dans le document d'information IP 16 de la XXXVIᵉ RCTA. La France a rappelé les principales différences entre les projets de forage à la station Concordia et au lac Vostok. Concernant la pénétration dans la colonne d'eau du lac et les incertitudes entourant la pression de l'eau au fond du puits, la France s'est dite être toujours préoccupée par le risque de contamination lié à la nature du fluide de forage utilisé au puits de Vostok. La Fédération de Russie a répondu qu'elle avait présenté des informations lors de précédentes sessions du CPE et de la RCTA pour illustrer la façon dont le fluide avait été introduit dans le lac sans le contaminer.

124. L'Italie a présenté le document d'information IP 57, intitulé « Towards the realization of a gravel runway in Terra Nova Bay, Ross Sea, Antarctica », qui fournit des détails sur les nouvelles études qui ont été menées.

125. L'ASOC a présenté le document d'information IP 73, intitulé « New Antarctic stations:Are they justified? » dans lequel elle a indiqué que de nouvelles stations continuaient d'être construites en Antarctique, souvent dans des zones presque vierges. Le document d'information IP 73 se concentrait davantage sur le partage des infrastructures en lieu et place de la construction de nouvelles stations que sur d'autres formes de coopération scientifique. Le document d'information IP 73 décrivait les méthodes utilisées ainsi que leurs limites. Il n'a décelé aucun lien entre le nombre de stations et le nombre de publications dans des publications scientifiques revues par des pairs. Des informations plus récentes émanant de rapports d'inspection officiels de 2004 à 2014 semblaient confirmer que, dans certaines stations, peu d'activités de recherche sont menées. Pour améliorer la qualité des recherches et atténuer les impacts évitables des stations de recherche, l'ASOC a suggéré : que le Comité déclare que la construction d'une nouvelle station n'est pas exigée pour obtenir le statut consultatif ; que les Membres exploitant déjà des stations antarctiques conviennent d'éviter ou de limiter la construction de toute nouvelle station par leur programme antarctique respectif ; et que les Membres conviennent de mener des révisions internationales régulières par des pairs de leur propre programme scientifique et de mettre les conclusions de ces révisions à disposition des autres Membres et du public. L'ASOC a salué les recherches scientifiques menées conformément aux normes environnementales strictes et qui renforcent la coopération scientifique internationale.

126.   Remerciant l'ASOC pour le document, plusieurs Membres ont exprimé leurs inquiétudes concernant les méthodes d'analyse employées dans le document, en notant que celui-ci ne rend pas compte de l'importance des projets de longue durée et ne couvre pas les dix dernières années, durant lesquelles la production scientifique aurait augmenté en raison de la construction de nouvelles stations durant cette période.

127.   La Fédération de Russie a indiqué que l'extension du réseau de stations de recherche en Antarctique donnait l'occasion d'acquérir plus de connaissances sur l'environnement antarctique. Le partage d'une station peut constituer un problème lorsque des perturbations économiques affectent différemment les pays partageant l'infrastructure.

128.   Le COMNAP a reconnu l'argument avancé par la Fédération de Russie, qui a rappelé au CPE qu'il existait bon nombre d'exemples de collaboration en matière de logistique, d'exploitation et de science au sein de la communauté antarctique. Le COMNAP était fortement en désaccord avec l'affirmation de l'ASOC dans le résumé du document d'information IP 73, selon laquelle il existe « ... peu d'initiatives de coopération internationale visant à partager des infrastructures... » et a attiré l'attention sur le document d'information IP 47, qui présentait les résultats d'une étude des programmes antarctiques nationaux portant sur la collaboration scientifique et logistique internationale en Antarctique et de laquelle il ressortait qu'une coopération internationale intense et étendue existait entre les programmes. Le COMNAP a par ailleurs noté que le nombre d'articles scientifiques polaires publiés a quadruplé entre 1981 et 2006, comparé aux articles scientifiques mondiaux publiés, qui ont doublé. Plusieurs Membres ont cité des exemples spécifiques de coopération et de collaboration concernant leur propre programme national antarctique.

129.   L'Argentine a déclaré soutenir l'avis du COMNAP concernant l'existence d'une grande coopération internationale entre les Parties. Les stations scientifiques ne peuvent être jugées sur la base du nombre de publications, mais les données générées par les nombreux programmes de recherche internationaux qui coopèrent sont d'une grande qualité. L'Argentine a également signalé qu'elle soutenait plusieurs programmes de coopération.

130.   La Fédération de Russie a souligné les recommandations originales de l'Année géophysique internationale de 1957-58 préconisant de construire des stations dans les zones isolées, et l'importance des données scientifiques spécifiques collectées dans ces zones. D'après elle, le nombre de stations

de recherche dans certaines zones s'explique par la nécessité d'apporter un appui logistique aux stations de recherche, ces dernières ayant souvent un but scientifique spécifique. Elle a également mentionné les difficultés de partager des stations en période de crise économique et par rapport à la répartition des responsabilités en vertu de l'Annexe VI du Protocole relatif à l'environnement. La Chine s'est faite l'écho de cette intervention et a souligné les investissements significatifs nécessaires à la construction d'une station.

131. L'Australie a exprimé son soutien envers plusieurs des principes mis en lumière dans le document d'information IP 73. Elle a souligné, en particulier, les avantages environnementaux que constituent la promotion d'une collaboration plus approfondie, le souhait de chercher à limiter l'impact environnemental tout en maximisant la production scientifique dans la mesure du possible, et l'importance de prendre en considération les options permettant d'éviter la construction de nouvelles stations, qui répond aux exigences du Protocole relatif à la protection de l'environnement et à l'Annexe I. La France a insisté sur l'importance d'une analyse coût-bénéfice lors de la construction de nouvelles stations qui doit inclure les impacts environnementaux, les coûts économiques et les résultats scientifiques. Elle a également souligné le fait que les autres options, y compris la coopération et le partage d'infrastructures, doivent être rigoureusement envisagées avant la construction de toute nouvelle station.

132. Document d'information IP 36, intitulé « Establishment and beginning of pilot operation of the 2nd Korean Antarctic Research Station "Jang Bogo" at Terra Nova Bay » (République de Corée). La République de Corée a signalé que la construction de sa seconde station de recherche antarctique avait pris fin et que l'exploitation pilote avait débuté. La République de Corée prévoit que la station Jang Bogo contribue grandement à l'effort mondial de protection de l'environnement antarctique en faisant progresser la connaissance scientifique. La République de Corée a tenu à remercier particulièrement l'Italie et les États-Unis pour leur soutien durant la période de construction.

133. Les documents suivants ont également été soumis à ce point de l'ordre du jour :

- document d'information IP 56, intitulé « Initial Environmental Evaluation for the realization of a new access road to Enigma Lake Twin Otter runway at Mario Zucchelli Station, Terra Nova Bay » (Italie) ;

- document du Secrétariat SP 5, intitulé « Annual list of Initial Environmental Evaluations (IEE) and Comprehensive Environmental Evaluations (CEE) prepared between April 1st 2013 and March 31st 2014 » (STA).

Point 9 – Plans de protection et de gestion des zones

9a) Plans de gestion

i) Projets de plans de gestion qui ont été révisés par le Groupe subsidiaire sur les plans de gestion

134. La Norvège a présenté le WP 31 *Groupe subsidiaire sur les plans de gestion – Rapport sur les travaux intersessions de 2013/14*, au nom du Groupe subsidiaire (GSPG). Le Groupe avait passé en revue les plans de gestion révisés de sept ZSPA ainsi que le plan de gestion révisé d'une ZGSA et il avait recommandé au Comité d'approuver cinq d'entre eux.

135. Pour ce qui concerne la ZSPA n° 141 vallée Yukdori, Langhovde, baie de Lützow-Holm (Japon) et la ZSPA n° 128 côte occidentale de la baie de l'Amirauté, île du Roi Georges, îles Shetland du Sud (Pologne et États-Unis), le GSPG a informé le Comité que les plans de gestion révisés finaux étaient bien rédigés, de haute qualité et qu'ils traitaient correctement les points clés soulevés pendant la mise à l'étude. En conséquence, le GSPG a recommandé que le Comité approuve ces plans de gestion révisés.

136. Pour ce qui concerne la mise à jour de la proposition d'une nouvelle ZSPA dans les zones géothermiques de haute altitude de la région de la mer de Ross (Nouvelle-Zélande et États-Unis), le GSPG a informé le Comité que le plan de gestion révisé était bien rédigé, de haute qualité et qu'il traitait correctement les points clés soulevés dans les conseils adressés aux promoteurs du plan. En conséquence, le GSPG a recommandé que le Comité approuve le plan de gestion pour cette nouvelle ZSPA.

137. Le GSPG a également recommandé que le CPE suggère à la RCTA que la désignation de zones protégées pour les ZSPA no 118 (Sommet du Mont Melbourne) et no 130 (Tramway Ridge, Mont Erebus) ne soit plus utilisée à l'avenir, en conséquence de l'adoption de la nouvelle ZSPA dans les zones géothermiques de haute altitude dans la région de la mer de Ross. Il a, par ailleurs, souligné que le CPE pourrait envisager de prêter une plus grande

attention aux discussions sur la protection des communautés microbiennes des zones géothermiques.

138. Pour ce qui concerne la proposition d'une nouvelle ZSPA à Stornes, collines Larsemann, Terre Princesse-Élizabeth (Australie, Chine, Inde et Fédération de Russie), le GSPG a informé le Comité que le plan de gestion révisé final était bien rédigé, de haute qualité et qu'il traitait correctement les points clés soulevés dans les conseils adressés aux promoteurs plan. En conséquence, le GSPG a recommandé que le Comité approuve le plan de gestion pour cette nouvelle ZSPA. La Belgique a encouragé les Parties concernées à protéger de manière spécifique les valeurs biologiques présentes à d'autres endroits des collines Larsemann en désignant une ZSPA à Broknes et Grovnes.

139. Concernant la ZSGA n° 1 : Baie de l'Amirauté, île du Roi Georges, îles Shetland du Sud (Brésil, Équateur, Pérou, Pologne et États-Unis), le GSPG a informé le Comité que le plan de gestion révisé final était bien rédigé, de haute qualité et qu'il traitait correctement les points clés soulevés pendant la mise à l'étude. En conséquence, le GSPG a recommandé que le CPE approuve le plan de gestion pour cette ZGSA.

140. En réponse à une question soulevée par la Fédération de Russie qui souhaitait savoir si la proposition concernant la ZSGA n° 1 prévoyait une évaluation de l'impact potentiel sur l'environnement de l'incendie survenu à la station Comandante Ferraz, le Brésil a fait savoir que la zone était surveillée depuis l'accident, et que le document d'information IP 7 contenait des informations détaillées concernant la première phase du plan de restauration de la zone de la station. La Pologne a ajouté qu'elle était disposée à coopérer sur cette question.

141. En outre, le GSPG a informé le Comité que des travaux intersessions supplémentaires seraient menés concernant les trois plans de gestion soumis pour une révision intersessions :

   a. ZSPA no 144 : « baie du Chili » (baie Discovery), île Greenwich, îles Shetland du Sud (Chili)

   b. ZSPA no 145 : port Foster, île de la Déception, îles Shetland du Sud (Chili)

   c. ZSPA no 146 : baie du Sud, île Doumer, archipel Palmer (Chili)

142. Le Comité a approuvé les recommandations du GSPG et il a convenu de soumettre les plans de gestion révisés de la ZSPA n° 141, de la ZSPA n° 128,

de la ZGSA n° 1, d'une nouvelle ZSPA dans les zones géothermiques de haute altitude de la région de la mer de Ross et d'une nouvelle ZSPA à Stornes, Collines Larsemann, Terre Princesse Élizabeth à la RCTA pour adoption.

ii. Projets de plans de gestion révisés qui n'ont pas été révisés par le Groupe subsidiaire sur les plans de gestion

143. Le Comité a inclus dans cette catégorie les plans de gestion révisés de dix ZSPA et d'une ZGSA, outre la proposition d'élargissement de la ZSPA n° 162 existante et de déclassement de la ZGSA n° 3.

   a. WP 3, *Plan de gestion révisé de la zone spécialement protégée de l'Antarctique n°139 pointe Biscoe, île Anvers, archipel Palmer* (États-Unis)

   b. WP 6, *Plan de gestion révisé de la zone spécialement protégée de l'Antarctique n°113 île Litchfield, port Arthur, île Anvers, archipel Palmer* (États-Unis)

   c. WP 7, *Plan de gestion révisé de la zone spécialement protégée de l'Antarctique n°121 cap Royds, île de Ross* (États-Unis)

   d. WP 26, *Plan de gestion révisé de la zone spécialement protégée de l'Antarctique n°124 Cap Crozier, île de Ross* (États-Unis)

   e. WP 18, *Révision du plan de gestion de la zone spécialement protégée de l'Antarctique (ZSPA) n°169 baie Amanda, côte Ingrid Christensen, Terre Princesse-Élizabeth, Antarctique de l'Est* (Australie et Chine)

   f. WP 19, *Révision du plan de gestion de la zone spécialement protégée de l'Antarctique (ZSPA) n°136 péninsule Clark, côte Budd, Terre de Wilkes, Antarctique de l'Est* (Australie)

   g. WP 30, *Proposition de modification des mesures de gestion des cabanes Mawson et de cap Denison* (Australie)

   h. WP 21, *Révision du plan de gestion de la zone spécialement gérée de l'Antarctique (ZSGA) n°6 collines Larsemann, Antarctique de l'Est* (Australie, Chine, Indie et Fédération de Russie)

   i. WP 52, *Révision du plan de gestion pour la zone spécialement protégée de l'Antarctique (ZSPA) no150, île Ardley (péninsule Ardley), baie Maxwell, île du Roi Georges* (Chili)

   j. WP 54, *Révision du plan de gestion de la zone spécialement protégée de l'Antarctique (ZSPA) no125 péninsule Fildes, île du Roi Georges* (Chili)

k. WP 11, *Révision de la zone spécialement protégée de l'Antarctique (ZSPA) n°142 Svarthamaren* (Norvège)

l. WP 58rev. 1, *Plan de gestion révisé de la zone spécialement protégée de l'Antarctique n°171, pointe Narebski, péninsule Barton, île du Roi Georges* (République de Corée)

144. Pour ce qui concerne les documents de travail WP 3 (ZSPA n°139), WP 6 (ZSPA n°113) et WP 7 (ZSPA n°121), les États-Unis ont expliqué que les révisions étaient mineures et qu'elles portaient principalement sur la mise à jour des cartes. Pour ce qui concerne le document de travail WP 26 (ZSPA n°124), les États-Unis ont signalé que, malgré l'ampleur des révisions apportées au plan de gestion pour ces sites, y compris des changements aux valeurs des sites, toutes les modifications autorisées étaient destinées à renforcer la protection de la zone et devraient, par conséquent, être approuvées.

145. L'Australie a présenté les documents de travail WP 18 (ZSPA n° 169) (également au nom de la Chine) et WP 19 (ZSPA n° 136) ; elle a souligné que seules des modifications mineures avaient été apportées à la description de chaque zone ainsi qu'aux dispositions de gestion contenues dans les plans de gestion. L'Australie a indiqué que la ZSPA n° 169 avait été désignée, principalement, pour renforcer la protection de la colonie de manchots empereurs de la baie Amanda et que la ZSPA n° 136 avait été désignée pour protéger l'écosystème terrestre pratiquement vierge de la péninsule Clark.

146. Pour ce qui concerne le WP 30, l'Australie a fait remarquer que la proposition d'élargissement de la ZSPA n° 162 et de retrait de la désignation de la ZSGA n° 3 permettrait de renforcer la protection du paysage, des structures et des objets situés en-dehors de la ZSPA actuelle et permettrait également de simplifier les mesures de gestion du site qui ne ferait plus l'objet que d'un seul plan de gestion. L'Australie a également souligné que le guide du visiteur des cabanes Mawson et de cap Denison devrait, par conséquent, être modifié.

147. Pour ce qui concerne le WP 21, préparé conjointement par l'Australie, la Chine, l'Inde et la Fédération de Russie, la Fédération de Russie a mis en exergue les propositions de modification concernant la gestion de la ZGSA n° 6, à savoir : intégration de Stornes en tant que ZSPA ; référence à la ZSPA n° 169 baie Amanda ; description mise à jour des activités et des infrastructures ; mise à jour des objectifs pour protéger l'environnement contre l'introduction d'espèces non indigènes ; mise à jour des cartes et des références.

148. Lorsqu'elle a présenté le WP 11, la Norvège a commenté les révisions mineures apportées au plan de gestion de la ZSPA n°142, à savoir : mise à jour des informations concernant la population d'oiseaux marins présente dans la zone, révision des informations concernant les limites, informations concernant la taille de la zone et référence au classement des Régions de conservation biogéographiques de l'Antarctique. La Norvège a rappelé au Comité que la zone abrite la principale colonie terrestre connue de pétrels antarctiques en Antarctique, et que leur nombre a décliné de manière significative au cours des dernières décennies, mais qu'elle n'est pas encore en mesure d'expliquer ce phénomène.

149. L'Allemagne a félicité la Norvège pour la révision du plan de gestion et le suivi des pétrels. Elle a, en outre, souligné le déclin de la population d'oiseaux marins et a invité la Norvège à fournir de plus amples informations lorsque celles-ci seront disponibles.

150. Lorsqu'il a présenté les documents de travail WP 52 (ZSPA n°150) et WP 54 (ZSPA n°125), le Chili a expliqué que toutes les révisions apportées aux plans de gestion étaient mineures et que les objectifs en matière de gestion étaient maintenus. Pour ce qui concerne la ZSPA n°150, le plan de gestion révisé faisait référence aux lignes directrices qui ont été adoptées pour la plage nord-orientale de la zone et aux modifications dont a fait l'objet l'infrastructure de la zone. Les modifications apportées à la ZSPA n°125 incluaient le retrait de la mention d'une espèce qui n'est plus présente dans la péninsule Fildes.

151. Remerciant le Chili pour la préparation des plans de gestion révisés de ces deux zones, l'Allemagne a fait remarquer que les plans mis à jours contiennent de nombreuses modifications inspirées par les résultats des recherches menées dans la zone et a proposé de renvoyer la question au GSPG.

152. Pour ce qui concerne le document de travail WP 58 rev. 1, la République de Corée a expliqué que la première révision quinquennale du plan de gestion de la ZSPA n°171 prévoyait des modifications mineures du plan de gestion. Les modifications comportaient l'intégration de nouvelles données sur la faune et la flore et la correction d'erreurs présentes sur la carte. L'Allemagne a proposé d'actualiser les données démographiques de 1986/87 et elle a suggéré à la Corée d'intégrer les nouvelles données et références dans le plan de gestion.

153. Le Comité a décidé de soumettre les plans de gestion révisés des ZSPA n° 125 et n° 150 au GSPG pour examen en période intersessions et a décidé de soumettre les autres plans de gestion révisés à la RCTA pour adoption.

Avis du CPE à la RCTA

154. Le Comité est convenu de soumettre les plans de gestions suivants à la RCTA pour adoption :

#	Nom
ZSPA n° 113	Île Litchfield, port Arthur, île Anvers, archipel Palmer
ZSPA n° 121	Cap Royds, île de Ross
ZSPA n° 124	Cap Crozier, île de Ross
ZSPA n° 128	Côte occidentale de la baie de l'Amirauté, île du Roi Georges, îles Shetland du Sud
ZSPA n° 136	Péninsule Clark, côte Budd, Terre de Wilkes, Antarctique Est
ZSPA n° 139	Pointe Biscoe, île Anvers, archipel Palmer
ZSPA n° 141	Vallée Yukidori, Langhovde, Baie de Lützow-Holm
ZSPA n° 142	Svarthamaren
ZSPA n° 162	Cabanes Mawson, Cap Denison, Baie du Commonwealth, Terre George V, Antarctique Oriental
ZSPA n° 169	Baie Amanda, côte Ingrid Christensen, Terre Princesse Élizabeth, Antarctique Oriental
ZSPA n° 171	Pointe Narebski, péninsule de Barton, île du Roi-Georges
Nouvelle ZSPA	Zones géothermiques de haute altitude de la région de la mer de Ross
Nouvelle ZSPA	Stornes, collines Larsemann, Terre Princesse Elisabeth
ZGSA n° 1	Baie de l'Amirauté, île du Roi Georges
ZGSA n° 6	Collines Larsemann, Antarctique oriental

155. À la suite de l'élargissement de la zone de la ZSPA n° 162, le Comité recommande de retirer la désignation de la ZSGA n°3 : Cap Denison, baie du Commonwealth, Terre George V, Antarctique de l'Est.

156. Étant donné que la nouvelle ZSPA située dans les zones géothermiques de haute altitude de la région de la mer de Ross regrouperait les anciennes ZSPA n°118 et 130 et que le nouveau plan de gestion remplacerait les deux plans de gestion existants, le CPE suggère à la RCTA que la désignation de zones protégées pour les ZSPA no 118 (Sommet du Mont Melbourne) et no 130 (Tramway Ridge, Mont Erebus) ne soit plus utilisée, en conséquence de l'adoption de cette nouvelle ZSPA.

157. Faisant référence au document de travail WP 31, la Norvège, en sa qualité de pays présidant le GSPG, a souligné qu'aucune tâche relative aux mandats 4 et 5 ne figurait à l'ordre du jour du GSPG pour la période intersessions 2013/14. En référence aux débats menés précédemment au sein du CPE portant sur la nécessité d'élaborer des ressources pour l'établissement des ZGSA ainsi que pour la préparation et la révision des plans de gestion de ces dernières, le GSPG a suggéré qu'il serait désormais opportun d'œuvrer en ce sens. Le Comité a souligné l'importance du sujet et il est convenu que cette question devrait être traitée par le GSPG lors de la période intersessions.

158. Le Comité a ensuite décidé que le plan de travail pour le GSPG lors de la période intersessions de 2014/2015 devrait être organisé comme suit :

Mandats	Tâches suggérées
Mandats 1 à 3	Examiner les projets de plans de gestion adressés par le CPE pour une révision intersessions et fournir des conseils aux auteurs des propositions (y compris les 3 plans différés de la période intersessions 2013/14).
Mandats 4 et 5	Travailler avec les Parties concernées pour assurer l'avancée de l'examen des plans de gestion en retard pour leur révision quinquennale.
	Amorcer les travaux d'élaboration de directives pour la préparation et l'examen des plans de gestion des ZGSA, notamment en développant un plan de travail sur la question.
Documents de travail	Révision et mise à jour du plan de travail du GSPG
	Rédiger un rapport pour le XVIIIe CPE par rapport aux mandats 1 à 3 du GSPG
	Rédiger un rapport pour le XVIIIe CPE par rapport aux mandats 4 et 5 du GSPG

iii) Autres questions relatives aux plans de gestion pour les zones protégées/ gérées

159. La Chine a présenté le document de travail WP 15, intitulé « Rapport sur les discussions informelles concernant la proposition d'une nouvelle zone spécialement gérée à la station antarctique chinoise Kunlun, Dôme A ». Le document faisait état des discussions informelles coordonnées par la Chine lors de la période intersessions qui portaient sur la proposition d'une nouvelle ZGSA. La Chine a présenté au CPE un résumé des deux cycles de

discussions informelles qui ont porté sur la proposition et elle a remercié les participants. La Chine a insisté sur le fait que, lors du deuxième cycle de discussions, des points spécifiques ont été abordés. Ces points sont, aux yeux de la Chine, extrêmement importants. Ils portent notamment sur la manière dont les Parties utilisent les mécanismes internationaux disponibles dans le Protocole ainsi que sur les divergences de formulation repérées dans les différentes versions de l'Annexe V et sur la manière dont les Parties vont les interpréter. Étant donné que la proposition de la Chine ne fait pas l'unanimité et que la Chine conserve l'espoir d'encourager la protection de la valeur du Dôme A en désignant ce dernier comme ZGSA sur la base d'initiatives de coopération internationale, la Chine a proposé que les discussions informelles se poursuivent au niveau du CPE pendant la prochaine période intersessions afin de déterminer quels résultats de ces discussions pourraient être communiqués lors de la prochaine réunion du CPE.

160. Le Comité a accepté la proposition de la Chine de diriger les débats informels sur la proposition de désignation d'une nouvelle ZGSA durant la période intersessions.

161. Le Royaume-Uni a présenté le document de travail WP 25, intitulé « Le statut de la zone spécialement protégée de l'Antarctique n° 114 île Coronation du Nord, îles Orcades du Sud », qui a constaté que les valeurs à l'origine de la protection du site sont largement basées sur des hypothèses. qui ne peuvent pas être corroborées en raison de la quantité limitée des données de terrain disponibles Par ailleurs, les difficultés d'accès à la zone ont rendu la collecte de données extrêmement compliquée. Les données obtenues récemment par télédétection par satellite ont démontré que l'habitat biologique terrestre n'est, dans l'ensemble, pas exceptionnel. Par conséquent, le Royaume-Uni a sollicité le CPE pour savoir si la protection supplémentaire de la zone accordée au titre de son statut de ZSPA était toujours pertinente.

162. De même que l'Australie, la Norvège estime que le retrait de cette désignation ne devrait pas être pris à la légère et elle a invité le Comité à élaborer des lignes directrices concernant la procédure d'abrogation. L'ASOC a estimé que le WP 25 illustrait la flexibilité du Protocole relatif à la protection de l'environnement en matière de désignation des ZSPA et des ZSGA. L'ASOC a encouragé les Membres à identifier les zones vierges et à les protéger de manière adéquate conformément à l'Annexe V du Protocole relatif à la protection de l'environnement.

163. Le Comité a accepté d'abroger la désignation de zone protégée de la ZSPA n° 114, *île Coronation du Nord, îles Orcades du Sud*, et, ce faisant, il a précisé que le site restait sous la protection générale du Protocole relatif à la protection de l'environnement.

Avis du CPE à la RCTA

164. Après avoir examiné les éléments portés à sa connaissance, le Comité a recommandé l'abrogation de la désignation de zone protégée de la ZSPA n° 114, *île Coronation du Nord, îles Orcades du Sud*.

165. Le document suivant a également été présenté à ce point de l'ordre du jour :

- BP 11 *Initiation of a review of ASPA 104: Sabrina Island, Northern Ross Sea, Antarctica* (Nouvelle-Zélande)

9b) Sites et monument historiques

166. Les documents suivants ont été présentés sous ce point de l'ordre du jour :

- IP 16, *Décision du tribunal correctionnel de Paris du 6 février 2014 relative à la conduite d'activités non-gouvernementales non autorisées dans la zone du Traité et aux dégradations commises sur le SMH n°62 Wordie House* (France)

- IP 25, *The 1912 ascent of Mount Erebus of the Terra Nova Expedition: the location of additional campsites and further information on SMH 89* (Royaume-Uni, États-Unis et Nouvelle-Zélande).

9c) Lignes directrices pour les visites de site

167. Le Royaume-Uni a présenté le document de travail WP 23, intitulé « Lignes directrices pour les visiteurs sur le site de l'île Horseshoe : Proposition de Révision », qui notait que la présence de matériaux contenant de l'amiante a été confirmée sur le site n°63 des sites et monuments historiques (SMH), Base Ysur l'île Horseshoe. Le Royaume-Uni a recommandé d'actualiser en conséquence les lignes directrices pour les visites de l'île Horseshoe afin d'y inclure les trois points suivants : (1) la présence avérée d'amiante dans certains matériaux au niveau des combles ; (2) l'interdiction pour les

visiteurs d'accéder aux combles ; et (3) l'obligation pour les visiteurs de signaler tout dégât au toit au British Antarctic Survey.

168. En réponse à une question de l'Allemagne, le Royaume-Uni a noté qu'il élaborait des plans concernant l'entretien des sites historiques et que s'il décidait de retirer l'amiante de la zone du Traité sur l'Antarctique, le matériau serait éliminé de manière appropriée au Royaume-Uni.

169. Le Comité a convenu de réviser les Lignes directrices sur les visites de sites pour la Base Y SMH n°63 sur l'île Horseshoe, suivant les recommandations du Royaume-Uni.

170. Le Comité a également adopté la version révisée des Lignes directrices pour les visites de sites des Cabanes Mawson et Cap Denison, telles que présentées par l'Australie dans le document de travail WP 30.

Avis du CPE à la RCTA

171. Le Comité a convenu de soumettre les Lignes directrices de visite de sites suivantes, après révision, à la RCTA en vue de leur adoption :

- *île Horseshoe*

- *Cabanes Mawson et Cap Denison*

---

172. Autres documents soumis au titre de ce point de l'ordre du jour

- IP 18, *Site Guidelines: mapping update* (Argentine, Australie, États-Unis et Royaume-Uni)

- IP 27 rev.1, *Antarctic Site Inventory: 1994-2014* (États-Unis)

- IP 59, *National Antarctic Programme use of locations withVisitor Site Guidelines in 2013-14* (Royaume-Uni, Argentine, Australie et États-Unis)

- IP 86, *Tourism management policies at Carlini Scientific Station* (Argentine)

9d) Empreinte humaine et valeurs de la nature sauvage

173. L'ASOC a présenté le document d'information IP 69, intitulé « Antarctica Resolution at the 10th World Wilderness Conference », qui a informé le Comité que les délégués au Congrès mondial pour la nature sauvage de 2013 avaient adopté une résolution sur la zone du Traité sur l'Antarctique. Conformément à la résolution, l'ASOC a exhorté les Membres à prendre des mesures spécifiques pour protéger la nature sauvage de l'Antarctique en : poursuivant les projets de cartographie des zones sauvages ; mettant en œuvre les dispositions de protection des zones de l'article 3 de l'Annexe V ; effectuant une réhabilitation des sites touchés ; diminuant l'impact humain, *entre autres*, en minimisant les voyages liés aux expéditions et à la logistique ; et par l'éducation du public sur les valeurs de la nature sauvage.

174. L'ASOC a présenté le document d'information IP 71 rev. 1, intitulé, « Managing Human Footprint, Protecting Wilderness : A way forward», qui a examiné le travail accompli pour résoudre les problèmes relatifs à l'empreinte et la nature sauvage en Antarctique. L'ASOC a encouragé le CPE à : adopter des définitions de l'empreinte et de la nature sauvage pour améliorer les procédures d'évaluation et de cartographie ; entreprendre des actions en vue d'améliorer le partage d'information sur les programmes liés à l'empreinte ; et encourager les Membres à soumettre des EIE avec les analyses des évaluations des effets cumulatifs et des considérations sur la nature sauvage. Elle a également invité les Membres à soumettre des propositions sur les zones protégées sauvages / inviolées pour assurer une large représentation des régions biogéographiques à la XXXIXe RCTA / le XIXe CPE en 2016.

175. S'agissant des documents d'information IP 69 et IP 71, plusieurs Membres ont remercié l'ASOC pour ses contributions dans la progression des discussions sur la nature sauvage, et ont exprimé leur intention de prendre part à des initiatives visant à protéger les valeurs de la nature sauvage en Antarctique, y compris au travers du GCI proposé sur la révision des lignes directrices de l'EIE.

176. La Nouvelle-Zélande a noté l'importance pour le Comité de rester attentif à la nécessité de préserver les valeurs de la nature sauvage de l'Antarctique, y compris des impacts cumulatifs. En outre, la collecte de données cohérentes sur l'ampleur et la nature des impacts des activités nationales aidera à apporter des informations pour l'examen futur de cette question.

177. La France a souligné la nécessité de différencier les notions d'empreinte humaine et de valeurs de la nature sauvage de celui de valeurs esthétiques. La Belgique a soutenu la désignation de zones inviolées pour conserver des zones de référence pour la recherche sur la diversité microbienne. L'Argentine a rappelé aux Membres qu'il n'existait aucunes définitions normalisées pour « empreinte humaine » ou « nature à l'état sauvage », et a fait écho à l'observation des États-Unis sur le fait que les Membres ne devraient pas consacrer trop d'efforts à discuter de telles définitions.

178. Le Comité a convenu qu'il était important de tenir compte des valeurs de la nature sauvage dans son développement continu de diverses initiatives, notamment par son examen des lignes directrices de l'EIE et des plans de gestion des zones protégées et gérées. À cet égard, les Membres ont salué l'insertion des valeurs de la nature sauvage dans le GCI sur la révision des lignes directrices de l'EIE.

9e) Gestion et protection de l'espace marin

179. La Belgique a présenté le document de travail WP 39, intitulé « Le concept de «valeurs exceptionnelles » dans l'environnement marin, en vertu de l'Annexe V du Protocole », préparé conjointement avec la France. Il y est proposé d'élaborer une approche plus cohérente de la mise en œuvre de l'Article 3 de l'Annexe V afin de tenir compte de l'impact sur l'environnement marin des activités terrestres et du soutien logistique qui s'y rapporte. Tout en reconnaissant que les *Lignes directrices pour la mise en œuvre du cadre pour les zones protégées visées à l'Article 3 de l'Annexe V du Protocole de l'environnement, établies par la Résolution 1* (2000), visaient à faciliter l'évaluation méthodique et la désignation de ces zones, la Belgique a remarqué qu'elles ne se concentrent pas sur l'identification des zones spécifiques qui répondent aux critères des lignes directrices. La Belgique et la France ont proposé la création d'un GCI pour débattre de la mise en œuvre de l'article 3 de l'Annexe V, sur la façon dont la notion de « valeurs exceptionnelles » s'applique aux environnements marins en termes de menaces potentielles provenant des activités visées à l'article 3 (4) du Protocole.

180. Plusieurs Membres ont souligné la nécessité de tenir compte de l'impact des activités terrestres sur le milieu marin et ont noté la sous-représentation des valeurs marines dans les ZSPA.

181. Plusieurs Membres ont souligné qu'il devrait y avoir une distinction claire entre les mandats et le travail du CPE et de la CCAMLR. En ce qui concerne les AMP, la Fédération de Russie a souligné que leurs limites ne devraient pas s'étendre dans les zones côtières, et a noté que les activités de pêche n'ont pas lieu dans ces zones. Le Japon a réaffirmé son point de vue selon lequel la pêche était l'activité la plus importante en termes d'impact environnemental et que les discussions liées à la mer devraient se tenir au sein de la CCAMLR.

182. La Chine et la Fédération de Russie ont exprimé leur inquiétude que la désignation de ZSPA côtières pourrait interférer avec la navigation vers et à partir des stations de l'Antarctique. La Fédération de Russie a noté en outre que ces désignations ne doivent pas entraver l'activité scientifique en Antarctique.

183. Alors que l'Allemagne a soutenu pleinement les recommandations du document de travail WP 39, elle a proposé d'examiner dans un premier temps la notion de « valeurs exceptionnelles » comme elle s'applique à l'environnement marin dans la zone de compétence de la RCTA et du CPE. L'Allemagne a également déclaré qu'il est nécessaire de fournir des orientations complémentaires pour les ZSPA, ce qui devrait être le but du prochain GCI auquel l'Allemagne a exprimé sa volonté de participer.

184. Les États-Unis ont noté que les ZSPA marines ou côtières n'entraveraient pas nécessairement le travail des programmes antarctiques nationaux. Les États-Unis ont fait référence au Chapitre 7 (ii) du Plan de gestion des ZSPA marines n°152 et 153. Ce chapitre répertorie les « Activités qui sont ou peuvent être menées dans la Zone, y compris les restrictions sur le temps ou le lieu » et cela inclut les « Activités essentielles liées à l'opération de navires qui ne porteront pas atteinte aux valeurs de la Zone, comme le transit au travers de, ou le stationnement à l'intérieur de la Zone afin de faciliter les activités scientifiques ou autres, y compris le tourisme, ou pour l'accès aux sites en dehors de la Zone ». Ainsi, les plans de gestion permettraient aux programmes antarctiques nationaux de mener des activités opérationnelles ou scientifiques à l'intérieur de ces ZSPA.

185. Le Japon a déclaré que dans le cas où un GCI serait établi sur cette question, il ne devrait pas avoir de mandat pour proposer des ajouts à l'article 3 de l'Annexe V. La Norvège a encouragé l'utilisation des travaux pertinents déjà disponibles réalisés par d'autres organismes tels que la Convention sur la diversité biologique et l'Union internationale pour la conservation de la nature (UICN) pour enrichir les discussions complémentaires.

186. Le Comité a convenu d'établir un GCI pour discuter des « valeurs exceptionnelles » dans l'environnement marin de l'Antarctique, avec les termes de référence suivants :

    1. Identifier les principales « valeurs exceptionnelles » dans différents contextes / champs de l'environnement marin et analyser la façon dont elles peuvent être affectées par les activités relevant de la compétence du CPE reliant à la fois les milieux terrestres et marins ;

    2. Identifier les critères selon lesquels les zones marines ayant des « valeurs exceptionnelles » devraient être protégées par le mécanisme des ZSPA et, le cas échéant, identifier les activités qui peuvent avoir des impacts sur le milieu marin et les risques associés qui doivent être gérés / atténués au moyen de la gamme d'outils disponibles auprès du CPE, y compris les valeurs exceptionnelles ;

    3. Comprendre le travail de la CCAMLR sur la planification systématiquede la conservation, afin d'éviter la duplication des efforts, de les compléter et de maintenir des rôles distincts, tout en utilisant les outils appropriés disponibles pour le travail du CPE pour la mise en œuvre de l'Article 3 (2) de l'Annexe 5 du Protocole ;

    4. Discuter des options du CPE dans le cadre existant et des outils du Traité et du Protocole pour inclure les « valeurs exceptionnelles » de l'environnement marin, lors de l'établissement et / ou de l'examen des ZSPA, conformément à l'article 3 de l'Annexe V du Protocole ; et

    5. Fournir un rapport préliminaire au XVIIe CPE.

187. Les Pays-Bas ont présenté le document d'information IP 49, intitulé « The role of the Antarctic Treaty Consultative Meeting in protecting the marine environment through marine spatial protection », qui a examiné la responsabilité de la RCTA dans la protection de l'espace marin et les instruments juridiques pertinents à sa disposition. Il a en outre identifié les interactions entre la RCTA, le CPE et la CCAMLR en ce qui concerne l'harmonisation des efforts de protection des espaces marins, a remarqué la lenteur et les limitates du processus d'établissement de la protection des espaces marins dans la zone du Traité sur l'Antarctique, et a souligné la nécessité de poursuivre les efforts visant à harmoniser le travail de la RCTA, du CPE et de la CCAMLR sur cette question. La France a remercié les Pays-Bas d'avoir présentéle document qui serait particulièrement utile dans le cadre des travaux du GCI consacré à la protection des espaces marins.

9f) Autres questions relevant de l'Annexe V

188. La Norvège a présenté le document de travail WP 33, intitulé « Questions et réflexions générales et initiales : Besoin et développement de procédures relatives à la désignation des ZSPA et ZGSA ». La Norvège a rappelé au Comité que, sur la base des débats au XVIᵉ CPE , elle avait suggéré au CPE de réviser l'ensemble du processus de désignation de ZSPA et de ZGSA, suggestion soutenue par bon nombre de Membres.

189. La Norvège a souligné que les articles 5 et 6 de l'Annexe V au Protocole relatif à la protection de l'environnement indiquent que le processus de désignation de ZSPA ou de ZGSA débute officiellement lors de la soumission du projet de plan de gestion, mais qu'aucune procédure établie ne mène à l'officialisation de la désignation une fois la proposition de plan de gestion soumise. La Norvège a souligné que selon elle, il va sans dire que le système de zones protégées de l'Antarctique gagnerait à consacrer du temps aux discussions relatives au contexte et à la nécessité de protection d'une zone.

190. Par conséquent, la Norvège a encouragé le CPE à examiner les questions suivantes relatives à la désignation de ZSPA/ZGSA : (1) serait-il utile d'instaurer une procédure qui permettrait aux Membres et au CPE de débattre de l'intérêt de désigner une zone ZSPA/ZGSA avant qu'un plan de gestion pour une zone ne faisant pas encore l'objet d'une protection ou d'une gestion soit élaboré et soumis par le(s) promoteur(s) ? ; et (2) si cette approche présentait un intérêt, serait-il judicieux de disposer d'orientations concernant une protection temporaire éventuelle à mettre en place contre des menaces immédiates dans l'attente de la soumission et de l'adoption d'un plan de gestion ? En outre, la Norvège a signalé que lors de l'examen de ces questions, il conviendrait également d'envisager les répercussions négatives potentielles que pourraient engendrer l'introduction de procédures de cette nature ainsi que la façon de surmonter ces obstacles potentiels.

191. Les Membres ont remercié la Norvège pour les idées qu'elle a présentées dans le document. Plusieurs Membres sont convenus qu'une approche cohérente était nécessaire dans la mise en œuvre des dispositions de l'Annexe V au Protocole. La Nouvelle-Zélande a souligné qu'une discussion préliminaire sur la pertinence de protéger ou de gérer une zone éveillerait l'attention des Membres sur les différents outils de conservation existants, tels que l'Analyse des domaines environnementaux ou les Régions de conservation biogéographiques de l'Antarctique. L'Argentine a déclaré qu'il était important

que des mesures soient prises avant de désigner une ZSPA/ZSGA afin d'évaluer la nécessité d'accorder à une zone une protection supérieure à la protection générale assurée par le Protocole de Madrid. La France et les États-Unis ont signalé que des outils de protection temporaire étaient nécessaires dans des cas urgents qui laissent peu de temps aux débats prolongés.

192. La Fédération de Russie a rappelé au Comité ses précédents appels à une approche cohérente en matière de ZGSA et ZSPA et a argué que des débats préliminaires sur ces sites permettraient de dépolitiser la question. Elle a souligné que le texte original de l'Annexe V ne comporte aucune référence à ce qu'il convient de faire avant la soumission d'un plan de gestion. La Fédération de Russie s'est dite convaincue de la nécessité de mettre en place une procédure documentée formelle qui permette aux Parties de prendre des décisions relatives à la désignation d'une future ZSPA ou ZGSA.

193. Mentionnant le document de travail WP 15 relatif à la proposition d'une nouvelle ZGSA au Dôme A, la Chine a déclaré que, tout en convenant de l'intérêt d'étudier et de comparer d'autres outils de gestion avec les outils officiels, le travail engagé jusqu'alors en matière de plans de gestion devait être équitablement représenté. Se disant favorable à la poursuite du débat sur la question, la Chine a exprimé sa préoccupation de voir celle-ci peser lourdement sur le travail de la RCTA et du CPE.

194. Certains Membres ont exprimé leur inquiétude et leurs réserves concernant l'idée de discuter de l'utilité de désigner une ZSPA/ZGSA avant de soumettre un plan de gestion de la zone. Le Chili et le Royaume-Uni ont averti qu'une procédure formalisée pourrait décourager les Membres de soumettre des plans de gestion. Le Royaume-Uni a invité le Comité à adopter une approche biogéographique pour désigner les zones protégées.

195. Saluant l'initiative proposée par la Norvège, la France a soulevé la question de savoir si la procédure proposée concernerait uniquement la procédure d'identification de ZSPA et de ZGSA, ou également les critères d'identification/ désignation. La Norvège a répondu qu'elle considérait l'Annexe V comme la référence officielle et que celle-ci ne serait par conséquent pas modifiée.

196. Gardant à l'esprit l'importance de la protection environnementale, le Chili a demandé au Comité de prendre en considération le fait que les instruments juridiques adoptés par la RCTA ne s'appliquent pas aux navires battant pavillon

d'un Etat tiers. Il a invité les Membres à sensibiliser les Parties aux valeurs que le Protocole relatif à la protection de l'environnement cherche à protéger.

197. L'ASOC a salué le document de travail WP 33 soumis par la Norvège, et a souligné qu'il était important d'éviter les délais et de décourager les Membres de soumettre des propositions de zone protégée. L'ASOC a fait remarquer que l'approche proposée pourrait faciliter une analyse régionale et permettre de mieux couvrir les neuf catégories de ZSPA potentielles identifiées à l'Annexe V, dont certaines n'exigent pas l'identification de menaces. L'ASOC a également signalé qu'une approche semblable – une notification plus précoce des promoteurs et une perspective d'identification de site plus stratégique – pourrait également s'appliquer au développement des infrastructures et à l'extension de l'empreinte écologique humaine.

198. En conclusion, la Norvège a remercié les Membres pour leurs observations et a souligné qu'ils avaient répondu au souhait initial de la Norvège de recevoir l'avis du Comité sur la question, afin de poursuivre le débat de manière informée en prenant en considérations toutes les préoccupations et les opinions. La Réunion a salué la proposition de la Norvège de poursuivre en intersessions le débat de façon informelle sur le forum de discussion du CPE.

199. Le Royaume-Uni a présenté le document de travail WP 35 intitulé « Systèmes de zones protégées de l'Antarctique : protection des caractéristiques géologiques exceptionnelles », élaboré conjointement avec l'Argentine, l'Australie et l'Espagne, et a fait référence à son document d'information IP 22, intitulé « Antarctic Specially Protected Areas protecting geological features: a review ». Ce document soulignait le fait que peu de ZSPA ont été désignées pour assurer la protection des caractéristiques géologiques exigée à l'Annexe V. Il recommandait par ailleurs aux Membres et au SCAR d'identifier les caractéristiques géologiques exceptionnelles et à envisager des mesures de protection, dont la désignation de ZSPA, l'utilisation de l'outil de zonage à l'intérieur des ZGSA et/ou l'insertion de critères de protection spécifiques dans d'autres outils de gestion, tels que les Lignes directrices pour les visites de sites.

200. La Fédération de Russie a insisté sur l'importance de protéger les caractéristiques géologiques des perturbations accidentelles induites par les activités touristiques et non gouvernementales. En réponse à une interrogation de la Fédération de Russie, l'Argentine et le Royaume-Uni ont déclaré que des mécanismes de protection supplémentaire éventuels

pour les caractéristiques géologiques ne nuiraient pas à la recherche scientifique. Plusieurs Membres ont signalé que d'autres mécanismes, tels que les EIE, pouvaient s'avérer utiles à cette fin. L'Espagne a insisté sur le fait que la recherche scientifique extensive devait constituer la base de tout débat approfondi sur la question. L'Australie a indiqué qu'une meilleure compréhension des caractéristiques géologiques exceptionnelles permettrait d'atteindre le juste niveau de gestion ou de protection et d'éviter la destruction ou les dommages accidentels.

201. Le SCAR a mis en avant son nouveau Groupe d'action sur la conservation et le patrimoine géologiques et a signalé que des présentations scientifiques sur la question seraient organisées lors de la Conférence scientifique ouverte du SCAR en août 2014.

202. L'ASOC a déclaré que les obligations d'information reprises de l'article 8 du Protocole, qui suivent une approche de précaution, s'appliquent également à la recherche scientifique, y compris la recherche géologique, ainsi qu'à la protection des valeurs géologiques et géomorphologiques.

203. Le Comité a reconnu l'importance de garantir la protection de ces valeurs et a invité à poursuivre les discussions sur la question.

204. L'Argentine a présenté le document de travail WP 57, intitulé « Contributions à la protection des fossiles en Antarctique », qui soulignait la nécessité de mettre en place un mécanisme adéquat pour éviter les impacts cumulatifs sur les fossiles lors des EIE. L'Argentine a souligné l'importante contribution qu'a constitué le prélèvement de fossiles pour la recherche scientifique et a encouragé le CPE et la RCTA à optimiser les mécanismes d'échange d'informations et empêchent que des travaux paléontologiques soient menés sans qu'une autorité compétente ne délivre un permis. L'Argentine a rappelé la Résolution 3 (2001) relative à la *Collecte de météorites en Antarctique*, qui soulignait l'importance de la protection des météorites en Antarctique, et a proposé qu'une Résolution semblable assure la protection des fossiles en Antarctique.

205. Le Comité a chargé l'Argentine d'identifier la nécessité d'éviter les impacts cumulatifs sur les fossiles induits par les activités touristiques et les activités des programmes antarctiques nationaux. Plusieurs Membres ont signalé les différences existant dans la façon dont les permis sont mis en œuvre dans les juridictions nationales, et ont indiqué que la procédure d'EIE pourrait s'avérer plus utile pour protéger les fossiles. La Fédération de Russie a mis en avant

des incohérences dans la mise en œuvre du Protocole relatif à la protection de l'environnement, et a exhorté les Membres à envisager une mise en œuvre plus harmonieuse de tels mécanismes dans les juridictions nationales.

206.   Les États-Unis d'Amérique et la Nouvelle-Zélande ont suggéré qu'une résolution, inspirée de la Résolution 3 (2001), puisse être adoptée pour mettre en lumière la nécessité d'éviter les impacts cumulatifs induits par l'activité scientifique sur les fossiles et pour encourager l'échange d'informations relatives aux activités impliquant les fossiles.

207.   L'Allemagne a fait remarquer que l'Argentine avait soulevé un point très important. Elle a compris les risques liés aux valeurs paléontologiques, et a en outre informé qu'elle avait mis en place une procédure d'évaluation d'impact sur l'environnement et de délivrance de permis nationaux relatifs au prélèvement de fossiles. Se refusant pour l'heure d'accepter le projet de résolution dans son ensemble, l'Allemagne a indiqué qu'elle serait très utile au moins dans le cadre d'échange d'informations, par exemple, en élaborant un rapport dans le cas où une Partie aurait été autorisée à prélever des fossiles.

208.   Le Royaume-Uni a souligné la pertinence du document de travail WP 35 dans le cadre de ce débat et a suggéré qu'il était également important de contrôler le prélèvement d'autres types de spécimens géologiques. Il a fait remarquer que de ne se concentrer que sur les fossiles pourrait donner lieu à un système de deux poids, deux mesures, et a en outre rapporté que sa législation nationale s'appliquait au prélèvement de tout matériau géologique.

209.   Le Royaume-Uni a insisté sur l'utilité d'enregistrer dans des bases de données géologiques la position géographique des sites d'échantillonnage de spécimens géologiques.

210.   L'Équateur a indiqué avoir également mis en place des procédures pour l'extraction de fossiles, qui incluent la délivrance de permis pour le prélèvement de fossiles en Antarctique et en Équateur et l'identification de leurs caractéristiques.

211.   Le Royaume-Uni a manifesté son malaise concernant le fait de devoir demander aux voyagistes de confirmer que les fossiles sont prélevés en vertu d'un permis, car c'est selon lui aux opérateurs nationaux qu'il revient de le faire. L'Inde a indiqué que la limite entre le prélèvement de souvenirs touristiques et l'activité scientifique était floue, et a exprimé son inquiétude qu'une procédure de permis n'entrave l'activité scientifique.

212. L'IAATO a signalé que les touristes présents sur les navires de ses membres étaient obligatoirement informés du fait qu'il est interdit d'enlever tout objet, y compris les fossiles, de l'Antarctique. Les exploitants de navires transportant à leur bord des scientifiques exigent que ceux-ci présentent leur permis avant de les autoriser à enlever tout objet.

213. Le SCAR a signalé que, lors du prélèvement de roches ou de minéraux, il pouvait ne pas être aisé de distinguer les fossiles. Le SCAR a par conséquent suggéré que la protection et le prélèvement d'éléments géologiques soient abordés de manière plus vaste.

214. Le Président a remarqué que la majorité des Membres étaient convaincus de l'importance de protéger les fossiles en Antarctique et reconnu l'utilité de partager les informations relatives à l'extraction de fossiles. Plusieurs Membres ont déclaré avoir adopté des textes législatifs et des outils régissant la délivrance de permis et le prélèvement. Cependant, le Président a également remarqué qu'un certain nombre de Membres avaient émis des réserves quant à l'adoption de la résolution proposée par l'Argentine.

215. L'Argentine a indiqué que le document de travail WP 57 ne proposait pas d'instaurer un système de permis du Traité sur l'Antarctique pour cette question particulière et n'avait pas pour but d'interférer avec les activités nationales, mais rappelait l'utilité d'autoriser sur délivrance d'un permis les activités des paléontologues. En réponse à la question de savoir pourquoi le document WP 57 se concentrait sur les fossiles, l'Argentine a répondu que contrairement à d'autres matériaux géologiques, les fossiles étaient uniques et pouvaient constituer une collection exceptionnelle. Elle a fait remarquer que la délivrance de permis pourrait permettre d'éviter le chevauchement des travaux de terrain et a appelé à ce qu'au moins les paléontologues fassent part de leur intention de prélever des fossiles et rédigent un rapport pour tous les prélèvements. En outre, elle a signalé que les restes fossiles présents en dehors des zones protégées pourraient également nécessiter une protection spéciale.

216. L'Argentine a exprimé sa gratitude à l'égard des Membres pour avoir si largement débattu de sa proposition et a signalé qu'elle prendrait ces observations en compte lors de l'élaboration d'un nouveau document de travail visant à poursuivre le débat lors du XVIIIe CPE. L'Argentine a invité les Membres à se joindre à ses efforts.

217. Le Royaume-Uni a présenté le document de travail WP 36, intitulé « Surveillance de la couverture végétale des zones spécialement protégées de l'Antarctique à l'aide de la télédétection par satellite : une étude pilote », qui a donné des informations relatives aux techniques de télédétection utilisées pour fournir des données de référence sur le couvert végétal dans 43 ZSPA protégeant la végétation terrestre. Il y était fait mention du développement de couches supplémentaires dans la base de données numériques sur l'Antarctique, qui viseront à aider les Membres du CPE à visualiser le couvert végétal dans ces ZSPA *http://www.add.scar.org/aspa_vegetation_pilot.jsp*). Il recommandait également au CPE d'envisager la valeur potentielle des approches de télédétection pour : (i) le suivi en cours dans les ZSPA ; (ii) déterminer les effets potentiels des changements climatiques sur la végétation antarctique dans les ZSPA et (iii) assurer le développement informé du système des Zones spécialement protégées de l'Antarctique.

218. La France a remercié le Royaume-Uni d'avoir présenté ce document et d'avoir mis à jour les données du SCAR. La France a insisté sur l'utilisation des études de télédétection pour suivre la résilience de la végétation et l'impact du tourisme sur les sites les plus visités qui sont protégés par des lignes directrices de visite de sites.

219. Le Canada a indiqué que la télédétection utilisée en Arctique pour ses activités de suivi s'était révélée efficace et non invasive. Le Brésil a souligné que les données hyperspectrales pourraient être associées aux données de télédétection afin de fournir une vue plus exhaustive du suivi. Le Brésil a également expliqué avoir recouru à la télédétection lors d'un programme mené conjointement avec le Canada et a recommandé l'utilisation d'un suivi multispectral.

220. L'Allemagne a salué le document de travail WP 36 et s'est dite en faveur du recours à la télédétection, particulièrement à des fins de suivi, pour lesquelles il s'agit d'une méthode efficace. L'Allemagne a présenté un compte-rendu de son projet de recherche sur le suivi des manchots. Elle a ensuite déclaré que le suivi des ZSPA constituait une tâche environnementale importante qui doit être poursuivie. L'Allemagne a donc pleinement soutenu les trois recommandations présentées par le Royaume-Uni.

221. L'Argentine et l'Espagne se sont dites favorables au recours à la télédétection dans le cadre du suivi des ZSPA, surtout dans les zones isolées, mais ont ajouté qu'elle ne devait pas se substituer aux observations *in situ*, les deux

techniques étant complémentaires. Par ailleurs, l'Argentine a indiqué que les études de terrain permettent aux scientifiques d'évaluer d'autres paramètres, notamment écophysiologiques. La Fédération de Russie a reconnu que des incertitudes pouvaient entourer la validation de données de télédétection et a recommandé qu'un suivi complémentaire soit mené *in situ* dans les zones protégées. L'Australie a fait savoir qu'elle avait mené des observations de terrain pour vérifier sur place les données recensées par imagerie satellite et s'est dite prête à transmettre son expérience.

222. La Chine, l'Australie et les États-Unis ont souligné l'utilité de la télédétection dans le suivi des effets du changement climatique sur la végétation antarctique dans les ZSPA, et ont encouragé à étendre son utilisation, en particulier dans les zones isolées et dans les zones aux écosystèmes vulnérables. L'Australie a salué les mesures prises par le Royaume-Uni pour centraliser les données spatiales et les mettre à disposition sur la base de données numériques sur l'Antarctique, et a indiqué que l'approche présentée dans le document de travail WP 36 constituait une façon pratique d'encourager les efforts de collaboration et de coopération en matière de suivi et de recherche climatique, comme le demandait le document de travail WP 40.

223. Le SCAR a remarqué que de nombreux Membres avaient eu recours à des techniques de télédétection dans les zones protégées pour prélever des données, par exemple sur les sols et le pergélisol, la glace, la couverture glaciaire et les populations fauniques. Le SCAR a fait savoir que l'un de ses groupes s'occupe de cette question. Soulignant la quantité grandissante d'images de la région antarctique disponibles recensées par des agences spatiales nationales et internationales, le SCAR a invité les Membres à coopérer pour partager ces images, en prenant en considération les restrictions de licences.

224. Le Royaume-Uni, en réponse à une question soulevée par l'Allemagne, a informé le Comité que ses images de végétation étaient disponibles sur le site du SCAR.

225. Le Comité a conclu que les techniques de télédétection revêtaient une grande importance, non seulement dans le suivi des impacts à l'intérieur des ZSPA, mais également dans l'évaluation des informations relatives aux dommages potentiels occasionnés aux zones faisant l'objet de nombreuses visites touristiques.

226. Dans le document WP 36, le Royaume-Uni a recommandé aux Membres du CPE d'examiner l'utilité de cette approche de télédétection : 1) comme outil

complémentaire au suivi en cours dans les ZSPA ; 2) pour déterminer les évolutions potentielles de la végétation antarctique à l'intérieur des ZSPA et en dehors ; et 3) pour assurer le développement informé du système des Zones spécialement protégées de l'Antarctique. Le Comité a approuvé ces recommandations.

227. La Fédération de Russie a présenté le document de travail WP 59, intitulé « Discussions informelles intersessions sur le besoin de surveillance des valeurs des ZSPA en rapport avec les révisions du Plan de gestion des ZSPA », un rapport sur les discussions informelles portant sur le document WP 21, soumis par la Fédération de Russie lors du XVIe CPE. Elle a signalé que le Royaume-Uni, l'Allemagne, les États-Unis, la Nouvelle-Zélande, l'Australie, la Norvège, l'Italie, la France, l'Argentine et l'ASOC avaient pris part à la discussion et étaient convenus que le suivi à long terme est un outil d'une extrême importance pour l'évaluation du statut de l'environnement à l'intérieur des ZSPA. Dans le même temps, certains participants ont exprimé leurs doutes concernant le fait de rendre le suivi obligatoire, car les activités de suivi peuvent selon eux porter atteinte aux valeurs protégées des ZSPA. Concernant les nouvelles méthodes d'observation – telles que le suivi par télédétection –, la majorité des Parties ont estimé qu'il était nécessaire d'encourager son introduction car cette méthode n'a pas d'impact environnemental. La Fédération de Russie a recommandé aux Membres : (a) de poursuivre le débat sur le suivi environnemental à l'intérieur des ZSPA ; et (b) d'élaborer des propositions d'amendements au Guide pour l'élaboration des plans de gestion des Zones spécialement protégées de l'Antarctique, Résolution 2 (2011).

228. L'Australie a remercié la Fédération de Russie d'avoir dirigé la discussion intersessions, de laquelle il est clairement ressorti que les Membres reconnaissaient l'importance du suivi à long terme des valeurs des ZSPA. Elle a indiqué que pour se rapprocher de l'objectif visant à promouvoir la gestion informée des ZSPA sur la base des meilleures informations disponibles, les Membres devaient continuer à partager leurs expériences en matière de suivi environnemental, et elle a fait référence à cet égard à des documents soumis lors de la réunion sur l'utilisation de véhicules aériens sans pilote et sur les techniques satellites de suivi.

229. La Nouvelle-Zélande a salué le document de la Fédération de Russie, qui contribue au murissement du système des zones protégées de l'Antarctique. Elle a souligné qu'un accord général existait sur l'importance du suivi pour garantir que les approches de gestion des zones protégées demeurent pertinentes.

230. La Fédération de Russie a souligné à cet égard la pertinence du document de travail WP 33 de la Norvège concernant les discussions préliminaires à la création de nouvelles ZSPA et ZGSA. Elle a également exprimé sa préoccupation concernant la responsabilité collective du suivi dans les ZSPA et ZGSA.

231. Le Comité a adopté les recommandations du document de travail WP 59 et a accepté d'examiner la façon d'inclure les questions relatives au suivi dans une révision future des lignes directrices des zones protégées.

232. Les autres documents soumis au titre de ce point de l'ordre du jour incluaient :

   - document d'information IP 24, intitulé « Antarctic SpeciallyProtected Areas: compatible management of conservation and scientific research goals » (Royaume-Uni et Espagne) ;

   - document d'information IP 43, intitulé « McMurdo Dry Valleys ASMA Management Group Report » (Nouvelle-Zélande et États-Unis) ;

   - document d'information IP 58, intitulé « Proposal to afford greater protection to an extremely restricted endemic plant on Caliente Hill (ASPA 140 – sub-site C), Deception Island » (Espagne) ;

   - document d'information IP 67, intitulé « Report of the Antarctic Specially Managed Area n°6 Larsemann Hills Management Group » (Australie, Chine, Inde et Fédération de Russie) ;

   - document d'information IP 98, intitulé « Romanian activities associated with the Antarctic Specially Managed Area n°6 Larsemann Hills Management Group» (Roumanie) ;

   - document de contexte BP 7 rev. 1, intitulé « Monitoring and Management Report of Narębski Point (ASPA n°171) during the past 5 years (2009-2014) » (République de Corée).

Point 10 – Conservation de la faune et de la flore de l'Antarctique

10a) Quarantaine et espèces non indigènes

233. L'Allemagne a présenté le document de travail WP 4, intitulé « Rapport sur la discussion informelle concernant le tourisme et le risque lié à l'introduction d'organismes non indigènes », rendant compte des résultats des discussions

informelles menées par l'Allemagne et se fondant sur les recommandations présentées lors du XVIᵉ CPE. Par conséquent, l'Allemagne a suggéré : que les Parties se conforment davantage au Manuel sur les espèces non indigènes ; que les Membres de l'IAATO se conforment davantage aux lignes directrices de l'IAATO relatives au lavage des bottes; que les microhabitats spécifiques soient mieux protégés ; que les zones ouvertes aux visites touristiques soient limitées ; et que le Comité envisage la mise sur pied d'un programme international de suivi biologique du sol à long terme. En outre, l'Allemagne a proposé de débattre de plusieurs points.

234. Tandis que de nombreux Membres ont remercié l'Allemagne pour l'excellent travail qu'elle a accompli sur le sujet, certaines questions ont été soulevées. La Chine a indiqué que si le lavage de bottes était une mesure largement reconnue, son efficacité devait toutefois faire l'objet d'une évaluation plus rigoureuse. Prenant en compte le principe de liberté de la science en Antarctique, la Chine a également déclaré que des mesures telles que celles limitant l'accès à certaines zones ne devaient pas interdire les activités scientifiques.

235. Les États-Unis d'Amérique ont affirmé leur soutien à la proposition de lavage de bottes, mais se sont dits non prêts à l'imposition de restrictions d'accès à certaines zones pour les touristes, sauf dans le cadre de l'application de procédures déjà utilisées pour gérer les activités humaines. Le Royaume-Uni a déclaré avoir des doutes concernant l'expansion de zones interdites d'accès, soulignant la difficulté de déterminer les zones à fermer aux visiteurs. Il a souligné que de nombreuses espèces introduites se déplaceraient sans tenir compte des limites artificielles et qu'il convenait de concentrer l'attention sur la biosécurité.

236. La France a reconnu qu'il convenait d'évaluer l'efficacité du lavage et a indiqué que bon nombre de Membres avaient une grande expérience en la matière et qu'un échange des connaissances pourrait donner de nouveaux résultats. Déclarant que tous ses Membres s'étaient engagés à se conformer au Manuel sur les espèces non indigènes, l'IAATO a indiqué que ses membres mettent en œuvre des mesures de biosécurité rigoureuses qui se fondent sur un grand nombre de travaux de recherche relatifs au lavage de bottes et aux procédures de décontamination et qui pourraient être partagées avec le CPE. L'Afrique du Sud a invité les Membres et l'IAATO à se conformer aux divers outils existants relatifs aux espèces non indigènes. La Belgique a fait part de son vif désir de conserver les zones de référence où les impacts

humains étaient faibles ou inexistants, signalant que c'était primordial pour toute comparaison future de la diversité microbienne et donc dans l'intérêt de la science.

237. L'ASOC a souligné que si les activités antarctiques peuvent toutes avoir un impact, les caractéristiques et la dynamique du tourisme se distinguent et sont susceptibles de constituer une catégorie particulière d'impacts. L'introduction d'espèces non indigènes lors d'activités touristiques doit faire l'objet d'une évaluation plus détaillée tant sur le plan scientifique que sur celui de la gestion environnementale, bien que d'autres activités peuvent également engendrer des introductions.

238. L'Argentine a attiré l'attention du Comité sur le fait qu'une grande incertitude entourait toujours les microorganismes de l'Antarctique et leur origine. Elle a suggéré qu'en attendant des éclaircissements à cet égard, des mesures de gestion soient adoptées avec précaution. L'Argentine a rappelé le document d'information IP 83, qui signalait la présence de deux groupes d'espèces aviaires errant dans les îles Shetland du Sud et dans lequel elle annonçait qu'elle allait mener des analyses sur deux spécimens retrouvés morts afin de déceler la présence éventuelle de microorganismes non indigènes qui auraient pu être introduits.

239. En réponse à un commentaire relatif au financement, le SCAR a indiqué que, s'il était prêt à soutenir les travaux sur les organismes non indigènes, il ne finançait pas directement les activités scientifiques ou de suivi environnemental, signalant que les programmes antarctiques nationaux s'en chargeaient.

240. Le Comité a remercié l'Allemagne pour son travail et a pris note des résultats des discussions informelles. Insistant sur l'importance de prendre en considération les risques liés aux espèces non indigènes et à leurs liens avec le tourisme, le Comité a décidé qu'il convenait de poursuivre la discussion et la réflexion.

241. Les autres documents soumis au titre de ce point de l'ordre du jour incluaient :

   • document d'information IP 23, intitulé « Colonization status of known non-native species in the Antarctic terrestria » (Royaume-Uni) ;

   • document d'information IP 83, intitulé « Registro de observación de dos especies de aves no nativas en la isla 25 de mayo, Islas Shetland del Sur » (Argentine).

10b) Espèces spécialement protégées

242. Aucun document n'a été soumis au titre de ce point de l'ordre du jour.

10c) Autres questions relevant de l'Annexe II

243. Les documents soumis au titre de ce point de l'ordre du jour incluaient :

- document d'information IP 11, intitulé « Antarctic Conservation Strategy: Scoping Workshop on Practical Solutions » (COMNAP et SCAR)

- document d'information IP 19, intitulé « Use of hydroponics by National Antarctic Programs » (COMNAP)

- document d'information IP 26, intitulé « Remote sensing: emperor penguins breeding on ice shelves » (Royaume-Uni et États-Unis d'Amérique)

- document d'information IP 42, intitulé « Developing general guidelines for operating in geothermal environments » (Nouvelle-Zélande, SCAR, Royaume-Uni et États-Unis d'Amérique)

- document d'information IP 85, intitulé « Estimation of the breeding population of emperor penguins at Snow Hill Island, in the North East of the Antarctic Peninsula » (Argentine)

Point 11 – Surveillance de l'environnement et rapports

244. Les États-Unis ont présenté le document de travail WP 14 Progrès en matière d'élaboration de modèles numériques d'élévation pour les zones spécialement gérées et protégées de l'Antarctique, qui décrit le développement de modèles d'altitude numériques (MAN) pour toutes les ZSPA et ZGSA. Ils ont encouragé le CPE à examiner ces modèles en tant que puissant outil de recherche et de surveillance de ces régions fragiles, et de promouvoir l'engagement des programmes antarctiques nationaux et des Parties pour l'apport de données de terrain de façon à améliorer la précision et l'utilité de ces modèles. Les États-Unis ont informé la réunion que des modèles d'altitude numériques seraient disponibles sur un site internet. En réponse à une question du Brésil, les États-Unis ont précisé que l'imagerie satellitaire utilisée pour créer les modèles d'altitude numériques était régie par des droits d'auteurs, mais à disposition des Parties par le biais de l'acquisition de contrats de licence. Les États-Unis ont invité les autres

Membres à débattre des zones protégées devant être considérées comme prioritaires dans le développement des modèles numériques.

245. Le Royaume-Uni a remercié les États-Unis pour ce document, et noté que l'utilisation de MAN améliorerait la précision de la détermination des limites actuelles des ZSPA. L'Inde a félicité les États-Unis pour ses travaux de grande qualité, et a informé les Membres qu'elle utilisait des techniques permettant de combiner des images satellites et des données numériques afin de créer le MAN de plus haute résolution de la zone des collines Larseman. La Nouvelle-Zélande a noté l'utilité des images satellites pour la production de données, en particulier dans les zones difficiles d'accès.

246. L'Australie a salué les travaux novateurs des États-Unis, s'est félicitée de leur engagement pris de placer les données spatiales en accès libre, et a manifesté son intérêt à débattre des priorités pour le développement de davantage de MAN. Tout en appuyant l'Australie, l'Allemagne a déclaré être en train de développer, à travers son projet de recherche, un MAN à plus haute résolution que celui présenté ici, de sorte qu'elle pourrait d'ici peu fournir les données correspondant à la ZSPA n°150 (île Ardley) et potentiellement pour d'autres zones. Elle a ajouté être prête à collaborer avec les États-Unis dans le développement des MAN.

247. Le Comité a approuvé les trois recommandations proposées dans le document de travail WP14, et a convenu de :

    1) noter et reconnaître l'utilité des MAN en tant que nouvelle technique de recherche et de surveillance dans les ZGSA et les ZSPA ;

    2) encourager les programmes antarctiques nationaux ayant d'ores et déjà des informations de terrain, ou pouvant acquérir de nouvelles données dans les ZGSA et les ZSPA, à transmettre ces données au PGC afin qu'elles soient utilisées pour la production de MAN ; et

    3) inviter les Parties à transmettre leurs commentaires au PGC à travers le représentant des États-Unis auprès du CPE, au sujet des ZGSA et ZSPA devant être considérées comme prioritaires pour la production de MAN.

248. La Nouvelle-Zélande a présenté le document de travail WP 17, intitulé « Application des recommandations de l'étude du CPE sur le tourisme », préparé conjointement avec l'Australie, la Norvège, le Royaume-Uni et les États-Unis. Celui-ci retrace les progrès accomplis dans la mise à jour des analyses précédentes

sur les possibles sensibilités environnementales des sites visités de la péninsule antarctique, tâchant de porter autant que faire se peut à la connaissance du CPE les Recommandations prioritaires 3 et 6 de l'étude du CPE sur le tourisme.

249. Utilisant les ensembles de données issus de l'ONG Oceanites basée aux États-Unis et son « Inventaire des sites antarctiques », les coauteurs du document ont noté que les travaux prévus incluraient:

    a. Décrire les différentes caractéristiques pouvant se voir associées aux sites « à haute sensibilité » ;

    b. Décrire une méthodologie d'évaluation de la sensibilité des sites pouvant s'appliquer à des sites moins fréquemment visités, ou à de nouveaux sites qui pourraient être visités par des touristes en Antarctique ;

    c. Démontrer l'application de la méthodologie aux 10 sites (au minimum) les plus visités de l'Antarctique ; et

    d. Recommander les analyses supplémentaires qui pourraient s'avérer nécessaires.

250. L'IAATO a remercié les auteurs du document de travail WP 17, en particulier Oceanites pour leur initiative utile. Elle a fait part de sa volonté de contribuer à la poursuite des travaux d'Oceanites

251. La Norvège a noté l'importance d'examiner comment des méthodologies existantes ailleurs pourraient potentiellement servir aux travaux antarctiques. À cet égard, elle a mentionné le document d'information IP 82, lequel contient des informations sur un projet d'analyse de sensibilité de sites mené à Svalbard, espérant que cela pourrait nourrir et inspirer les discussions en cours. Elle a également attiré l'attention du Comité sur la tenue d'un symposium en novembre 2014 à Tromso, pour traiter des questions essentielles à la compréhension de la vulnérabilité dans les régions polaires. Cela permettra de travailler sur les différents outils nécessaires pour quantifier, cartographier et présenter des évaluations crédibles et basées sur les connaissances de la vulnérabilité des espèces, des écosystèmes et des types d'habitats dans les régions polaires ; et d'améliorer ces outils. Le Président a invité la Norvège à présenter un rapport du colloque au XVIII CPE.

252. La Norvège et le Royaume-Uni ont signalé avoir soutenu les travaux d'Oceanites. Le Royaume-Uni a décrit ce travail comme pratique, productif et utilisable, et a loué la relation positive reliant Oceanites aux Parties et aux ONG.

253. Les États-Unis ont loué les efforts présents et passés de collaboration fournis par Oceanites, notamment le soutien de l'IAATO. Ils ont indiqué attendre avec impatience les recommandations concrètes et les analyses qui émaneront de ces travaux.

254. L'Argentine a signalé avoir été quelque peu gênée par l'utilisation du terme « sensibilité » appliqué à des sites. Elle a proposé de nouveaux débats entre les Membres sur ce terme. Elle a indiqué qu'un débat plus approfondi entre les Parties était nécessaire pour l'obtention d'un consensus sur l'application du terme et de la méthodologie en elle-même.

255. Le Chili a exprimé son accord sur le fait que les travaux réalisés par Oceanites étaient importants, et produisait des informations pertinentes. Il souhaite cependant poursuivre les discussions de méthodologie et de partage d'informations. Le Chili a également expliqué qu'il ne se sentait pas prêt à accepter les recommandations contenues dans le document de travail WP 17 car la méthodologie et les détails des recherches n'avaient pas encore été portés à la connaissance des Parties.

256. Le Comité a encouragé les Membres intéressés à poursuivre les travaux prévus et établis dans le document de travail WP 17 et le document d'information IP 12, intitulé « Developing A New Methodology to Analyse Site Sensitivities » (Nouvelle-Zélande, Australie, Norvège, Royaume-Uni et États-Unis), en prenant en compte des méthodologies supplémentaires si nécessaire, et à présenter un rapport à la XVIIIe réunion du CPE.

257. Le SCAR a présenté le document d'information IP 14 intitulé, « Report on the 2013-2014 activities of the Southern Ocean Observing System (SOOS) », lequel retrace les réalisations du SOOS en 2013 et ses activités planifiées pour 2014. Il a remercié l'Australie d'avoir accueilli le bureau SOOS, et la Nouvelle-Zélande pour son soutien.

258. Autres documents soumis au titre de ce point de l'ordre du jour :

   • Document d'information IP 8, intitulé « Persistent Organic Pollutants (Pops) in Admiralty Bay - Antarctic Specially Managed Area (ASMA 1): Bioaccumulation and Temporal Trend » (Brésil)

   • Document d'information IP 28, intitulé « Informe de monitoreo ambiental en Base O'Higgins Temporada 2013 » (Chili)

- Document d'information IP 38, intitulé « Proposed Long-Term Environmental Monitoring at Bharati Station (LTEM-BS) » (Inde)

- Document d'information IP 82, intitulé « Site Sensitivity Analysis Approach Utilized in the Svalbard Context » (Norvège)

- Document de contexte BP 17 « Remote sensing of environmental changes on King George Island (South Shetland Islands): establishing a new monitoring program » (Pologne)

Point 12 – Rapports d'inspection

259. Le document suivant a été soumis sous ce point de l'ordre du jour :

- Document de contexte BP 10, intitulé « Recommendations of the Inspection Teams to Maitri Station and their Implementation» (Inde)

Point 13 – Questions à caractère général

260. Le Brésil a présenté le document de travail WP 9, intitulé « Activités éducatives et informatives associées aux Réunions consultatives du Traité sur l'Antarctique (RCTA) », préparé conjointement avec la Belgique, la Bulgarie, le Portugal et le Royaume-Uni. Il a recommandé que la RCTA valide l'organisation d'un atelier qui aurait lieu pendant la XXXVIIIe RCTA, afin de promouvoir les discussions sur les activités de sensibilisation et de vulgarisation susceptibles de porter les travaux du Traité sur l'Antarctique à la connaissance d'un plus vaste public - en particulier les activités organisées en parallèle avec les sessions de la RCTA.

261. La Bulgarie a remercié le Brésil, la Belgique, le Portugal et le Royaume-Uni pour le travail commun sur le document, et a confirmé la tenue de l'atelier lors de la XXXVIIIe RCTA en Bulgarie en 2015.

262. La Chine a indiqué qu'elle accordait une grande importance à l'éducation et à la recherche en Chine, en tant que moyen de stimuler une nouvelle génération de professionnels de l'Antarctique. La Chine a mentionné avoir déjà présenté des informations dans des écoles, des universités et à travers les médias. Le Royaume-Uni a précisé que les personnes participant à l'atelier seraient présentes en leur qualité d'experts, et non en tant que représentants de la RCTA ou du CPE. Le Chili a indiqué qu'il participerait aux activités de l'atelier et soutiendrait les recommandations proposées dans le document.

263. La France, tout en exprimant son soutien à l'atelier, a posé la question de l'efficacité en termes de coût et des limitations budgétaires liées aux activités de sensibilisation et d'éducation à destination du public sur l'Antarctique et les thèmes y afférant.

264. L'Argentine a souligné l'importance des questions éducatives et le besoin de disposer d'une stratégie de communication. L'Argentine a en outre fait part de sa propre expérience en matière d'élaboration d'une publication pédagogique, conjointement avec l'Espagne, le Pérou et l'Équateur, qui était strictement apolitique.

265. Le Portugal a rappelé que les procédures d'évaluation d'ateliers ont été menées par le passé et a rappelé au Comité que l'évaluation des résultats pourrait se révéler difficile. Il a mentionné l'importance de la tenue d'un atelier durant la XXXVIIIe réunion de la RCTA et a proposé que d'autres institutions comme le SCAR, le COMNAP et l'IAATO soient impliquées dans son organisation. Le Portugal considère qu'un atelier représente une nouvelle opportunité d'engager les Parties non consultatives. La Belgique a noté que bien que certains pays aient déjà développé des programmes pédagogiques sur des thèmes liés à l'Antarctique, l'atelier proposé pourrait offrir une occasion précieuse de partage d'expériences.

266. L'IAATO a mentionné que nombre de touristes en Antarctique étaient des d'Etats membres du CPE, dont les dépenses aidaient à financer les programmes antarctiques nationaux. L'IAATO a plaidé en faveur de l'adoption des recommandations.

267. Le Comité a approuvé les recommandations présentées dans le document de travail WP 9 :

    1. Reconnaître que l'éducation et les activités de sensibilisation sont une question cruciale à discuter par les Parties au Traité sur l'Antarctique.

    2. Approuver la tenue d'un atelier lors de la XVIIIe RCTA en Bulgarie, afin de faciliter les discussions sur l'éducation et la sensibilisation sur l'Antarctique, en particulier l'échange d'expériences, et d'améliorer le potentiel pour une meilleure coordination à l'avenir, à travers, entre autres, la mise en place d'un Forum.

268. Le COMNAP a présenté le document d'information IP 35, intitulé « Waste Water Management Workshop Information ». Prenant en considération

l'appel lancé lors du XVᵉ CPE pour un renforcement de la surveillance préventive de l'activité microbienne dans les zones jouxtant les évacuations des usines de traitement des eaux usées, et dans le plan de travail quinquennal du CPE, lequel indiquait que le CPE souhaitait développer des Lignes directrices pour de meilleures pratiques en matière d'élimination des déchets - y compris de déchets humains -, le COMNAP a informé le Comité qu'il prévoyait la tenue d'un atelier sur la gestion des déchets en août 2014. Il informera le XVIIIᵉ CPE des résultats de l'atelier. Il a mentionné le document de contexte BP 13 afin que les Membres aient une idée des thèmes qui seront discutés lors de l'atelier.

269. Le COMNAP a présenté le document d'information IP 46, intitulé « CONMAP Practical Training Modules: Module 1 - Environmental Protocol », qui fait état du premier module de formation ayant été développé par le Groupe d'experts en formation du COMNAP (GEF), et rassemble des informations provenant de différents programmes antarctiques. Il a noté que ces matériaux sont en accès libre.

270. Le COMNAP a présenté le document d'information IP 47, intitulé « International scientific and logistic collaboration in Antarctica », qui offre une mise à jour des informations fournies par le CONMAP à la XXXIᵉ RCTA, à partir d'une nouvelle étude menée par le COMNAP en janvier 2014. Il a également mis en avant ses objectifs de soutien des partenariats internationaux, remarquant qu'il existait des barrières évidentes à la collaboration internationale ; d'où le besoin d'efforts nationaux pour dépasser de tels obstacles.

271. La France a félicité le COMNAP pour son étude, sa troisième depuis 2008, et a noté que la collaboration avait lieu en dehors de la zone du Traité. Elle a aussi noté que certains Membres disposaient de structures et d'installations communes.

272. Autres documents soumis au titre de ce point de l'ordre du jour :

  • Document d'information IP 75, intitulé « Amery Ice Shelf Helicopter Incident » (Australie)

  • Document de contexte BP 13, intitulé « Progress on the development of a new waste water treatment facility at Australia's Davis Station » (Australie)

Point 14 – Élection du Bureau

273. Le Président a noté que l'Argentine, l'Australie, le Chili et les États-Unis avaient tous nommé des candidats pour le poste de président. Le Président a ajouté que le nombre de candidats créait une situation inhabituelle, et que le Règlement intérieur du CPE ne prévoyait pas de procédure d'élection détaillée.

274. Le Président a rappelé la Règle 14 du Règlement intérieur du CPE, prévoyant que les décisions relatives aux procédures doivent être adoptées à la majorité simple des membres du Comité présents et votant. Le Comité a de ce fait convenu, par consensus, que les procédures d'élections étaient considérées comme une question de procédure, et pouvaient de ce fait être décidées par un vote à majorité simple.

275. Le Président a présenté les procédures de vote suivantes, qui furent acceptées par consensus :

   • un quorum est nécessaire à la validité d'une élection (à savoir deux tiers des membres du CPE) ;

   • le résultat des élections est déterminé par un vote à majorité simple des Membres présents et votants ;

   • dans l'éventualité où plus de deux candidats se présentent pour un poste, des tours de votes seront menés, éliminant à chaque tour le candidat comptabilisant le moins de voix. En cas d'égalité des voix lors d'un de ces tours de vote, un nouveau vote sera organisé entre ces deux candidats (après avoir identifié les candidats ayant reçu le moins de voix). Si le second résultat ne diffère pas du précédent, l'élimination sera décidée par tirage au sort au moyen d'une pièce de monnaie ;

   • lorsque seuls deux candidats restent en lice, le vote se poursuivra jusqu'à ce qu'un candidat obtienne une majorité (simple).

276. Le Comité a noté qu'il serait souhaitable d'incorporer cette nouvelle procédure dans une révision future du Règlement intérieur.

277. Le Comité a élu M. Ewan McIvor (Australie) en tant que Président de CPE, et a félicité Erwan pour sa nomination à ce poste.

278. Le Comité a remercié Dr Yves Frenot (France) d'avoir officié en tant que président du CPE pendant deux mandats de deux ans.

279.   Le Comité a élu Mme Birgit Njaastad (Norvège) en tant que vice-présidente pour un second mandat de deux ans, et l'a félicitée pour sa nomination à ce poste.

Point 15 – Préparatifs de la prochaine réunion

280.   Le Comité a adopté l'ordre du jour provisoire du XVIIIe CPE (Annexe 2).

Point 16 – Adoption du rapport

281.   Le Comité a adopté son rapport.

Point 17 – Clôture de la réunion

282.   Le Président a clos la réunion le vendredi 2 mai 2014.

Annexe 1

Ordre du jour du CPE XVII et récapitulatif des documents

1. OUVERTURE DE LA RÉUNION	
2. ADOPTION DE L'ORDRE DU JOUR	
SP 1 rev. 4	*ORDRE DU JOUR ET CALENDRIER DES TRAVAUX*
SP 13	*CPE XVI RÉCAPITULATIF DES DOCUMENTS*
3. DÉBAT STRATÉGIQUE SUR LES TRAVAUX FUTURS DU CPE	
WP 1 France	*PLAN DE TRAVAIL QUINQUENNAL DU CPE ADOPTÉ À LA RÉUNION CPE XVI À BRUXELLES.* Ce document, contenant le plan de travail quinquennal tel qu'il a été adopté lors de la 16e réunion du CPE à Bruxelles, est soumis aux délégués pour examen et révision lors de la 17e réunion du CPE.
WP 10 Nouvelle-Zélande, Australie, Belgique, Norvège et SCAR	*PORTAIL DES ENVIRONNEMENTS DE L'ANTARCTIQUE : RAPPORT D'ÉTAPE.* Soulignant le besoin d'améliorer la disponibilité d'informations sur les environnements de l'Antarctique prêtes pour la politique et leur accès à l'appui de la mise en □uvre du Protocole, ce document fournit des informations quant au statut actuel du Portail des environnements de l'Antarctique, qui est pour le moment en phase beta et sera pleinement opérationnel en juillet 2015.
WP 47 rev. 1 Argentine, Chili	*ACTIVITÉS DE SENSIBILISATION À L'OCCASION DU 25E ANNIVERSAIRE DE LA SIGNATURE DU PROTOCOLE SUR LA PROTECTION DE L'ENVIRONNEMENT DU TRAITÉ DE L'ANTARCTIQUE.* Dans le cadre du 25e anniversaire de la signature du Protocole au Traité sur l'Antarctique relatif à la protection de l'environnement, qui se célèbrera en 2016, l'Argentine propose de commencer à examiner les propositions d'activités pédagogiques et de sensibilisation relatives au travail des Parties et du Comité pour la protection de l'environnement.
4. FONCTIONNEMENT DU CPE	
SP 7 Secrétariat	*PLAN DE TRAVAIL STRATÉGIQUE PLURIANNUEL DE LA RCTA : RAPPORT DU SECRÉTARIAT SUR LES EXIGENCES EN MATIÈRE D'ÉCHANGE D'INFORMATIONS ET SUR LE SYSTÈME ÉLECTRONIQUE D'ÉCHANGE D'INFORMATIONS.* Conformément aux instructions du plan de travail stratégique pluriannuel de la RCTA, ce document passe en revue les conditions existantes relatives à l'échange d'information et à leur évolution, présente brièvement les conclusions des discussions informelles sur la question lors de la RCTA et du CPE et présente une liste des questions en suspens.

IP 97 France	***CEP XVII – Work done during the intersession period.*** Ce document résume le travail effectué durant la période intersessions 2013-2014 conformément au plan d'action établi par le CPE XVI à Bruxelles et distribué par le Président du CPE via la Circulaire n° 1 du CPE XVII.

5. Coopération avec d'autres organisations	
IP 3 COMNAP	***Rapport annuel 2013 du Conseil des directeurs des programmes antarctiques nationaux (COMNAP).*** Ce document présente les temps forts et les progrès du COMNAP ainsi que les produits et outils élaborés en 2013.
IP 10 CCAMLR	***Rapport de l'observateur du SC-CAMLR à la dix-septième réunion du Comité pour la protection de l'environnement.*** Ce rapport met l'accent sur cinq problématiques d'intérêt commun au CPE et au SC-CAMLR : le changement climatique et l'environnement marin antarctique ; la biodiversité et les espèces non indigènes dans l'environnement marin antarctique ; les espèces antarctiques nécessitant une protection spéciale, gestion de l'espace marin et zones protégées ; écosystème et surveillance environnementale.
IP 13 SCAR	***Rapport annuel 2013-2014 du Comité scientifique pour la recherche en Antarctique (SCAR).*** Ce document reprend des exemples d'activités menées par le SCAR qui présentent un intérêt particulier pour les Parties au Traité. Il fournit également des informations sur plusieurs programmes de bourses et de prix proposés par le SCAR afin d'étendre la capacité de tous ses Membres, sur le Prix Biodiversité de la fondation du Prince Albert II de Monaco et sur les prochaines réunions du SCAR.
BP 9 SCAR	***The Scientific Committee on Antarctic Research (SCAR) Selected Science Highlights for 2013/14.*** Ce document de contexte met en lumière certains documents scientifiques clés publiés depuis la dernière réunion du Traité et doit être consulté en parallèle avec le document d'information IP 13.
BP 14 Nouvelle-Zélande	***Antarctica New Zealand Membership of the International Union for Conservation of Nature (IUCN).*** Dans ce document, la Nouvelle-Zélande indique qu'en 2012, Antarctica New Zealand est devenue membre de l'UICN dans le but de développer sa collaboration avec l'UICN et ses organisations membres sur les questions antarctiques. La Nouvelle-Zélande estime que cela est très utile, et encourage les autres programmes antarctiques nationaux à envisager d'adhérer à l'UICN.

6. Prévention et réparation des dommages causés à l'environnement	
WP 28 Australie	*Activités de nettoyage de l'Antarctique : liste de contrôle pour l'évaluation préliminaire de sites.* Ce document présente une liste de vérification pour l'étape d'évaluation de site, élaborée par l'Australie et fondée sur sa propre expérience en matière d'activités de nettoyage. L'Australie recommande au CPE d'envisager l'inclusion de la liste de vérification dans le Manuel de nettoyage du CPE à titre de référence pour ceux prévoyant ou entreprenant des activités de nettoyage.
IP 7 Brésil	*Remediation Plan for the Brazilian Antarctic Station area.* Ce document fournit des informations relatives au plan de réparation entrepris par le Programme antarctique brésilien à la station *Comandante Ferraz*, dont le but est de limiter les impacts environnementaux dans les zones dont le sol a été contaminé par le déversement de diesel lors de l'accident et de l'incendie survenus dans le bâtiment principal de la station.
BP 18 Argentine	*Tareas de Gestión Ambiental en la Base Belgrano II. [Activités de gestion environnementale à la base Belgrano II].* Ce document fournit des informations relatives à l'activité majeure de nettoyage de déchets entreprise à la station Belgrano II en janvier 2014 ainsi qu'à l'évaluation environnementale entreprise dans le but d'apporter d'éventuelles améliorations à la gestion environnementale.

7. Répercussions du changement climatique sur l'environnement : Approche stratégique	
WP 8 Norvège et Royaume-Uni	*Rapport du GCI sur le changement climatique.* Ce document présente les conclusions des discussions du GCI sur le changement climatique créé lors du CPE XVI, dont le but ultime est d'élaborer un programme de travail en réponse au changement climatique (PTRCC) pour le CPE. Le document fournit un résumé des discussions et des accords conclus durant la période intersessions. Le groupe propose de poursuivre son travail afin de proposer un projet de PTRCC au CPE XVIII.
WP 40 États-Unis d'Amérique, Norvège et Royaume-Uni	*Promotion de la surveillance coordonnée des changements climatiques en Antarctique.* Afin de mieux comprendre les changements et les processus climatiques en Antarctique, ainsi que les implications que ceux-ci engendrent sur le plan de la gestion et de l'exploitation, ce document propose de cibler les efforts pour appuyer le suivi des systèmes de l'Antarctique et de l'océan austral : 1) en renforçant la coordination des priorités en matière de recherche climatique afin de maximiser les retombées des projets de recherches ; et 2) continuer d'appuyer la coopération entre le CPE et le SC-CAMLR, notamment via des ateliers conjoints.

WP 46 États-Unis d'Amérique, Allemagne, Norvège et Espagne	*Essai en Antarctique du système d'évaluation rapide de la résilience de l'écosystème circumarctique du **WWF (RACER)** Outil de planification de la conservation.* Ce document recommande aux Parties de tenir compte de la résilience dans les désignation, gestion et révision des zones protégées, et que le programme RACER soit reconnu en tant qu'outil qui peut être utilisé dans les parties de l'Antarctique les plus productives et des plus diversifiées pour déterminer les caractéristiques clés qui seront importantes lorsqu'il s'agira de conférer une résilience plus large.
IP 29 OMM	***WMO**-led developments in Meteorological (and related) Polar Observations, Research and Services.* Ce document attire l'attention de la RCTA sur les possibilités actuelles et pratiques de limiter les risques liés aux conditions climatiques extrêmes en Antarctique et appelle à axer les discussions sur les observations, la recherche et les services météorologiques (et liés) pertinents qui découlent du travail mené par l'OMM et les agences/institutions associées. Il y est particulièrement fait référence aux initiatives liées à la compréhension du système climatique.
IP 39 SCAR	***SCAR** engagement with the United Nations Framework Convention on Climate Change **(UNFCCC).*** Ce document fournit des informations relatives aux activités du SCAR en 2013 à la réunion de la CCNUCC à Bonn et lors de la Conférence des Parties à la CCNUCC à Varsovie. Il présente également les activités prévues pour 2014, notamment celles liées au groupe ACCE, ainsi qu'une série de réunions en collaboration avec le GIEC visant à établir un contact direct entre les climatologues et les décideurs politiques en vue du COP 2015 qui se tiendra à Paris.
IP 60 SCAR	*Antarctic Climate Change and the Environment – **2014** Update.* Ce document, élaboré par le groupe consultatif ACCE du SCAR, met en lumière certains progrès notables réalisés en climatologie antarctique ces deux dernières années. Une liste de référence exhaustive est disponible afin de permettre de consulter en détail des recherches spécifiques.
IP 68 ASOC	*Antarctic Climate Change Report Card **2014**.* Ce document synthétise et met en lumière certains changements liés au climat et certains résultats de recherches menées en Antarctique au cours de l'année écoulée, afin d'aider les délégués de la RCTA et du CPE à se familiariser avec les dernières découvertes scientifiques en la matière.

IP 72 ASOC	*NEAR-TERM ANTARCTIC IMPACTS OF BLACK CARBON AND SHORT-LIVED CLIMATE POLLUTANT MITIGATION.* Dans ce document, l'ASOC présente des informations relatives aux résultats de modélisation des impacts liés aux polluants à courte durée de vie et estime que, au vu de l'impact des émissions locales, il pourrait s'avérer utile pour le CPE, la RCTA et la CCAMLR de collaborer avec le COMNAP afin de mettre sur pied un inventaire des émissions de noir de carbone engendrées par l'activité humaine en Antarctique.
IP 74 rev. 1 ASOC	*THE WEST ANTARCTIC ICE SHEET IN THE FIFTH ASSESSMENT REPORT OF THE INTERGOVERNMENTAL PANEL ON CLIMATE CHANGE (IPCC): A KEY THREAT, A KEY UNCERTAINTY.* Ce document d'information est axé sur l'évaluation du niveau de la mer par le GIEC, en particulier sur la contribution des calottes glaciaires, et plus spécialement sur la calotte glaciaire instable de l'Antarctique occidental. Ce document examine et aborde les nouvelles projections émanant du cinquième Rapport d'évaluation du GIEC et analyse leurs implications pour la région antarctique et le STA.
IP 94 rev.1 Royaume-Uni	*ANTARCTIC TRIAL OF WWF'S RAPID ASSESSMENT OF CIRCUM-ARCTIC ECOSYSTEM RESILIENCE (RACER) CONSERVATION PLANNING TOOL – METHODOLOGY AND TRIAL OUTCOMES.* Ce document complète le document de travail WP 46, et fournit le rapport d'essai complet du RACER et ses conclusions, et met en lumière les caractéristiques clés qui devraient persister et pourraient favoriser à l'avenir la résilience de la région dans son ensemble. Ce document fait également part des défis, des limites et des options rencontrés lors de l'évaluation de l'applicabilité de RACER pour l'Antarctique.

8. ÉVALUATION D'IMPACT SUR L'ENVIRONNEMENT

a) Projets d'évaluations globales d'impact sur l'environnement

WP 16 Chine	*LE PROJET D'ÉVALUATION ENVIRONNEMENTALE COMPLÈTE POUR LA CONSTRUCTION ET L'EXPLOITATION DE LA NOUVELLE STATION DE RECHERCHE CHINOISE, TERRE VICTORIA, ANTARCTIQUE.* Ce document synthétise les objectifs du projet d'EGIE pour la nouvelle Station de recherche chinoise et le processus de circulation du projet, et présente le Résumé non technique de l'EGIE.
WP 22 Bélarus	*CONSTRUCTION ET EXPLOITATION DE LA STATION BÉLARUSSE DE RECHERCHE EN ANTARCTIQUE AU MONT VECHERNYAYA, TERRE D'ENDERBY. PROJET D'ÉVALUATION GLOBALE D'IMPACT SUR L'ENVIRONNEMENT.* Ce document synthétise les objectifs et la circulation du projet d'EGIE pour la nouvelle Station de recherche chinoise, et présente le Résumé non technique de l'EGIE.

WP 27 Australie	RAPPORT DU GROUPE DE CONTACT INTERSESSIONS OUVERT SUR LE PROJET D'EGIE POUR LA « CONSTRUCTION ET L'EXPLOITATION DE LA STATION ANTARCTIQUE BÉLARUSSE DE RECHERCHE AU MONT VECHERNYAYA, TERRE ENDERBY ». Ce document présente les résultats de l'examen intersessions du projet d'EGIE de la nouvelle station bélarusse par un GCI coordonné par l'Australie, conformément aux procédures du CPE.
WP 43 États-Unis d'Amérique	RAPPORT DU GROUPE DE CONTACT INTERSESSIONS À COMPOSITION NON LIMITÉE CRÉÉ POUR EXAMINER LE PROJET D'EGIE RELATIF À LA « PROPOSITION DE CONSTRUCTION ET D'EXPLOITATION D'UNE NOUVELLE STATION DE RECHERCHE CHINOISE À TERRE VICTORIA, ANTARCTIQUE ». Ce document présente les résultats de l'examen intersessions du projet d'EGIE de la nouvelle station chinoise par un GCI coordonné par les États-Unis, conformément aux procédures du CPE.
IP 37 Chine	THE DRAFT COMPREHENSIVE ENVIRONMENTAL EVALUATION FOR THE CONSTRUCTION AND OPERATION OF THE NEW CHINESE RESEARCH STATION, VICTORIA LAND, ANTARCTICA. Ce document contient l'ensemble du projet d'EGIE pour la nouvelle station chinoise.
IP 54 Chine	THE INITIAL RESPONSES TO THE COMMENTS ON THE DRAFT CEE FOR THE CONSTRUCTION AND OPERATION OF THE NEW CHINESE RESEARCH STATION, VICTORIA LAND, ANTARCTICA. Ce document fournit des réponses préliminaires aux commentaires reçus par les participants du GCI, une liste des principaux domaines de recherche de la nouvelle station chinoise, des informations sur l'analyse de risques liés à la résistance au vent et à l'accumulation de neige, et des informations sur un système de gestion des déchets par pyrolyse magnétique.

b) Autres questions relatives aux EIE

WP 5 Allemagne et Pologne	LES VÉHICULES AÉRIENS SANS PILOTE (UAV) ET LEURS IMPACTS ENVIRONNEMENTAUX POTENTIELS. Au vu de l'augmentation significative de l'utilisation de véhicules aériens sans pilote (UAV, en anglais) à des fins scientifiques et non scientifiques en Antarctique, ce document attire l'attention du Comité sur les impacts environnementaux potentiels liés à l'utilisation des UAV et invite le Comité à examiner les recommandations proposées.
WP 13 États-Unis d'Amérique et Norvège	ACTIVITÉS DE CAMPEMENT CÔTIER MENÉES PAR LES ORGANISATIONS NON GOUVERNEMENTALES. Les activités de campement côtier non gouvernemental ont augmenté pour certaines autorités compétentes et des lacunes ou des défis potentiels relatifs à la régulation de ces activités peuvent exister. Ce document synthétise les informations relatives aux expériences et aux réactions des autorités compétentes concernant les approches à adopter pour résoudre les questions liées aux activités de campement non gouvernementales.

WP 24 Royaume-Uni	*AMÉLIORATIONS POUR LA PROCÉDURE D'ÉVALUATION D'IMPACT SUR L'ENVIRONNEMENT EN ANTARCTIQUE.* Au vu de la priorité accordée par le Plan de travail quinquennal du CPE à la révision des Lignes directrices relatives aux EIE, ce document propose de débattre d'un certain nombre de questions liées aux politiques et processus potentiels. Il invite également les Parties à envisager de développer davantage les exigences et les procédures relatives aux EIE et à développer d'autres mécanismes qui pourraient améliorer le processus d'EIE.
WP 29 Australie	*RÉVISION DES LIGNES DIRECTRICES POUR LES ÉVALUATIONS D'IMPACT SUR L'ENVIRONNEMENT EN ANTARCTIQUE.* Au vu de la priorité accordée par le Plan de travail quinquennal du CPE à la révision des Lignes directrices relatives aux EIE, l'Australie a passé en revue les débats du CPE sur la question des EIE et les évolutions connexes afin d'identifier les sujets qui pourraient être examinés par un GCI consacré à cette révision. L'Australie présente également des objectifs potentiels pour le GCI.
WP 34 France, Belgique	*ÉPIE OU ÉGIE : COMMENT CHOISIR?* À la suite d'une analyse des informations disponibles sur les ÉIE, ce document aborde la pertinence d'élaborer une liste limitée d'activités qui devraient régulièrement être considérées comme ayant plus qu'un impact mineur ou transitoire sur l'environnement et qui requerraient donc la mise en □uvre systématique d'une ÉGIE. Une telle approche permettrait de réduire les disparités lors de l'évaluation des impacts potentiels d'un nombre limité d'activités restant à définir. La création d'un GCI a été proposée pour examiner la question.
WP 51 États-Unis d'Amérique	*CONSIDÉRATIONS SUR L'UTILISATION DES SYSTÈMES D'AÉRONEF SANS PILOTE (UAS) POUR LA RECHERCHE, LA SURVEILLANCE ET L'OBSERVATION DANS L'ANTARCTIQUE.* Les systèmes aériens sans pilote sont utilisés dans le monde entier dans le cadre du suivi de l'environnement et de la collecte de données scientifiques. Ce document invite le CPE et la RCTA à examiner le potentiel lié à l'utilisation accrue de systèmes aériens sans pilote en Antarctique ainsi que la meilleure manière d'assurer la sécurité du personnel, des infrastructures, de la faune et de l'environnement.
IP 36 Korea (KOR)	*ESTABLISHMENT AND BEGINNING OF PILOT OPERATION OF THE 2ND KOREAN ANTARCTIC RESEARCH STATION "JANG BOGO" AT TERRA NOVA BAY.* Ce document fournit des informations relatives à la seconde phase de construction de la station Jang Bogo ainsi qu'à son ouverture, début 2014. Il fournit également des détails concernant la gestion des déchets, les activités relatives au suivi de l'environnement et les programmes scientifiques qui seront entrepris à la nouvelle station.

IP 56 Italie	*INITIAL ENVIRONMENTAL EVALUATION FOR THE REALIZATION OF A NEW ACCESS ROAD TO ENIGMA LAKE TWIN OTTER RUNWAY AT MARIO ZUCCHELLI STATION, TERRA NOVA BAY, ROSS SEA, ANTARCTICA.* Ce document présente l'évaluation environnementale de la seconde route d'accès, qui diffère en partie de la précédente route déjà autorisée. Le document décrit l'environnement d'un point de vue géologique et morphologique, et fournit des descriptions actualisées de la faune et de la flore et des caractéristiques environnementales, des impacts et des mesures d'atténuation.
IP 57 Italie	*TOWARDS THE REALIZATION OF A GRAVEL RUNWAY IN TERRA NOVA BAY: RESULTS OF THE 2013-2014 SURVEY CAMPAIGN.* Ce document présente une mise à jour du projet et synthétise les conclusions des études menées durant la campagne antarctique estivale écoulée, et définit les activités supplémentaires qui seront menées lors de l'expédition 2014-2015.
IP 63 Fédération de Russie	*RESULTS OF DRILLING OPERATIONS FOR THE STUDY OF THE LOWER PART OF THE GLACIER IN DEEP BOREHOLE AT VOSTOK STATION IN THE SEASON 2013-2014.* Ce document fournit des informations relatives aux détails techniques des opérations de forage glaciaire durant la saison 2013/2014 au puits 5G-3. Les résultats des opérations de forage ont montré qu'il restait environ 45 m de glace à forer à la limite « glace-eau », ce qui constitue une tâche réalisable, d'autant plus que les personnes responsables du forage connaissent déjà la véritable épaisseur de la glace, qui est 3769.3 m.
IP 64 Fédération de Russie	*STUDY OF THE WATER COLUMN OF THE SUBGLACIAL LAKE VOSTOK.* Ce document fournit des informations relatives aux opérations de forage dans la colonne d'eau du lac Vostok et présente une Évaluation préliminaire d'impact sur l'environnement, qui est soumise pour débat aux Membres du CPE.
IP 73 ASOC	*NEW ANTARCTIC STATIONS: ARE THEY JUSTIFIED?* Sur la base de diverses évaluations émanant de publications validées par des pairs et de rapports d'inspection, l'ASOC compare dans ce document les résultats des recherches scientifiques des PTCA (à savoir les publications dans les revues scientifiques validées par des pairs) et estime que toute option permettant d'éviter la construction de nouvelles stations doit préalablement être prise en considération.
SP 5 Secrétariat	*LISTE ANNUELLE DES ÉVALUATIONS PRÉLIMINAIRES (EPIE) ET GLOBALES (EGIE) D'IMPACTS SUR L'ENVIRONNEMENT ÉTABLIES ENTRE LE 1ER AVRIL 2013 ET LE 31 MARS 2014.* Ce document présente des informations relatives aux Évaluations d'impact sur l'environnement élaborées durant la période d'établissement de rapports la plus récente.

9. PROTECTION ET GESTION DES ZONES	
a) Plans de gestion	
i.	*Projets de plan de gestion examinés par le groupe subsidiaire sur les plans de gestion*
WP 31 Norvège	*GROUPE SUBSIDIAIRE SUR LES PLANS DE GESTION – RAPPORT SUR LES TRAVAUX INTERSESSIONS 2013/14.* Durant la période intersessions 2013/14, le Groupe subsidiaire proposé sur les plans de gestion (SGMP, en anglais) a examiné les plans de gestion pour sept ZSPA et une ZGSA. Le SGMP recommande au CPE d'approuver les plans de gestion relatifs à la ZSPA 141, la ZSPA 128 et la ZGSA 1 et à deux nouvelles ZSPA, à savoir les sites géothermiques de haute altitude dans la région de la mer de Ross et Stornes, Collines Larsemann, Terre Princesse-Élisabeth. En outre, le SGMP informe le CPE que des travaux intersessions supplémentaires seront menés concernant trois plans de gestion : ZSPA 144, ZSPA 145 et ZSPA 146.
ii.	*Projets de plan de gestion non examinés par le Groupe subsidiaire proposé sur les plans de gestion*
WP 3 États-Unis d'Amérique	*PLAN DE GESTION RÉVISÉ DE LA ZONE SPÉCIALEMENT PROTÉGÉE N° 139 POINTE BISCOE, ÎLE ANVERS, ARCHIPEL PALMER.* Si de nombreuses modifications ont été apportées au plan de gestion, elles ont toutefois été considérées comme étant « mineures », tant par leur nature que par leur effet. Par conséquent, les États-Unis proposent que le Comité examine le plan et recommande à la RCTA de l'adopter.
WP 6 États-Unis d'Amérique	*PLAN DE GESTION RÉVISÉ POUR LA ZONE SPÉCIALEMENT PROTÉGÉE DE L'ANTARCTIQUE N°113 ÎLE LITCHFIELD, PORT ARTHUR, ÎLE ANVERS, ARCHIPEL PALMER.* Si de nombreuses modifications ont été apportées au plan de gestion, elles ont toutefois été considérées comme étant « mineures », tant par leur nature que par leur effet. Par conséquent, les États-Unis proposent que le Comité examine le plan et recommande à la RCTA de l'adopter.
WP 7 États-Unis d'Amérique	*PLAN DE GESTION RÉVISÉ POUR LA ZONE SPÉCIALEMENT PROTÉGÉE N° 121, CAP ROYDS, ÎLE ROSS.* Si de nombreuses modifications ont été apportées au plan de gestion, elles ont toutefois été considérées comme étant « mineures », tant par leur nature que par leur effet. Par conséquent, les États-Unis proposent que le Comité examine le plan et recommande à la RCTA de l'adopter.
WP 11 Norvège	*RÉVISION DE LA ZONE SPÉCIALEMENT PROTÉGÉE DE L'ANTARCTIQUE (ZSPA) N° 142 - SVARTHAMAREN.* Étant donné qu'aucune modification majeure sur le fond n'a été apportée au plan de gestion lors de sa révision, la Norvège recommande au CPE d'approuver le plan de gestion et à la RCTA de l'adopter.

WP 18 Australie et Chine	*RÉVISION DU PLAN DE GESTION DE LA ZONE SPÉCIALEMENT PROTÉGÉE DE L'ANTARCTIQUE (ZSPA) N° 169 BAIE AMANDA, CÔTE INGRID CHRISTENSEN, TERRE PRINCESSE-ÉLIZABETH, ANTARCTIQUE DE L'EST.* Aucune modification n'ayant été apportée aux limites de la zone et aucun changement majeur de la description de la zone n'ayant été fait, l'Australie et la Chine recommandent au CPE d'approuver le plan de gestion révisé.
WP 19 Australie	*RÉVISION DU PLAN DE GESTION DE LA ZONE SPÉCIALEMENT PROTÉGÉE DE L'ANTARCTIQUE (ZSPA) N° 136 PÉNINSULE CLARK, CÔTE BUDD, TERRE DE WILKES, ANTARCTIQUE DE L'EST.* modification n'ayant été apportée aux limites de la zone et aucun changement majeur de la description de la zone n'ayant été fait, l'Australie recommande au CPE d'approuver le plan de gestion révisé.
WP 21 Australie, Chine, Inde et Fédération de Russie	*PLAN DE GESTION RÉVISÉ POUR LA ZONE GÉRÉE SPÉCIALE DE L'ANTARCTIQUE (ZGSA) N° 6 COLLINES LARSEMANN, ANTARCTIQUE ORIENTAL.* Le plan de gestion de la ZGSA a été révisé sans que la limite de la zone ne soit modifiée et sans qu'aucun changement majeur ne soit apporté aux dispositions de gestion. Il a été modifié afin de refléter la désignation anticipée d'une nouvelle Zone spécialement protégée de l'Antarctique à Stornes, au sein de la ZGSA. Les promoteurs recommandent au CPE d'approuver le plan de gestion révisé.
WP 26 États-Unis d'Amérique	*PLAN DE GESTION RÉVISÉ DE LA ZONE SPÉCIALEMENT PROTÉGÉE DE L'ANTARCTIQUE N° 124 CAP CROZIER, ÎLE DE ROSS.* Les États-Unis indiquent que de nombreuses modifications ont été apportées au plan de gestion afin de l'actualiser. La révision inclut des modifications concernant les limites, l'extension des valeurs à protéger, ainsi que les références relatives aux qualités représentatives de la Zone en ce qui concerne les habitats terrestres et aquatiques dans la région, qui sont plus explicites. Une orientation plus explicite concernant les conditions de délivrance de permis et d'accès est maintenant disponible. Le plan de gestion révisé est soumis à l'examen du Comité.
WP 30 Australie	*PROPOSITION DE MODIFICATION DES MESURES DE GESTION DES CABANES MAWSON ET DE CAP DENISON.* L'Australie a mené un examen quinquennal des plans de gestion de la ZSPA 162 et de la ZGSA 3. À la suite de cet examen, l'Australie propose d'élargir la ZSPA 162 afin d'y intégrer la zone actuellement désignée comme ZGSA 3 et de déclasser la ZGSA. La nécessité d'un permis pour accéder à une ZSPA agrandie et y mener des activités accorderait une plus grande protection au paysage historique, aux artefacts et autres objets historiques liés au site historique de Cap Denison, désigné Site et Monument historique (SMH) 77. Cela simplifierait également la gestion du site, qui est également soumis à des Lignes directrices pour les visites de sites

WP 52 Chili	RÉVISION DU PLAN DE GESTION POUR LA ZONE SPÉCIALEMENT PROTÉGÉE DE L'ANTARCTIQUE *(ZSPA) N° 150, ÎLE ARDLEY (PÉNINSULE ARDLEY), BAIE MAXWELL, ÎLE DU ROI GEORGES.* Le plan de gestion a été révisé et n'a nécessité que quelques modifications mineures. Par conséquent, le Chili recommande au CPE d'approuver le plan de gestion révisé.
WP 54 Chili	RÉVISION DU PLAN DE GESTION DE LA ZONE SPÉCIALEMENT PROTÉGÉE DE L'ANTARCTIQUE *(ZSPA) N° 125 PÉNINSULE FILDES ET ÎLE DU ROI-GEORGE.* Le plan de gestion a été révisé et n'a nécessité que quelques modifications mineures. Par conséquent, le Chili recommande au CPE d'approuver le plan de gestion révisé.
WP 58 rev 1 Korea (KOR)	REVISED MANAGEMENT PLAN FOR ANTARCTIC SPECIALLY PROTECTED AREA *N° 171, NARĘBSKI POINT, BARTON PENINSULA, KING GEORGE ISLAND.* La République de Corée a effectué sa première révision du plan de gestion pour la ZSPA 171. Seuls des amendements mineurs étant nécessaires, la République de Corée recommande au CPE d'approuver le plan de gestion révisé ci-joint.

iii.	*Nouveaux projets de plan de gestion pour des zones protégées ou gérées*

iv.	*Questions diverses concernant les plans de gestion pour les zones gérées ou protégées*
WP 15 Chine	RAPPORT SUR LA DISCUSSION INFORMELLE CONCERNANT LA PROPOSITION D'UNE NOUVELLE ZONE GÉRÉE SPÉCIALE À LA STATION ANTARCTIQUE CHINOISE KUNLUN, *DÔME A.* Ce document contient un bref rapport des discussions informelles portant sur la proposition d'une nouvelle ZGSA à la Station chinoise antarctique Kunlun, au Dôme A coordonnées par la Chine durant la période intersessions. La Chine recommande de poursuivre les discussions informelles durant une période intersessions supplémentaire et d'en présenter les résultats lors du CPE XVIII.
WP 25 Royaume-Uni	LE STATUT DE LA ZONE SPÉCIALEMENT PROTÉGÉE DE L'ANTARCTIQUE *N° 114 ÎLE CORONATION DU NORD, ÎLES ORCADES DU SUD.* Au vu du peu d'informations disponibles concernant les valeurs de la zone, des importantes difficultés physiques d'accès et des informations récemment recensées par télédétection, qui ne semblent pas établir la présence d'habitat biologique terrestre exceptionnel, le Royaume-Uni demande l'avis du CPE concernant la pertinence du maintien de la protection supplémentaire accordée par le statut de ZSPA dans cette zone.
BP 11 Nouvelle-Zélande	INITIATION OF A REVIEW OF *ASPA 104: SABRINA ISLAND, NORTHERN ROSS SEA, ANTARCTICA.* La Nouvelle-Zélande indique que, si le plan de gestion de la ZSPA 104 île Sabrina doit être révisé, elle n'est pas en mesure de le faire pour le moment, même si la révision a débuté.

b) Sites et monuments historiques	
IP 16 France	*Décision du tribunal correctionnel de Paris du 6 février 2014 relative à la conduite d'activités non gouvernementales non autorisées et non déclarées dans la zone du Traité et aux dégradations commises sur la cabane Wordie House (le SMH no 62).* Ce document fait part de la peine infligée au skipper du yacht *L'Esprit d'Équipe* pour les dégâts occasionnés en 2010 à la cabane Wordie House au SMH n° 62.
IP 25 Royaume-Uni, Nouvelle-Zélande et États-Unis d'Amérique	*The 1912 Ascent of Mount Erebus by members of the Terra Nova Expedition: the location of additional campsites and further information on HSM 89.* Ce document fournit des informations relatives à l'emplacement de trois campements supplémentaires situés sur le Mont Erebus. L'initiative de recherche en cours vise à localiser tous les campements de l'âge héroïque sur le Mont Erebus, et de débattre et d'élaborer des façons de les conserver et de les utiliser à des fins de recherches scientifiques et historiques.

c) Lignes directrices pour les visites de sites	
WP 23 Royaume-Uni	*Lignes directrices pour les visites de l'île Horseshoe : Projet de révision.* Après que la présence d'amiante a été confirmée au SMH 63 Base Y, le Royaume-Uni recommande que les Lignes directrices pour les visites de sites à l'île Horseshoe soient mises à jour afin d'y indiquer : i) la présence établie de matériaux contenant de l'amiante dans les combles ; ii) que les visiteurs ne sont plus autorisés à accéder aux combles ; et iii) que les visiteurs doivent signaler tout dégât significatif occasionné au toit à la British Antarctic Survey.
WP 30 Australie	*Proposition de modification des mesures de gestion des cabanes Mawson et de cap Denison.* (voir résumé au point 9.a.ii de l'ordre du jour)
IP 18 Royaume-Uni, États-Unis d'Amérique, Argentine et Australie	*Site Guidelines : mapping update.* À la suite de deux documents présentés à la XXXVIe RCTA portant sur des Lignes directrices pour les visites de sites nouvelles et révisées, ce document fournit une vue d'ensemble de l'activité qui en a découlé dans le but d'améliorer les cartes de ces Lignes directrices pour les visites de sites nouvelles et révisées.
IP 27 rév. 1 États-Unis d'Amérique	*Antarctic Site Inventory : 1994-2014.* Ce document fournit une mise à jour des résultats du projet ASI au cours du mois de février 2014. Créé en 1994, ce programme inclut des données et des informations collectées sur tous les sites faisant l'objet de nombreuses visites et que l'on considère être les plus vulnérables aux perturbations environnementales potentielles ; et sur tous les sites couverts par des lignes directrices de visites de sites spécifiques adoptées par les Parties au Traité sur l'Antarctique.

IP 59 Royaume-Uni, Argentine, Australie et États- Unis d'Amérique	*National Antarctic Programme use of locations with Visitor Site Guidelines in 2013-14.* Ce document donne une vue d'ensemble des informations fournies par les Parties concernant les visites effectuées durant la saison 2013-14 par le personnel de leur programme antarctique national sur des sites soumis à des Lignes directrices de visites de sites.
IP 86 Argentine	*Politique de gestion du tourisme pour la Station scientifique Carlini.* Ce document fournit des informations relatives à un ensemble de lignes directrices élaborées par le Programme antarctique argentin à la Station Carlini dont le but est d'améliorer l'efficacité de la gestion du tourisme et de protéger les activités scientifiques entreprises à cet endroit ainsi que les valeurs naturelles de la zone.

d) Empreinte humaine et valeurs de la nature à l'état sauvage

IP 69 ASOC	*Antarctic Resolution at the 10th World Wilderness Congress.* Ce document présente des informations relatives à la résolution intitulée *The Antarctic Treaty Area as a Contiguous Wilderness Area* approuvée lors du 10ᵉ World Wilderness Congress (WILD 10), organisé en octobre 2013 par la fondation WILD.
IP 71 rev. 1 ASOC	*Managing Human Footprint, Protecting Wilderness: A Way Forward.* Dans ce document, l'ASOC examine le travail effectué pour résoudre les questions liées à l'empreinte écologique et à la nature à l'état sauvage et recommande de prendre de nouvelles mesures immédiates afin que le CPE puisse progresser en temps voulu sur ces questions avant les cérémonies du 25ᵉ anniversaire du Protocole en 2016.

e) Protection et gestion de l'espace marin

WP 39 Belgique et France	*Le concept de « valeurs exceptionnelles » dans l'environnement marin, en vertu de l'Annexe V du Protocole.* Ce document signale que les Parties doivent développer une approche plus cohérente concernant la mise en □uvre de l'Article 3 de l'Annexe V afin de prendre en considération l'impact des activités terrestres et du soutien logistique associé sur l'environnement marin. Le document aborde également le concept de « valeurs exceptionnelles » dans le cadre de l'environnement marin où sont entreprises des activités réglementées par la RCTA et le CPE, et propose de créer un groupe de contact intersessions.

IP 49 Pays-Bas	THE ROLE OF THE ANTARCTIC TREATY CONSULTATIVE MEETING IN PROTECTING THE MARINE ENVIRONMENT THROUGH MARINE SPATIAL PROTECTION. Ce document se penche sur la responsabilité de la RCTA vis-à-vis de la protection de l'espace marin et identifie les instruments légaux disponibles exercer cette responsabilité. Le document fournit également un aperçu de l'utilisation réelle de ces instruments et des interactions qui ont eu lieu entre la RCTA, le CPE et la CCAMLR concernant les efforts d'harmonisation de la protection de l'espace marin.

f) Autres questions relevant de l'Annexe V

WP 33 Norvège	QUESTIONS ET RÉFLEXIONS GÉNÉRALES ET INITIALES : BESOIN ET DÉVELOPPEMENT DE PROCÉDURES RELATIVES À LA DÉSIGNATION DE ZSPA ET DE ZGSA. Sur la base des discussions qui se sont tenues lors des dernières réunions du CPE, il est proposé dans ce document que la RCTA et le CPE se penchent sur leurs pratiques concernant la désignation de zones protégées et gérées en Antarctique et s'assurent que la désignation de nouvelles zones suive une logique claire et présente. En guise de première étape dans l'ouverture du débat de cette question/tâche, le document présente un aperçu des pratiques passées et une ébauche de la marche à suivre à l'avenir, que le CPE devra examiner.
WP 35 Royaume-Uni, Argentine, Australie et Espagne	SYSTÈME DE ZONES PROTÉGÉES DE L'ANTARCTIQUE : PROTECTION DES CARACTÉRISTIQUES GÉOLOGIQUES EXCEPTIONNELLES. Ce document rappelle qu'en vertu de l'Annexe V, les Parties se sont engagées à chercher à désigner des ZSPA qui protègent des exemples de caractéristiques géologiques exceptionnelles. Ce document signale que peu de ZSPA ont été désignées pour assurer avant tout la protection des valeurs géologiques, et il recommande au CPE d'encourager les Membres et le SCAR à identifier les caractéristiques géologiques exceptionnelles et à envisager des mesures de protection, dont la désignation de ZSPA, l'utilisation de l'outil de zonage à l'intérieur des ZGSA et/ou l'inclusion de critères spécifiques de protection dans d'autres outils de gestion, tels que les Lignes directrices pour les visites de sites.
WP 36 Royaume-Uni	SURVEILLANCE DE LA COUVERTURE VÉGÉTALE DES ZONES SPÉCIALEMENT PROTÉGÉES DE L'ANTARCTIQUE À L'AIDE DE LA TÉLÉDÉTECTION PAR SATELLITE : UNE ÉTUDE PILOTE. Ce document fournit des informations relatives aux techniques de télédétection utilisées pour fournir des données de référence sur le couvert végétal dans 43 ZSPA protégeant la végétation terrestre. Le document recommande également au CPE d'envisager la valeur potentielle de cette approche de télédétection pour : (i) le suivi en cours dans les ZSPA ; (ii) déterminer les effets potentiels des changements climatiques sur la végétation antarctique dans les ZSPA et au-delà ; et (iii) assurer le développement informé du système des Zones protégées de l'Antarctique.

WP 57 Argentine	*Contributions à la protection des fossiles en Antarctique.* En tenant compte de l'importante contribution que constitue la collecte de fossiles à la compréhension du passé du continent antarctique, ce document souligne la nécessité de mettre en place un mécanisme adéquat pour préserver le patrimoine scientifique et les ressources naturelles et soumet un projet de Résolution pour examen.
WP 59 Fédération de Russie	*Discussions informelles intersessions sur le besoin de surveillance des valeurs des ZSPA en rapport avec les révisions du Plan de Gestion des ZSPA.* Ce document fournit des informations relatives aux discussions intersessions menées par la Fédération de Russie sur le forum de discussion du CPE et recommande de poursuivre le débat sur le suivi environnemental à l'intérieur des ZSPA lors du CPE XVII. Il appelle en outre les Parties et les Observateurs à élaborer des propositions d'amendements au *Guide pour l'élaboration des Plans de gestion des Zones spécialement protégées de l'Antarctique.*
IP 22 Royaume-Uni	*Antarctic Specially Protected Areas protecting geological features: a review.* Ce document présente des informations concernant l'examen des projets de plans de gestion de ZSPA et des plans existants qui a été entrepris pour vérifier la protection accordée aux valeurs géologiques dans le système des ZSPA. Ce document complète les informations présentées dans le document de travail WP 35.
IP 24 Royaume-Uni & Espagne	*Antarctic Specially Protected Areas: compatible management of conservation and scientific research goals.* Ce document indique que des recherches ont été effectuées en matière de gestion des activités de conservation et de recherche scientifique, et que les chercheurs ont recommandé de clarifier le motif de désignation d'une ZSPA pour assurer une gestion plus efficace des activités entreprises dans ces zones.
IP 43 Nouvelle-Zélande et États-Unis d'Amérique	*McMurdo Dry Valleys ASMA Management Group Report.* Ce document synthétise le travail effectué par le groupe gestionnaire de la ZGSA 2 Vallées sèches de McMurdo depuis la révision du plan de gestion, adoptée dans la Mesure 10 (2011). Les États-Unis d'Amérique et la Nouvelle-Zélande encouragent les programmes nationaux intéressés à s'investir dans le groupe gestionnaire.
IP 58 Espagne	*Proposal to afford greater protection to an extremely restricted endemic plant on Caliente Hill (ASPA 140 – sub-site C), Deception Island.* Ce document fournit des informations relatives à l'importance biologique exceptionnelle du sous-site C de la ZSPA 140 et encourage les Parties et le CPE à reconnaître sa vulnérabilité et à travailler de concert pour envisager l'inclusion de mesures de gestion supplémentaires dans le plan de gestion de la ZSPA.

IP 67 Australie, Chine, Inde et Fédération de Russie	*REPORT OF THE ANTARCTIC SPECIALLY MANAGED AREA NO. 6 LARSEMANN HILLS MANAGEMENT GROUP.* Ce document présente un bref rapport des activités du groupe gestionnaire de la ZGSA 6 en 2013-14.
IP 98 Roumanie	*ROMANIAN ACTIVITIES ASSOCIATED WITH THE ANTARCTIC SPECIALLY MANAGED AREA NO.6 LARSEMANN HILLS MANAGEMENT GROUP.* Dans ce document, lié au document d'information IP 67 et au document de travail WP 21, la Roumanie exprime son intention d'à nouveau participer activement au groupe gestionnaire de la ZGSA 6.
BP 7 rev. 1 Korea (KOR)	*MONITORING AND MANAGEMENT REPORT OF NARĘBSKI POINT (ASPA NO. 171) DURING THE PAST 5 YEARS (2009-2014).* Ce document présente des informations relatives aux activités de suivi écologique et de gestion menées depuis 2009/10 à la ZSPA 7 par l'Institut de recherche polaire coréen et le Ministère coréen de l'environnement.

10. CONSERVATION DE LA FAUNE ET DE LA FLORE DE L'ANTARCTIQUE

a) Quarantaine et espèces non indigènes

WP 4 Allemagne	*RAPPORT SUR LA DISCUSSION INFORMELLE CONCERNANT LE TOURISME ET LE RISQUE LIÉ À L'INTRODUCTION D'ORGANISMES NON INDIGÈNES.* Ce document présente les résultats des discussions informelles menées par l'Allemagne sur la base des recommandations présentées par l'Allemagne au CPE XVI. Il invite le CPE à prendre note des résultats du GCI et à débattre des points clés que certains membres du groupe ont signalés concernant les sources potentielles d'introduction d'espèces non indigènes. Il encourage les Parties à envisager d'inclure les conclusions du GCI dans le travail en cours ou prévu, ou à élaborer de nouvelles propositions à soumettre au CPE pour examen.
IP 23 Royaume-Uni	*COLONISATION STATUS OF KNOWN NON-NATIVE SPECIES IN THE ANTARCTIC TERRESTRIAL ENVIRONMENT (UPDATED 2014).* Ce document est une mise à jour qui englobe les informations présentées lors des trois dernières années. Le Royaume-Uni indique que l'année dernière, aucune nouvelle introduction d'espèce non indigène n'a été signalée en Antarctique ; cependant, la compréhension des conditions de colonisation et des propriétés biologiques de certaines espèces non indigènes décrites par le passé s'est considérablement améliorée.
IP 83 Argentine	*REGISTRO DE OBSERVACIÓN DE DOS ESPECIES DE AVES NO NATIVAS EN LA ISLA 25 DE MAYO, ISLAS SHETLAND DEL SUR.* Ce document présente des informations relatives à la découverte de deux groupes d'espèces aviaires non indigènes près de la station argentine Carlini, sur l'île du Roi-George, îles Shetlands du Sud et fait part des mesures adoptées afin d'éviter la transmission potentielle de maladie à la faune indigène.

b) Espèces spécialement protégées	
c) Autres questions relevant de l'Annexe II	
IP 11 COMNAP et SCAR	*ANTARCTIC CONSERVATION STRATEGY: SCOPING WORKSHOP ON PRACTICAL SOLUTIONS.* Ce document présente les informations relatives à l'atelier conjoint du SCAR/COMNAP qui s'est tenu en septembre 2013 dans le but d'identifier les réponses pratiques que les programmes nationaux peuvent apporter aux défis de conservation à court et long termes en Antarctique. Le rapport de l'atelier est joint à ce document.
IP 19 COMNAP	*USE OF HYDROPONICS BY NATIONAL ANTARCTIC PROGRAMS.* Ce document actualise les informations relatives à l'utilisation d'installations hydroponiques par les programmes nationaux fournies lors de la XXXVIᵉ RCTA. Elles sont fournies afin d'informer toute révision des lignes directrices sur les installations hydroponiques que le CPE a accepté d'inclure dans le Manuel sur les espèces non indigènes.
IP 26 Royaume-Uni et États-Unis d'Amérique	*REMOTE SENSING: EMPEROR PENGUINS BREEDING ON ICE SHELVES.* Il s'agit d'un rapport relatif à un nouveau comportement reproductif découvert chez les manchots empereurs, dont les colonies se rassemblent sur les plateformes de glace plutôt que sur la glace de mer, comme elles en ont généralement l'habitude. Les avantages potentiels liés à la reproduction sur les plateformes de glace doivent être pris en considération lors des prévisions de trajectoire de populations pour cette espèce.
IP 42 Nouvelle-Zélande, SCAR, Royaume- Uni et États-Unis d'Amérique	*DEVELOPING GENERAL GUIDELINES FOR OPERATING IN GEOTHERMAL ENVIRONMENTS.* Ce document, associé au récent travail sur l'élaboration d'un Code de conduite pour les grottes glaciaires du Mont Erebus et les propositions de nouvelles ZSPA pour les sites géothermiques de haute altitude de la région de la mer de Ross, présente des informations relatives à un atelier dont le but était de démarrer les discussions sur l'élaboration de lignes directrices générales pour l'exploitation dans les environnements géothermiques en Antarctique.
IP 85 Argentine	*ESTIMACIÓN DE LA POBLACIÓN REPRODUCTIVA DE PINGÜINO EMPERADOR, APTENODYTES FORSTERI, DE LA ISLA CERRO NEVADO, AL NORESTE DE LA PENÍNSULA ANTÁRTICA. [ESTIMATION OF THE BREEDING POPULATION OF EMPEROR PENGUINS AT SNOW HILL ISLAND, IN THE NORTHEAST OF THE ANTARCTIC PENINSULA]* Rappelant les récentes discussions au CPE sur différentes techniques d'observation de colonies de manchots empereurs dans le contexte des impacts que pourrait avoir le changement climatique sur l'espèce, ce document présente des informations relatives aux résultats du recensement d'une colonie de manchots empereurs à Snow Hill par photographies aériennes et par techniques de comptage sur le terrain.

11. SUIVI DE L'ENVIRONNEMENT ET RAPPORTS SUR L'ENVIRONNEMENT	
WP 14 États-Unis d'Amérique	*PROGRÈS EN MATIÈRE D'ÉLABORATION DE MODÈLES NUMÉRIQUES D'ÉLÉVATION POUR LES ZONES SPÉCIALEMENT PROTÉGÉES ET GÉRÉES.* Ce document décrit l'élaboration de modèles numériques d'élévation pour toutes les ZGSA et invite le CPE à envisager ces modèles comme outil très efficace en matière de recherche et de suivi dans ces régions vulnérables et à encourager les programmes nationaux antarctiques et les Parties au Traité à s'impliquer activement dans l'amélioration de la précision et de l'utilité de ces modèles.
WP 17 Australie, Nouvelle- Zélande, Norvège, Royaume-Uni et États-Unis d'Amérique	*APPLICATION DES RECOMMANDATIONS DE L'ÉTUDE DU CPE SUR LE TOURISME.* Les promoteurs travaillent avec Oceanites afin de déterminer les possibilités d'utiliser l'ensemble de données à long terme de l'Antarctic Site Inventory, ainsi que les ressources scientifiques des institutions universitaires partenaires d'Oceanites pour appliquer les recommandations de l'étude du CPE sur le tourisme de 2012. Ce document dresse un rapport sur le programme de travail visant à mettre à jour les précédentes analyses de vulnérabilités environnementales potentielles des sites visités de la péninsule antarctique, dans le but d'informer le CPE lors de son examen des Recommandations 3 et 6 de son étude sur le tourisme, jugées prioritaires.
IP 8 Brésil	*PERSISTENT ORGANIC POLLUTANTS (POPS) IN ADMIRALTY BAY - ANTARCTIC SPECIALLY MANAGED AREA (ASMA 1): BIOACCUMULATION AND TEMPORAL TREND.* Ce document fournit des informations relatives aux études portant sur la contribution des polluants organiques persistants (POP) à la baie de l'Amirauté, menées par le programme antarctique brésilien dans le but d'évaluer les impacts environnementaux. Ce document analyse les sources, les polluants prédominants et les tendances temporelles.
IP 12 Australie, Nouvelle- Zélande, Norvège, Royaume-Uni et États-Unis d'Amérique	*DEVELOPING A NEW METHODOLOGY TO ANALYSE SITE SENSITIVITIES.* Un rapport préliminaire sur le programme de travail d'Oceanites et des institutions partenaires pour l'élaboration d'une nouvelle méthodologie d'analyse des vulnérabilités des sites visités en Antarctique est joint à ce document. Le rapport ne reflète pas nécessairement l'avis des promoteurs, mais il est soumis au titre de référence pour les discussions en cours du Comité portant sur la gestion du tourisme et, en particulier, pour les Recommandations 3 et 6 de l'étude du CPE sur le tourisme de 2012.
IP 14 SCAR	*REPORT ON THE 2013-2014 ACTIVITIES OF THE SOUTHERN OCEAN OBSERVING SYSTEM (SOOS).* Ce rapport met en lumière les progrès du SOOS en 2013 et présente le programme d'activités pour 2014.

IP 28 Chili	*Informe de monitoreo ambiental en Base O'Higgins temporada 2013. [Report of Environmental Monitoring at O'Higgins Base in the 2013 Season]* Ce document fournit des informations relatives au programme de suivi à la base O'Higgins mené de manière mensuelle dans le but d'obtenir des informations sur le fonctionnement de la station d'épuration des eaux usées de la base.
IP 38 Inde	*Proposed Long-Term Environmental Monitoring at Bharati Station (LTEM-BS).* Ce document décrit le projet de suivi environnemental de la station Bharati et de ses environs qui sera un programme à long terme.
IP 82 Norvège	*Site Sensitivity Analysis approach utilized in the Svalbard context.* Ce document fournit un bref résumé d'un projet axé sur Svalbard, dont le but est d'élaborer un instrument pour évaluer la vulnérabilité des sites faisant l'objet de visites touristiques.
BP 17 Pologne	*Remote sensing of environmental changes on King George Island (South Shetland Islands): establishing a new monitoring program.* Ce document présente des informations préliminaires relatives à un nouveau programme de suivi dans la baie de l'Amirauté prévu pour les saisons 2014/2015 et 2015/2016 qui recourra à des véhicules aériens à voilure fixe sans pilote pour collecter des données environnementales géospatiales nécessaires au suivi des effets du changement climatique.

12. Rapports d'inspection

BP 10 Inde	*Recommendations of the Inspection Teams to Maitri Station and their Implementation.* Ce document décrit diverses actions qui ont déjà été mises en œuvre ou qui le sont actuellement à la station Maitri à la suite des suggestions et des observations de deux équipes d'inspection intervenues respectivement en 2012 et 2013.

13. Questions générales

WP 9 Brésil, Belgique, Bulgarie, Portugal et Royaume-Uni	*Activités éducatives et informatives associées aux Réunions consultatives du Traité sur l'Antarctique (RCTA).* Notant l'importance croissante des questions antarctiques dans la science mondiale, ce document recommande que la RCTA soutienne l'organisation d'un atelier précédant la XXXVIIIe RCTA afin de faciliter les débats concernant les activités éducatives et informatives qui peuvent sensibiliser un public plus large aux travaux du Traité sur l'Antarctique, et en particulier les activités organisées en collaboration avec les RCTA.

189

IP 35 COMNAP	***COMNAP Waste Water Management Workshop Information.*** Ce document fournit des informations relatives à un atelier que le COMNAP organise en août 2014 afin de poursuivre les débats des programmes antarctiques nationaux sur la gestion des déchets, et ce après l'appel du CPE XV à renforcer le suivi préventif de l'activité microbienne dans les zones proches des évacuations des stations de traitement des eaux usées ; le document informe également que, dans son plan de travail quinquennal, le CPE fait part de son intention d'élaborer des lignes directrices pour l'élimination la plus efficace possible des déchets, y compris des déchets humains.
IP 46 COMNAP	***COMNAP Practical Training Modules : Module 1 – Environmental Protocol.*** Ce document présente un premier module de formation élaboré par le groupe d'experts en formation du COMNAP, et regroupe des informations émanant de plusieurs programmes antarctiques. Le groupe d'experts du COMNAP a l'intention de se pencher sur d'autres sujets pouvant présenter un intérêt commun en vue de préparer des modules de formation supplémentaires à partager et disponibles gratuitement.
IP 47 COMNAP	***International Scientific and Logistic Collaboration in Antarctica.*** Ce document présente une mise à jour des informations fournies par le COMNAP à la XXXIe RCTA sur la base d'une nouvelle étude menée par le COMNAP en janvier 2014 et présente en outre les objectifs du COMNAP pour soutenir la collaboration internationale.
IP 75 Australie	***Amery Ice Shelf helicopter incident.*** Ce document fournit des informations relatives à la réponse apportée à l'accident d'hélicoptère survenu sur le plateau de glace d'Amery en Antarctique oriental en décembre 2013, dans lequel trois personnes avaient été blessées et qui avait détruit l'hélicoptère.
BP 13 Australie	***Progress on the development of a new waste water treatment facility at Australia's Davis station.*** Ce document fournit une mise à jour sur les progrès réalisés par l'Australie dans ce projet, et définit certaines des caractéristiques des nouvelles stations de traitement des eaux usées de niveaux intermédiaire et avancé prévues.

14. Élection des membres du Bureau

15. Préparatifs de la prochaine réunion

16. Adoption du rapport

17. Clôture de la réunion

Appendice 1

Plan de travail quinquennal du CPE

Question/ Pression environnementale Actions	Degré de priorité pour le CPE	Période Intersessions	XVIIIe CPE 2015	Période intersessions	XIXe CPE 2016	Période intersessions	XXe CPE 2017	Période intersessions	XXIe CPE 2018
Introduction d'espèces non indigènes	1	Préparation de la revue du manuel – envisager la création d'un groupe de discussion informel	Revue du manuel sur les espèces non indigènes						
Actions : 1. Continuer l'élaboration des lignes directrices pratiques et des ressources destinées à tous les opérateurs antarctiques. 2. Continuer l'élaboration des recommandations sur les changements climatiques émanant de la RETA. 3. Examiner les indices spatiaux explicites issus des évaluations des risques selon les activités afin d'atténuer les risques posés par les espèces non indigènes terrestres. 4. Développer une stratégie de surveillance pour les zones à haut risque d'établissement d'espèces non indigènes. 5. Accorder une attention accrue aux risques que posent les transferts intra-Antarctique de propagules.									
Tourisme et activités non gouvernementales	1	Coopération des Parties en vue de l'élaboration de ressources prenant en considération les recommandations 3 et 6 de l'étude sur le tourisme	Apporter une réponse provisoire à la RCTA concernant les recommandations 3 et 6 de l'étude sur le tourisme.						
Actions : 1. Fournir des avis à la RCTA en fonction des besoins. 2. Promouvoir la mise en œuvre des recommandations de la RETA sur le tourisme maritime									
Pression planétaire : Changements climatiques	1	Mise au point par le GCI sur le changement climatique d'un programme d'intervention en matière de changement climatique	Point permanent de l'ordre du jour Rapport du GCI. Le SCAR fournit une mise à jour	Mise au point par le GCI sur le changement climatique d'un programme d'intervention en matière de changement climatique	Point permanent de l'ordre du jour Le SCAR fournit une mise à jour	Mise au point par le GCI sur le changement climatique d'un programme d'intervention en matière de changement climatique	Point permanent de l'ordre du jour Le SCAR fournit une mise à jour		
Actions : 1. Examiner les implications des changements climatiques pour la gestion de l'environnement antarctique. 2. Promouvoir la mise en œuvre des recommandations de la RETA sur les changements climatiques. 3. Mettre sur pied un programme de travail pour contrer les changements climatiques.									

191

Question/ Pression environnementale / Actions	Degré de priorité pour le CPE	Période Intersessions	XVIIIe CPE 2015	Période intersessions	XIXe CPE 2016	Période intersessions	XXe CPE 2017	Période intersessions	XXIe CPE 2018
Instruction des plans de gestion nouveaux et révisés des zones protégés et gérées	1	GSPG / mène ses travaux conformément au plan de travail approuvé	GSPG / Examen du rapport	GSPG / mène ses travaux conformément au plan de travail approuvé	GSPG / Examen du rapport				
Actions : 1. Peaufiner la procédure d'examen des plans de gestion nouveaux et révisés. 2. Actualiser les lignes directrices existantes. 3. Promouvoir la mise en œuvre des recommandations de la RETA sur les changements climatiques. 4. Développer des lignes directrices pour la préparation des ZGSA. 5. Examiner la nécessité de renforcer l'efficacité de la procédure pour la désignation des nouvelles ZSPA et ZGSA.		Discussion informelle conduite par la Norvège sur les procédures pour l'examen des ZSPA et ZGSA par le CPE Entame des travaux pour l'élaboration des lignes directrices pour la préparation des ZGSA.		Poursuit les travaux dans le cadre de l'élaboration de lignes directrices pour la préparation des ZGSA.					
Gestion et protection de l'espace marin	1	Amorcer la rédaction d'un mandat pour un atelier conjoint CPE/ CS-CAMLR	Rapport du GCI sur les valeurs remarquables de l'environnement marin	Atelier CPE/CS-CAMLR					
Actions : 1. Coopération entre le CPE et le CS-CAMLR sur des questions d'intérêt commun. 2. Coopérer avec la CCAMLR sur la biorégionalisation de l'océan Austral et aux autres intérêts communs et principes convenus. 3. Identifier et appliquer les processus de protection de l'espace marin. Promouvoir la mise en œuvre des recommandations de la RETA sur les changements climatiques.		GCI convoqué par la Belgique sur le concept des valeurs remarquables de l'environnement marin.							
Fonctionnement du CPE et planification stratégique	1	Discussions informelles sur les résultats du CPE	Examen du rapport sur les travaux intersessions sur les résultats obtenus par le CPE Préparatifs pour le 25e anniversaire Point permanent Revoir et réviser le plan de travail selon que de besoin		25e anniversaire du Protocole. Examiner et réviser le plan de travail selon que de besoin				
Actions : 1. Tenir à jour le plan quinquennal en fonction de l'évolution de la situation et des exigences de la RCTA. 2. Dresser la liste des possibilités pour améliorer l'efficacité du CPE. 3. Déterminer les objectifs à long terme pour l'Antarctique (50-100 ans).			Examen de la requête de la RCTA pour la soumission d'un avis final						
Dégâts environnementaux — Réparation et réhabilitation	2								
Actions : 1. Répondre à la requête de la RCTA dans le cadre de la réparation des dégâts environnementaux et de la réhabilitation de l'environnement, selon qu'il convient. 2. Suivre les progrès engranger quant à l'inventaire à l'échelle antarctique des sites ayant fait l'objet d'activités dans le passé. 3. Examiner les lignes directrices pour la réparation et la réhabilitation. 4. Préparer des lignes directrices pratiques ainsi que des ressources à intégrer au manuel des directives de nettoyage.									

Question/ Pression environnementale Actions	Degré de priorité pour le CPE	Période Intersessions	XVIIIe CPE 2015	Période intersessions	XIXe CPE 2016	Période intersessions	XXe CPE 2017	Période intersessions	XXIIe CPE 2018
Empreinte humaine et gestion de la nature à l'état sauvage **Actions :** 1. Développer des méthodes pour une meilleure protection de la nature sauvage dans les annexes I et V.	2	Envisager comment les valeurs sauvages peuvent être intégrées dans les lignes directrices pour les évaluations d'impact sur l'environnement							
Rapports sur la surveillance continue et l'état de l'environnement **Actions :** 1. Recenser les principaux outils et indicateurs environnementaux. 2. Mettre en place une procédure de soumission des rapports à la RCTA. 3. Le SCAR transmets des informations au COMNAP et au CPE.	2		Rapport du COMNAP et du SCAR sur l'utilisation de véhicules aériens sans pilotes (UAV)						
Connaissance de la diversité biologique **Actions :** 1. Maintenir la sensibilisation aux menaces qui pèsent sur la biodiversité. 2. Promouvoir les recommandations de la RETA sur les changements climatiques	2				Discussion sur la mise à jour du SCAR concernant le bruit sous-marin				
Lignes directrices pour les visites de sites destinés aux visiteurs **Actions :** 1. Revoir les directives spécifiques aux sites tel que requis. 2. Fournir des avis à la RCTA selon que de besoin. 3. Revoir le format des lignes directrices pour la visite de sites.	2	Poursuite de la coordination par le Royaume-Uni d'un processus informel de recherche et de recoupement d'informations sur l'utilisation des lignes directrices pour les visites de sites par les opérateurs nationaux	Point permanent de l'ordre du jour : rapport des Parties sur leur examen des lignes directrices pour les visites de sites Rapport au CPE sur les résultats de la surveillance des îles Barrientos - îles Aitcho		Point permanent; rapport des Parties de leur examen des lignes directrices pour les visites de sites		Point permanent; rapport des Parties de leur examen des lignes directrices pour les visites de sites		
Aperçu du système des zones protégées **Actions :** 1. Appliquer l'analyse des domaines environnementaux (ADE) et des régions biogéographiques de conservation de l'Antarctique (ACBR) afin d'améliorer le système des zones protégées. 2. Promouvoir la mise en œuvre des recommandations de la RETA sur les changements climatiques. 3. Tenir à jour et développer la base de données des zones protégées.	2		Examen des incidences possibles d'une analyse actualisée des lacunes sur la base de l'ADE et l'ACBR						

193

Question/ Pression environnementale / Actions	Degré de priorité pour le CPE	Période Intersessions	XVIIIᵉ CPE 2015	Période intersessions	XIXᵉ CPE 2016	Période intersessions	XXᵉ CPE 2017	Période intersessions	XXIᵉ CPE 2018
Communication et éducation **Actions :** 1. Revoir les exemples actuels et recenser les possibilités d'offrir une meilleure éducation et une plus grande vulgarisation. 2. Encourager les Membres à échanger des informations concernant leur expérience dans ce domaine. 3. Mettre en place une stratégie et des lignes directrices pour l'échange d'informations entre Membres à propos de la sensibilisation dans une perspective de long terme.	2	Cf. rubrique « Fonctionnement du CPE et planification stratégique » ci-dessus	Cf. rubrique « Fonctionnement du CPE et planification stratégique » ci-dessus						
Mise en œuvre et amélioration des dispositions de l'Annexe I relatives à l'EIE **Actions :** 1. Affiner la procédure d'examen des EGIE et fournir à la RCTA des avis en conséquence. 2. Élaborer des lignes directrices pour l'évaluation des impacts cumulatifs. 3. Réviser les lignes directrices EIE et envisager des politiques plus larges concernant d'autres thématiques. 4. Envisager l'application d'une évaluation stratégique de l'environnement en Antarctique. 5. Promouvoir les recommandations de la RETA sur les changements climatiques.	2	Entamer une révision des lignes directrices EIE par la création d'un GCI Créer un GCI chargé d'examiner les projets de EGIE selon que de besoin	Examen du rapport du GCI sur les projets d'EGIE selon qu'il convient Examen de la révision par le GCI des lignes directrices EIE	Créer un GCI chargé d'examiner les projets de EGIE selon que de besoin Poursuite des travaux du GCI sur la révision des lignes directrices EIE qu'il convient	Examen des rapports du GCI sur les projets d'EGIE selon qu'il convient Examen de la révision par le GCI des lignes directrices EIE	Créer un GCI chargé d'examiner les projets de EGIE selon que de besoin	Examen des rapports du GCI sur les projets d'EGIE selon que de besoin		
Tenir à jour de la liste des Sites et monuments historiques (SMH) **Actions :** 1. Tenir à jour la liste et examiner les éventuelles nouvelles propositions. 2. Examiner les questions stratégiques si nécessaire, notamment les questions portant sur la désignation de bâtiments comme SMH par opposition aux dispositions relatives au nettoyage des sites prévues par le Protocole.	3	Actualisation des listes de SMH par le Secrétariat	Point permanent	Actualisation des listes de SMH par le Secrétariat	Point permanent	Actualisation des listes de SMH par le Secrétariat	Point permanent		
Échange d'informations **Actions :** 1. Transférer au Secrétariat 2. Suivre et favoriser une utilisation aisée du SEEI. 3. Revoir les exigences en matière de soumission des rapports sur l'environnement.	3	Contribuer aux travaux du GCI établi par la RCTA selon qu'il convient	Rapport du Secrétariat		Rapport du Secrétariat		Rapport du Secrétariat		

Question/ Pression environnementale Actions	Degré de priorité pour le CPE	Période Intersessions	XVIIIᵉ CPE 2015	Période intersessions	XIXᵉ CPE 2016	Période intersessions	XXᵉ CPE 2017	Période intersessions	XXIᵉ CPE 2018
Espèces spécialement protégées	3								
Actions :									
1. Examiner les propositions relatives aux espèces spécialement protégées.									
2. Examiner les moyens par lesquels le CPE est maintenu informé sur le statut des espèces spécialement protégées.									
Actions à prendre en cas d'urgence et plans d'urgence à établir	3	Discussion							
Actions :									
1. Promouvoir la mise en œuvre des recommandations de la RETA sur le tourisme maritime									
Mise à jour du Protocole et examen des annexes	3								
Actions :									
1. Envisager la nécessité de réviser les annexes du Protocole et le cas échéant définir les objectifs visés par la révision.									
Inspections (Article 14 du Protocole)	3		Point permanent		Point permanent		Point permanent		
Actions :									
1. Examiner les rapports d'inspection selon que de besoin									
Déchets	3	Atelier du COMNAP sur la gestion des eaux usées.	Examen du rapport du COMNAP.						
Actions :									
1. Élaborer des lignes directrices pour l'élimination la plus efficace possible des déchets, y compris les déchets humains.									
Gestion de l'énergie	4								
Actions :									
1. Développer les meilleures pratiques de lignes directrices pour la gestion de l'énergie dans les stations et les bases.									

Appendice 2

Ordre du jour provisoire du XVIIIᵉ CPE

1.   Ouverture de la réunion

2.   Adoption de l'ordre du jour

3.   Débat stratégique sur les travaux futurs du CPE

4.   Fonctionnement du CPE

5.   Coopération avec d'autres organisations

6.   Réparation et réhabilitation des dégâts causés à l'environnement

7.   Conséquences des changements climatiques pour l'environnement : approche stratégique

8.   Évaluation d'impact sur l'environnement (EIE)

        a. Projets d'évaluations globales d'impact sur l'environnement

        b. Autres questions relatives aux EIE

9.   Plans de gestion et de protection des zones

        a. Plans de gestion

        b. Sites et monuments historiques

        c. Lignes directrices relatives aux sites

        d. Gestion et protection de l'espace marin

        e. Autres questions relevant de l'Annexe V

10.   Conservation de la faune et de la flore de l'Antarctique

        a. Quarantaine et espèces non indigènes

        b. Espèces spécialement protégées

        c. Autres questions relevant de l'Annexe II

11.   Surveillance de l'environnement et rapports

12.   Rapports d'inspection

13.   Questions à caractère général

14.   Élection du Bureau

15.   Préparatifs de la prochaine réunion

16.   Adoption du rapport

17.   Clôture de la réunion

3. Appendices

Communiqué de la XXVIIᵉ RCTA

XXXVIIᵉᵐᵉ Réunion consultative du Traité sur l'Antarctique

La 37ᵉ Réunion consultative du Traité sur l'Antarctique et la 17e réunion du Comité pour la protection de l'environnement ont eu lieu à Brasilia, au Brésil, entre le 28 avril et le 7 mai 2014.

Le traité sur l'Antarctique fut signé à Washington le 1er décembre 1959. Il est entré en vigueur en 1961. Le nombre total de Parties au Traité est actuellement de 50. Le Protocole au Traité sur l'Antarctique relatif à la protection de l'environnement fut signé à Madrid le 4 octobre 1991, et est entré en vigueur en 1998. Le Protocole a été ratifié par 35 Parties.

325 délégués venant de 41 pays et de neuf organisations d'experts et d'observateurs ont débattu un programme complet, lequel est disponible sur le site web du Secrétariat du Traité sur l'Antarctique : *http://ats.aq/documents/ATCM37/sp/ATCM37_sp001_rev4_f.doc*). La Réunion a adopté les Mesures, Décisions et Résolutions suivantes :

Mesure 1 (2014)	Zone spécialement protégée de l'antarctique n°113 (île Litchfield, port Arthur, archipel Palmer) : Plan de gestion révisé.
Mesure 2 (2014)	Zone spécialement protégée de l'Antarctique n° 121 (cap Royds, île de Ross) : Plan de gestion révisé.
Mesure 3 (2014)	Zone spécialement protégée de l'Antarctique n° 124 (cap Crozier, île de Ross): Plan de gestion révisé.
Mesure 4 (2014)	Zone spécialement protégée de l'Antarctique N°128 (rive occidentale de la baie Admiralty, île du Roi George, îles Shetland du Sud): Plan de gestion révisé.
Mesure 5 (2014)	Zone spécialement protégée de l'Antarctique n°136 (péninsule Clark, côte de Budd, Terre de Wilkes, Antarctique de l'Est): Plan de gestion révisé.
Mesure 6 (2014)	Zone spécialement protégée de l'Antarctique n° 139 (Pointe Biscoe, île Anvers, archipel Palmer): Plan de gestion révisé.
Mesure 7 (2014)	Zone spécialement protégée de l'Antarctique n° 141 (Vallée de Yukidori, Langhovde, baie de Lützow-Holm) : Plan de gestion révisé.

Mesure 8 (2014)	Zone spécialement protégée de l'Antarctique n° 142 (Svarthamaren): Plan de gestion révisé.
Mesure 9 (2014)	Zone spécialement protégée de l'Antarctique N°162 (cabanes Mawson, cap Denison, baie du Commonwealth, Terre George V, Antarctique de l'Est): Plan de gestion révisé.
Mesure 10 (2014)	Zone spécialement protégée de l'Antarctique n° 169 (Baie Amanda, côte Ingrid Christensen, Terre Princesse Elizabeth, Antarctique de l'Est): Plan de gestion révisé.
Mesure 11 (2014)	Zone spécialement protégée de l'Antarctique n° 171 (pointe Narębski , péninsule Barton, île du roi George) : Plan de gestion révisé.
Mesure 12 (2014)	Zone spécialement protégée de l'Antarctique n° 174 (Stornes, Collines Larsemann, Terre Princesse-Elisabeth): Plan de gestion
Mesure 13 (2014)	Zone spécialement protégée de l'Antarctique n° 175 (zones géothermiques de haute altitude de la région de la mer de Ross) : Plan de gestion
Mesure 14 (2014)	Zones Spécialement Protégées de l'Antarctique n°1 (baie Admiralty, île du roi George) Plan de gestion révisé.
Mesure 15 (2014)	Zones Spécialement Protégées de l'Antarctique n° 6 (collines Larsemann, Antarctique de l'Est) : Plan de gestion révisé.
Mesure 16 (2014)	Zone spécialement protégée de l'Antarctique n°114 (île Northern Coronation, îles Orcades du Sud) : Plan de gestion révoqué.
Décision 1 (2014)	Mesures sur des questions opérationnelles désignées comme n'étant plus d'actualité
Décision 2 (2014)	Rapport du Secrétariat, programme et budget
Décision 3 (2014)	Plan de travail stratégique pluriannuel pour la Réunion consultative du Traité sur l'Antarctique
Résolution 1 (2014)	Stockage et maniement des carburants
Résolution 2 (2014)	Coopération, Facilitation et échange d'informations météorologiques et d'informations environnementales océanographiques et cryosphériques.
Résolution 3 (2014)	Promotion du Code polaire
Résolution 4 (2014)	Lignes directrices de sites pour les visiteurs
Résolution 5 (2014)	Renforcement de la coopération en hydrographie et cartographie marine dans les eaux antarctiques
Résolution 6 (2014)	Vers une évaluation basée sur les risques des activités touristiques et non gouvernementales.
Résolution 7 (2014)	Entrée en vigueur de la Mesure 4 (2004)

La Bulgarie accueillera en juin 2015 la 38ᵉ Réunion consultative du Traité sur l'Antarctique et la 18ᵉ Réunion du Comité pour la protection de l'environnement.

Lettre à l'OMI

SECRETAIRE GENERAL	SECRETARY-GENERAL	SECRETARIO GENERAL

21 mai 2014

Dr Manfred Reinke
Secrétaire exécutif
Secrétariat du Traité sur l'Antarctique
Maipu 757 Piso 4
C1006ACI Buenos Aires
Argentina

Cher Dr Reinke,

Je tiens à vous remercier pour votre courrier du 13 mai 2014 me faisant part de la résolution adoptée à la XXXVIIe Réunion consultative du Traité sur l'Antarctique. Votre appui dans l'élaboration d'un Code international pour les navires opérant dans les eaux polaires (Code polaire) est hautement apprécié.

Lors d'une récenteréunion, j'ai attiré l'attention du *Marine Safety Committee*(Comité de la sécurité maritime) sur cette résolution en faveur du Code polaire et suis ravi de vous informer que le Comité a réalisé de nouvelles avancées substantielles dans l'élaboration du Code.

Cordialement,

[Signature : illisible]

Koji Sekimizu
Secrétaire général

OFFICE OF THE SECRETARY-GENERAL   Direct line r44(0)20 587::!100   secretary-gtmeral imo.o1g

4 Albert Embankment • London SE1 7SR • United Kingdom • Switchboard +44 (0)20 7735 7611 • Fax +44 (0)20 7587 3210 • www.imo.org

203

M. Koji Sekimizu   7 mai 2014
Secrétaire général
Organisation maritime internationale (IMO)
4, Albert Embankment
London SE1 7SR
United Kingdom

XXXVIIᵉ Réunion consultative du Traité sur l'Antarctique

Cher M. Sekimizu,

Dans le cadre de leur travail lors de la 37ᵉ Réunion consultative du Traité sur l'Antarctique (XXXVIIᵉ RCTA) à Brasilia, au Brésil du 28 avril au 7 mai 2014, les Parties consultatives au Traité sur l'Antarctique ont salué l'élaboration par l'Organisation maritime internationale (IMO) d'un Code international pour les navires opérant dans les eaux polaires (« Code polaire »).

La XXXVIIᵉ RCTA reconnaît les avantages de l'existence d'un « Code polaire relatif à la sécurité des navires et à la protection de l'environnement ».

À la lumière de la pertinence du travail de l'IMO eu égard aux navires opérant dans les eaux polaires, j'ai l'honneur de vous faire parvenir copie de la Résolution encourageant l'IMO à poursuivre en priorité la tâche importante que constitue la finalisation du « Code polaire relatif à la sécurité des navires et à la protection de l'environnement » et, dans un second temps, à prendre en considération d'autres questions de sécurité et de protection de l'environnement, à déterminer par l'IMO.

Cordialement,

Dr Manfred Reinke
Secrétaire exécutif du Secrétariat du Traité sur l'Antarctique

Ordre du jour provisoire de la XXXVIIIᵉ RCTA

1. Ouverture de la réunion
2. Élections des membres du Bureau et création de groupes de travail
3. Adoption de l'ordre du jour et répartition des points qui y sont inscrits
4. Fonctionnement du système du Traité sur l'Antarctique : Rapports des Parties, observateurs et experts
5. Fonctionnement du système du Traité sur l'Antarctique : Questions générales
6. Fonctionnement du système du Traité sur l'Antarctique : Questions liées au Secrétariat
7. Plan de travail stratégique pluriannuel
8. Rapport du Comité pour la protection de l'environnement
9. Responsabilité : Application de la Décision 4 (2010)
10. Sécurité et opérations en Antarctique
11. Tourisme et activités non-gouvernementales dans la zone du Traité sur l'Antarctique, y compris les questions des autorités compétentes
12. Inspections effectuées en vertu du Traité sur l'Antarctique et du Protocole relatif à la protection de l'environnement
13. Questions scientifiques, coopération et facilitation scientifiques
14. Répercussions du changement climatique sur la gestion de la zone du Traité sur l'Antarctique
15. Questions éducatives
16. Échange d'informations
17. Prospection biologique en Antarctique
18. Préparatifs de la XXXIXᵉ réunion
19. Divers
20. Adoption du rapport final
21. Clôture de la réunion

DEUXIÈME PARTIE

Mesures, décisions et résolutions

1. Mesures

Zone spécialement protégée de l'Antarctique n° 113 (île Litchfield, port Arthur, archipel Palmer) : Plan de gestion révisé

Les représentants,

Rappelant les Articles 3, 5 et 6 de l'Annexe V du Protocole au Traité sur l'Antarctique relatif à la protection de l'environnement qui prévoient la désignation de zones spécialement protégées de l'Antarctique (« ZSPA ») et l'approbation de plans de gestion de ces zones ;

Rappelant

- La Recommandation VIII-1 (1975) qui a désigné l'île Litchfield, port Arthur, archipel Palmer comme zone spécialement protégée (« ZSP ») n° 17 et a mis en annexe la carte de la zone ;

- La Décision 1 (2002) qui a renommé et renuméroté la ZSP n°17 en ZSPA n°113 ;

- La Mesure 2 (2004) qui a adopté le plan de gestion de la ZSPA n°113 ;

- La Mesure 1 (2008) qui a désigné l'île Southwest Anvers et le bassin Palmer en tant que zone spécialement protégée de l'Antarctique n° 7 au sein de laquelle se trouve la ZSPA n°113 ;

- La Mesure 4 (2009) par laquelle était adopté le plan de gestion révisé de la ZSPA n°113 ;

Rappelant que la Recommandation VIII-1 (1975) a été désignée comme n'étant plus en vigueur par la Mesure 4 (2009) ;

Notant que le Comité pour la protection de l'environnement a approuvé un plan de gestion révisé de la ZSPA n°113 ;

Souhaitant remplacer le plan de gestion actuel de la ZSPA n°113 par le plan de gestion révisé ;

Recommandent à leurs Gouvernements d'approuver la Mesure suivante conformément au paragraphe 1 de l'Article 6 de l'Annexe V du Protocole au Traité sur l'Antarctique relatif à la protection de l'environnement :

Que :

1. Le plan de gestion révisé de la zone spécialement protégée de l'Antarctique n° 113 (île Litchfield, port Arthur, archipel Palmer), qui figure en annexe à la présente Mesure, soit approuvé ; et

2. Le plan de gestion révisé de la zone spécialement protégée de l'Antarctique n° 113 qui figure en annexe à la Mesure 4 (2009) soit abrogé.

Zone spécialement protégée de l'Antarctique n° 121
(Cap Royds, île de Ross) : Plan de gestion révisé

Les Représentants,

Rappelant les Articles 3, 5 et 6 de l'Annexe V du Protocole au Traité sur l'Antarctique relatif à la protection de l'environnement qui prévoient la désignation de zones spécialement protégées de l'Antarctique (« ZSPA ») et l'approbation de plans de gestion de ces zones ;

Rappelant

- La Recommandation VIII-4 (1975), qui a désigné le cap Royds, île de Ross comme site présentant un intérêt scientifique particulier (« SISP ») n° 1 et qui comportait ien annexe le plan de gestion du site ;

- La Recommandation X-6 (1979), la Recommandation XII-5 (1983), la Résolution 7 (1995) et la Mesure 2 (2000) qui ont prorogéla date d'expiration du SISP n°1 ;

- La Recommandation XIII 9 (1985) qui a mis en annexe le plan de gestion révisé du SISP n°1 ;

- La Décision 1 (2002), qui a renommé et renuméroté le SISP n°1 en ZSPA n°121 ;

- La Mesure 1 (2002) et la Mesure 5 (2009) par lesquelles ont été adoptés les plans de gestion révisés de la ZSPA n°121 ;

Rappelant que la Recommandation X-6 (1979), la Recommandation XII-5 (1983), la Recommandation XIII-9 (1985) et la Résolution 7 (1995) ont été désignées comme caduques par la Décision 1 (2011) ;

Rappelant que la Mesure 2 (2000) n'est pas entrée en vigueur et a été retirée par la Mesure 5 (2009) ;

Notant que le Comité pour la protection de l'environnement a approuvé un plan de gestion révisé de la ZSPA n°121 ;

Souhaitant remplacer le plan de gestion actuel de la ZSPA n°121 par le plan de gestion révisé ;

Recommandent à leurs Gouvernements d'approuver la Mesure suivante conformément au paragraphe 1 de l'Article 6 de l'Annexe V du Protocole au Traité sur l'Antarctique relatif à la protection de l'environnement :

Que :

1. Le plan de gestion révisé de la zone spécialement protégée de l'Antarctique n° 121 (Cap Royds, île de Ross), qui figure en annexe à la présente Mesure, soit approuvé ; et

2. Le plan de gestion révisé de la zone spécialement protégée de l'Antarctique n° 121 qui figure en annexe à la Mesure 5 (2009) soit abrogé.

Zone spécialement protégée de l'Antarctique n° 124
(Cap Crozier, île de Ross) : Plan de gestion révisé

Les Représentants,

Rappelant les Articles 3, 5 et 6 de l'Annexe V du Protocole au Traité sur l'Antarctique relatif à la protection de l'environnement qui prévoient la désignation de zones spécialement protégées de l'Antarctique (« ZSPA ») et l'approbation de plans de gestion de ces zones ;

Rappelant

- La Recommandation IV-6 (1966), qui a désigné le Cap Crozier, île de Ross comme zone spécialement protégée (« ZSP ») n° 6 et qui comportait en annexe la carte de la zone ;

- La Recommandation VIII-2 (1975) qui a mis un terme à la Recommandation IV-6 (1966) ;

- La Recommandation VIII-4 (1975), qui a désigné le Cap Crozier, île de Ross comme sites présentant un intérêt scientifique particulier (« SISP ») n° 4 et a mis en annexe le plan de gestion du site ;

- La Recommandation X-6 (1979), la Recommandation XII-5 (1983), la Recommandation XIII-7 (1985), la Recommandation XVI-7 (1991) et la Mesure 3 (2001) qui ont prorogé la date d'expiration du SISP n°4 ;

- La Décision 1 (2002) qui a renommé et renuméroté le SISP n°4 en ZSPA n°124 ;

- La Mesure 1 (2002) et la Mesure 7 (2008) par lesquelles ont été adoptés les plans de gestion révisés de la ZSPA n°124 ;

Rappelant que la Recommandation VIII-2 (1975), la Recommandation X-6 (1979), la Recommandation XII-5 (1983), la Recommandation XIII-7 (1985) et la Recommandation XVI-7 (1991) ont été désignées comme caduques par la Décision 1 (2011) ;

Rappelant que la Mesure 3 (2001) n'est pas entrée en vigueur et a été retirée par la Mesure 4 (2011) ;

Notant que le Comité pour la protection de l'environnement a approuvé un plan de gestion révisé de la ZSPA n°124 ;

Souhaitant remplacer le plan de gestion actuel de la ZSPA n°124 par le plan de gestion révisé ;

Recommandent à leurs Gouvernements d'approuver la Mesure suivante conformément au paragraphe 1 de l'Article 6 de l'Annexe V du Protocole au Traité sur l'Antarctique relatif à la protection de l'environnement :

Que :

1. Le plan de gestion révisé de la zone spécialement protégée de l'Antarctique n° 124 (Cap Crozier, île de Ross), qui figure en annexe à la présente Mesure, soit approuvé ; et

2. Le plan de gestion révisé de la zone spécialement protégée de l'Antarctique n° 124 qui figure en annexe à la Mesure 7 (2008) abrogé.

Zone spécialement protégée de l'Antarctique n° 128
(côte occidentale de la baie de l'Amirauté, île du Roi George, îles Shetland du Sud) : Plan de gestion révisé

Les Représentants,

Rappelant les Articles 3, 5 et 6 de l'Annexe V du Protocole au Traité sur l'Antarctique relatif à la protection de l'environnement qui prévoient la désignation de zones spécialement protégées de l'Antarctique (« ZSPA ») et l'approbation de plans de gestion de ces zones ;

Rappelant

- La Recommandation X-5 (1979), qui a désigné la côte occidentale de la baie de l'Amirauté, île du Roi George comme sites présentant un intérêt scientifique particulier (« SISP ») n° 8 et a mis en annexe le plan de gestion du site ;

- La Recommandation X-6 (1979), la Recommandation XII-5 (1983), la Recommandation XIII-7 (1985) et la Résolution 7 (1985) qui ont prorogé la date d'expiration du SISP n°8 ;

- La Mesure 1 (2000), qui a adopté le plan de gestion révisé du SISP n°8 ;

- La Décision 1 (2002), qui a renommé et renuméroté le SISP 8 en ZSPA n°128 ;

- La Mesure 2 (2006), qui a désigné la baie de l'Amirauté, île du Roi Georges comme zone gérée spéciale de l'Antarctique (« ZGSA ») n° 1 au sein de laquelle se trouve la ZSPA n°128 ;

Rappelant que la Recommandation X-15 (1979), la Recommandation XII-5 (1983), la Recommandation XIII-7 (1985) et la Résolution 7 (1995) ont été désignées comme caduques par la Décision 1 (2011) ;

Rappelant que la Mesure 1 (2000) n'est pas encoreentrée en vigueur ;

Notant la Mesure 14 (2014) qui a adopté le plan de gestion révisé de la ZGSA n°1 ;

Notant que le Comité pour la protection de l'environnement a approuvé un plan de gestion révisé de pour la ZSPA n°128 ;

Souhaitant remplacer le plan de gestion actuel de la ZSPA n°128 par le plan de gestion révisé ;

Recommandent à leurs Gouvernements d'approuver la Mesure suivante conformément au paragraphe 1 de l'Article 6 de l'Annexe V du Protocole au Traité sur l'Antarctique relatif à la protection de l'environnement ;

Que :

1. Le plan de gestion révisé de la zone spécialement protégée de l'Antarctique n° 128 (côte occidentale de la baie de l'Amirauté, île du Roi George, îles Shetland du Sud), qui figure en annexe à la présente Mesure, soit approuvé ; et

2. Le plan de gestion de la ZSPA n°128 qui figure en annexe à la Mesure 1 (2000), qui n'est pas entré en vigueur, soit retiré.

Zone spécialement protégée de l'Antarctique n° 136
(péninsule Clark, côte Budd, Terre Wilkes, Antarctique de l'Est) : Plan de gestion révisé

Les Représentants,

Rappelant les Articles 3, 5 et 6 de l'annexe V du Protocole au Traité sur l'Antarctique relatif à la protection de l'environnement qui prévoient la désignation de zones spécialement protégées de l'Antarctique (« ZSPA ») et l'approbation de plans de gestion de ces zones ;

Rappelant

- La Recommandation XIII-8 (1985), qui a désigné la péninsule Clark, côte Budd, Terre Wilkes comme site présentant un intérêt scientifique particulier (« SISP ») n° 17 et a mis en Annexe le plan de gestion du site ;

- La Résolution 7 (1995) qui a prorogé la date d'expiration du SISP n°17 ;

- La Mesure 1 (2000), qui a adopté le plan de gestion révisé du SISP n°17 ;

- La Décision 1 (2002), qui a renommé et renuméroté le SISP n°17 en ZSPA n°136 ;

- La Mesure 1 (2006) et la Mesure 7 (2009) par lesquelles ont été adoptés les plans de gestion révisés de la ZSPA n°136 ;

Rappelant que la Résolution 7 (1995) a été désignée comme caduque par la Décision 1 (2011) ;

Rappelant que la Mesure 1 (2000) n'est pas encore entrée en vigueur ;

Notant que le Comité pour la protection de l'environnement a approuvé un plan de gestion révisé de la ZSPA n°136 ;

Souhaitant remplacer le plan de gestion actuel de la ZSPA n°136 par le plan de gestion révisé ;

Recommandent à leurs Gouvernements d'approuver la Mesure suivante conformément au paragraphe 1 de l'Article 6 de l'Annexe V du Protocole au Traité sur l'Antarctique relatif à la protection de l'environnement ;

Que :

1. Le plan de gestion révisé de la zone spécialement protégée de l'Antarctique n° 136 (péninsule Clark, côte Budd, Terre Wilkes, Antarctique de l'Est), qui figure en annexe à la présente Mesure, soit approuvé ; et

2. Le plan de gestion révisé de la zone spécialement protégée de l'Antarctique n° 136 qui figueur en annexe à la Mesure 7 (2009) abrogé.

Zone spécialement protégée de l'Antarctique n° 139
(pointe Biscoe, île Anvers, archipel Palmer) :
Plan de gestion révisé

Les Représentants,

Rappelant les Articles 3, 5 et 6 de l'Annexe V du Protocole au Traité sur l'Antarctique relatif à la protection de l'environnement qui prévoient la désignation de zones spécialement protégées de l'Antarctique (« ZSPA ») et l'approbation de plans de gestion de ces zones ;

Rappelant

- La Recommandation XIII-8 (1985), qui a désigné la pointe Biscoe, île Anvers, archipel Palmer comme site présentant un intérêt scientifique particulier (« SISP ») n° 20 et a mis en Annexe le plan de gestion du site ;

- La Résolution 3 (1996) et la Mesure 2 (2000) qui ont prorogé la date d'expiration du SISP n°20 ;

- La Décision 1 (2002), qui a renommé et renuméroté le SISP n°20 en ZSPA n°139 ;

- La Mesure 2 (2004) et la Mesure 7 (2010), qui ont adopté les plans de gestion révisés de la ZSPA n°139 ;

Rappelant que la Résolution 3 (1996) a été désignée comme caduque par la Décision 1 (2011) ;

Rappelant que la Mesure 2 (2000) n'est pas entrée en vigueur et a été retirée par la Mesure 5 (2009) ;

Notant que le Comité pour la protection de l'environnement a approuvé un plan de gestion révisé de la ZSPA n°139 ;

Souhaitant remplacer le plan de gestion actuel de la ZSPA n°139 par le plan de gestion révisé ;

Recommandent à leurs Gouvernements d'approuver la Mesure suivante conformémentau paragraphe 1 de l'Article 6 de l'Annexe V du Protocole au Traité sur l'Antarctique relatif à la protection de l'environnement :

Que :

1. Le plan de gestion révisé de la zone spécialement protégée de l'Antarctique n° 139 (pointe Biscoe, île Anvers, archipel Palmer), qui figure en annexe à la présente Mesure, soit approuvée ; et

2. Le plan de gestion révisé de la zone spécialement protégée de l'Antarctique n° 139 qui figueur en annexe à la Mesure 7 (2010) abrogé.

Zone spécialement protégée de l'Antarctique n° 141 (vallée Yukidori, Langhovde, baie de Lützow-Holm) : Plan de gestion révisé

Les Représentants,

Rappelant les Articles 3, 5 et 6 de l'Annexe V du Protocole au Traité sur l'Antarctique relatif à la protection de l'environnement qui prévoient la désignation de zones spécialement protégées de l'Antarctique (« ZSPA ») et l'approbation de plans de gestion de ces zones ;

Rappelant

- La Recommandation XIV-5-4 (1987), qui a désigné la vallée Yukidori, Langhovde, baie de Lützow-Holm comme site présentant un intérêt scientifique particulier (« SISP ») n° 22 et a mis en annexe le plan de gestion du site ;

- La Recommandation XVI-7 (1991) qui a prorogé la date d'expiration du SISP n°22 ;

- La Mesure 1 (2000), qui a adopté le plan de gestion révisé du SISP n°22 ;

- La Décision 1 (2002), qui a renommé et renuméroté le SISP n°22 en ZSPA n°141 ;

Rappelant que la Recommandation XVI-7 (1991) a été désignée comme caduque par la Décision 1 (2011) ;

Rappelant que la Mesure 1 (2000) n'est pas encoreentrée en vigueur :

Notant que le Comité pour la protection de l'environnement a approuvé un plan de gestion révisé de la ZSPA n°141 ;

Souhaitant remplacer le plan de gestion actuel de la ZSPA n°141 par le plan de gestion révisé ;

Recommandent à leurs Gouvernements d'approuver la Mesure suivante conformément au paragraphe 1 de l'Article 6 de l'Annexe V du Protocole au Traité sur l'Antarctique relatif à la protection de l'environnement ;

Que :

1. Le plan de gestion révisé de la zone spécialement protégée de l'Antarctique n° 141 (vallée Yukidori, Langhovde, baie de Lützow-Holm), qui figure en annexe à la présente Mesure, soit approuvé ; et

2. Le plan de gestion de la zone spécialement protégée de l'Antarctique n° 141 qui figure en annexe à la Mesure 1 (2000), qui n'est pas entrée en vigueur, soit retiré.

Zone spécialement protégée de l'Antarctique n° 142
(Svarthamaren) : Plan de gestion révisé

Les Représentants,

Rappelant les Articles 3, 5 et 6 de l'Annexe V du Protocole au Traité sur l'Antarctique relatif à la protection de l'environnement qui prévoient la désignation de zones spécialement protégées de l'Antarctique (« ZSPA ») et l'approbation de plans de gestion de ces zones ;

Rappelant

- La Recommandation XIV-5 (1987) qui a désigné Svarthamaren comme site présentant un intérêt scientifique particulier (« SISP ») n° 23 et a mis en annexe le plan de gestion du site ;

- Résolution 3 (1996) qui a prorogé la date d'expiration du SISP n°23 ;

- La Mesure 1 (1999), qui a adopté le plan de gestion révisé du SISP n°23 ;

- La Décision 1 (2002), qui a renommé et renuméroté le SISP n°23 en ZSPA n°142 ;

- La Mesure 2 (2004) et la Mesure 8 (2009), qui ont adopté les Pplans de gestion révisés de la ZSPA n°142 ;

Rappelant que la Résolution 3 (1996) a été désignée comme caduque par la Décision 1 (2011) ;

Rappelant que la Mesure 1 (1999) n'est pas entrée en vigueur et a été retirée par la Mesure 8 (2009) ;

Notant que le Comité pour la protection de l'environnement a approuvé un plan de gestion révisé de la ZSPA n°142 ;

Souhaitant remplacer le plan de gestion actuel de la ZSPA n°142 par le plan de gestion révisé ;

Recommandent à leurs Gouvernements d'approuver la Mesure suivante conformément au paragraphe 1 de l'Article 6 de l'Annexe V du Protocole au Traité sur l'Antarctique relatif à la protection de l'environnement :

Que :

1. Le plan de gestion révisé de la zone spécialement protégée de l'Antarctique n° 142 (Svarthamaren), qui figure en annexe à la présente Mesure, soit approuvé ; et

2. Le plan de gestion révisé de la zone spécialement protégée de l'Antarctique n° 142 qui figure en annexe à la Mesure 8 (2009) abrogé.

Zone spécialement protégée de l'Antarctique n° 162
(Cabanes de Mawson, Cap Denison, Baie du Commonwealth, Terre de George V, Antarctique de l'Est) : Plan de gestion révisé

Les Représentants,

Rappelant les Articles 3, 5 et 6 de l'Annexe V du Protocole au Traité sur l'Antarctique relatif à la protection de l'environnement qui prévoient la désignation de zones spécialement protégées de l'Antarctique (« ZSPA ») et l'approbation de plans de gestion de ces zones ;

Rappelant

- La Mesure 2 (2004) qui a désigné les Cabanes de Mawson, Cap Denison, Baie du Commonwealth, Terre de George V, Antarctique de l'Est en tant que Zone spécialement protégée de l'Antarctique n°162 et a adopté un plan de gestion de la zone ;

- La Mesure 1 (2004), qui a désigné les Cabanes de Mawson, Cap Denison, Baie du Commonwealth, Terre de George V, Antarctique de l'Est comme zone gérée spéciale de l'Antarctique (« ZGSA ») n° 3 au sein de laquelle se situe la ZSPA n°162 ;

- La Mesure 3 (2004), qui a ajouté le site et monument historique n° 77 (Cap Denison), situé en partie dans la ZSPA n°162, à la liste des sites et monuments historiques ;

- La Mesure 1 (2009) qui a adopté le plan de gestion révisé de la ZGSA n°3 ;

- La Mesure 12 (2009) qui a adopté le plan de gestion révisé de la ZSPA n°162 ;

Notant que le Comité pour la protection de l'environnement a approuvé un plan de gestion révisé de la ZSPA n°162 ;

Souhaitant remplacer le plan de gestion actuel de la ZSPA n°162 par le Plan de gestion révisé et par conséquent de mettre fin à la ZGSA n°3 ;

Recommandent à leurs Gouvernements d'approuver la Mesure suivante conformément au paragraphe 1 de l'Article 6 de l'Annexe V du Protocole au Traité sur l'Antarctique relatif à la protection de l'environnement :

Que :

1. Le plan de gestion révisé de la zone spécialement protégée de l'Antarctique n° 162 (Cabanes de Mawson, Cap Denison, Baie du Commonwealth, Terre de George V, Antarctique de l'Est), qui figure en annexe à la présente Mesure, soit approuvé ;

2. Le plan de gestion révisé de la zone spéciale protégée de l'Antarctique n° 162 qui figure en annexe à la Mesure 12 (2009) abrogé ;

3. La Mesure 1 (2004) soit désignée comme caduque ;

4. Le plan de gestion de la zone gérée spéciale de l'Antarctique n° 3 (Cap Denison, Baie du Commonwealth, Terre de George V, Antarctique de l'Est) qui figureen annexe à la Mesure 1 (2009) abrogé ; et

5. La désignation de zone gérée spéciale de l'Antarctique n° 3 ne soit plus utilisée à l'avenir.

Zone spécialement protégée de l'Antarctique n° 169 (Baie Amanda, côte Ingrid Christensen, Terre Princesse Elizabeth, Antarctique de l'Est) : Plan de gestion révisé

Les Représentants,

Rappelant les Articles 3, 5 et 6 de l'Annexe V du Protocole au Traité sur l'Antarctique relatif à la protection de l'environnement qui prévoient la désignation de zones spécialement protégées de l'Antarctique (« ZSPA ») et l'approbation de plans de gestion de ces zones ;

Rappelant la Mesure 3 (2008) qui a désigné la Baie Amanda, côte Ingrid Christensen, Terre Princesse Elizabeth, Antarctique de l'Est comme la ZSPA n° 169 et a adopté un plan de gestion de la zone ;

Notant que le Comité pour la protection de l'environnement a approuvé un plan de gestion révisé de la ZSPA n° 169 ;

Souhaitant remplacer le plan de gestion actuel de la ZSPA n° 169 par le plan de gestion révisé ;

Recommandent à leurs Gouvernements d'approuver la Mesure suivante conformément au paragraphe 1 de l'Article 6 de l'Annexe V du Protocole au Traité sur l'Antarctique relatif à la protection de l'environnement :

Que :

1. Le plan de gestion révisé de la zone spécialement protégée de l'Antarctique n° 169 (Baie Amanda, côte Ingrid Christensen, Terre Princesse Elizabeth, Antarctique de l'Est), qui figure en annexe à la présente Mesure, soit approuvé ; et

2. Le plan de gestion révisé de la zone spécialement protégée de l'Antarctique n° 169 qui figure en annexe à la Mesure 3 (2008) abrogé.

Zone spécialement protégée de l'Antarctique n° 171 (pointe Narebski, péninsule Barton, île du Roi George) : Plan de gestion révisé

Les représentants,

Rappelant les Articles 3, 5 et 6 de l'Annexe V du Protocole au Traité sur l'Antarctique relatif à la protection de l'environnement qui prévoient la désignation de zones spécialement protégées de l'Antarctique (« ZSPA ») et l'approbation de plans de gestion de ces zones ;

Rappelant a Mesure 13 (2009) qui a désigné la pointe Narebski, péninsule Barton, île du Roi George comme la ZSPA n°171 et a adopté un plan de gestion de la zone ;

Notant que le Comité pour la protection de l'environnement a approuvé un plan de gestion révisé de la ZSPA n°171 ;

Souhaitant remplacer le plan de gestion actuel de la ZSPA n°171 par le plan de gestion révisé ;

Recommandent à leurs Gouvernements d'approuver la Mesure suivante conformément au paragraphe 1 de l'Article 6 de l'Annexe V du Protocole au Traité sur l'Antarctique relatif à la protection de l'environnement :

Que :

1. Le plan de gestion révisé de la zone spécialement protégée de l'Antarctique n° 171 (pointe Narebski, péninsule Barton, île du Roi George), qui figure en annexe à la présente Mesure, soit approuvé ; et

2. Le plan de gestion révisé de la zone spécialement protégée de l'Antarctique n° 171 qui figureen annexe à la Mesure 13 (2009) abrogé.

Zone spécialement protégée de l'Antarctique n° 174
(Stornes, Collines Larsemann, Terre Princesse Elisabeth) : Plan de gestion révisé

Les représentants,

Rappelant les Articles 3, 5 et 6 de l'Annexe V du Protocole au Traité sur l'Antarctique relatif à la protection de l'environnement qui prévoient la désignation de zones spécialement protégées de l'Antarctique (« ZSPA ») et l'approbation de plans de gestion de ces zones ;

Rappelant la Mesure 2 (2007) qui a désigné les Collines Larsemann, Antarctique oriental comme zone gérée spéciale de l'Antarctique (« ZGSA ») n° 6 et adopté un plan de gestion de la zone, lequel a désigné Stornes comme zone d'accès restreint et a noté qu'il serait pris en considération la possibilité de désigner Stornes comme ZSPA ;

Notant la Mesure 15 (2014) qui a adopté le plan de gestion révisé de la ZGSA n°6 ;

Notant que le Comité pour la protection de l'environnement a approuvé la proposition de faire une nouvelle ZSPA de Stornes, Collines Larsemann, Terre Princesse Elisabeth qui se situerait au sein de la ZGSA n°6 et a approuvé le plan de gestion qui figure en annexe à la Mesure ;

Reconnaissant que cette zone comprend des valeurs environnementales, scientifiques, historiques, esthétiques ou liées à son état naturel exceptionnel, ou de travaux de recherche scientifique en cours ou en projet et qu'elle devrait bénéficier d'une protection spéciale ;

Désireux de désigner Stornes, Collines Larsemann, Terre Princesse Elisabeth comme ZGSA et approuver le plan de gestion de la zone ;

Recommandent à leurs Gouvernements d'approuver la Mesure suivante conformémentau paragraphe 1 de l'Article 6 de l'Annexe V du Protocole au Traité sur l'Antarctique relatif à la protection de l'environnement :

Que :

1. Stornes, Collines Larsemann, Terre Princesse Elisabeth soit désigné comme zone spécialement protégée de l'Antarctique n° 174 ;

2. Le plan de gestion, qui figure en annexe à la présente Mesure soit approuvé.

Zone spécialement protégée de l'Antarctique n° 175
(zones géothermiques de haute altitude de la région de la mer de Ross) : Plan de gestion révisé

Les représentants,

Rappelant les Articles 3, 5 et 6 de l'Annexe V du Protocole au Traité sur l'Antarctique relatif à la protection de l'environnement qui prévoient la désignation de zones spécialement protégées de l'Antarctique (« ZSPA ») et l'approbation de plans de gestion de ces zones ;

Rappelant

- La Recommandation XIV-5 (1987) qui a désigné le Sommet du Mont Melbourne, Terre Victoria comme site présentant un intérêt scientifique particulier (« SISP ») n° 24 et a mis en annexe le plan de gestion du site ;

- La Résolution 3 (1996) et la Mesure 2 (2000) qui ont prorogé les dates d'expiration du SISP n°24 ;

- La Recommandation XVI-8 (1991), qui a désigné la Crête Cryptogram, située au sein du SISP n°24 comme zone spécialement protégée (« ZSP ») n° 22 et a mis en Annexe un plan de gestion de la zone ;

- La Recommandation XIII-8 (1985), qui a désigné la Tramway Ridgecomme SISP n°11, et la Mesure 2 (1995) et la Mesure 3 (1997), qui ont adopté les plans révisés de gestion du site ;

- La Décision 1 (2002), qui a renommé, renuméroté et fusionné la SISP n°24 et la ZSP n°22 en la ZSPA n° 118 (Sommet du Mont Melbourne, Terre Victoria), et renommé et renuméroté le SISP n°11 en ZGSA n°130 ;

- La Mesure 2 (2003) et la Mesure 5 (2008) qui ont adopté les plans de gestion révisés de la ZSPA n°118 ;

- La Mesure 1 (2002) qui a adopté le plan de gestion révisé de la ZSPA n°130 ;

Rappelant que la Recommandation XVI-8 (1991), la Mesure 2 (1995) et la Mesure 3 (1997) ont été désignées comme caduques par la Décision 1 (2011) ;

Notant que le Comité pour la protection de l'environnement a approuvé une nouvelle ZSPA pour les zones géothermiques de haute altitude de la région de la mer de Ross au sein de laquelle se situent les ZSPA n°118 et n°130 et a approuvé le plan de gestion qui figure en annexe à la Mesure ;

Reconnaissant que cette one comprend des valeurs environnementales, scientifiques, historiques, esthétiques ou liées à son état naturel exceptionnel, ou de travaux de recherche scientifique en cours ou en projet et qu'elle devrait bénéficier d'une protection spéciale ;

Souhaitant désigner les zones géothermiques de haute altitude de la région de la mer de Ross comme ZSPA n°175, en fusionnant les ZSPA n°118 et n°130, et approuver le plan de gestion de la zone ;

Recommandent à leurs Gouvernements d'approuver la Mesure suivante conformément au paragraphe 1 de l'Article 6 de l'Annexe V du Protocole au Traité sur l'Antarctique relatif à la protection de l'environnement :

Que :

1. Les zones géothermiques de haute altitude de la région de la mer de Ross soit désignées comme zone spécialement protégée de l'Antarctique n° 175 ;

2. Le plan de gestion, qui est figure en annexe à la présente Mesure soit approuvé ;

3. La Recommandation XIV-5 (1987) et la Recommandation XIII-8 (1985) soient désignées comme caduques ;

4. Le plan de gestion de la Zone spécialement protégée de l'Antarctique n° 118 qui figure en annexe à la Mesure 5 (2008), et le plan de gestion de la zone spécialement protégée de l'Antarctique n° 130 qui figure en annexe à la Mesure 1 (2002) abrogés ; et

5. La désignation de zones spécialement protégées de l'Antarctique n° 118 et n° 130 ne soit plus utilisée à l'avenir.

Zone spécialement protégée de l'Antarctique n° 1
(Baie de l'Amirauté, île du Roi George) :
Plan de gestion révisé

Les représentants,

Rappelant les Articles 4, 5 et 6 de l'Annexe V du Protocole au Traité sur l'Antarctique relatif à la protection de l'environnement qui prévoient la désignation de zones gérées spéciales de l'Antarctique (« ZGSA ») et l'approbation de plans de gestion de ces zones ;

Rappelant

- La Recommandation X-5 (1979), qui a désigné la côte occidentale de la Baie de l'Amirauté comme site présentant un intérêt scientifique particulier n° 8, et la Décision 1 (2002), qui a renommé et renuméroté le site en zone spécialement protégée de l'Antarctique (« ZSPA ») n° 128 ;

- Rappelant la Mesure 3 (2003), qui a ajouté le site et monument historique (« SMH ») n° 51 de la tombe de Puchalski à la liste des sites et monuments historiques;

- La Mesure 2 (2006), qui a désigné la Baie de l'Amirauté, île du Roi George comme ZGSA n° 1 au sein de laquelle se situent la ZSPA n°128 et le SMH n°51, et adopté le plan de gestion de la zone ;

Notant la Mesure E (2014) qui a adopté le plan de gestion révisé de la ZSPA n°128 ;

Notant que le Comité pour la protection de l'environnement a approuvé un plan de gestion révisé de la ZGSA n°1 ;

Souhaitant remplacer le plan de gestion actuel de la ZGSA n°1 par le plan de gestion révisé ;

Recommandent à leurs Gouvernements d'approuver la Mesure suivante conformément au paragraphe 1 de l'Article 6 de l'Annexe V du Protocole au Traité sur l'Antarctique relatif à la protection de l'environnement :

Que :

1. Le plan de gestion révisé de la zone gérée spéciale de l'Antarctique n° 1 (Baie de l'Amirauté, île du Roi George), qui figure en annexe à la présente Mesure, soit approuvé ; et

2. Le plan de gestion révisé de la zone gérée spéciale de l'Antarctique n° 1 qui figure en annexe à la Mesure 2 (2006) abrogé.

Zone spécialement protégée de l'Antarctique n° 6
(Collines Larsemann, Antarctique oriental) :
Plan de gestion révisé

Les représentants,

Rappelant les Articles 4, 5 et 6 de l'Annexe V du Protocole au Traité sur l'Antarctique relatif à la protection de l'environnement qui prévoient la désignation de zones gérées spéciales de l'Antarctique (« ZGSA ») et l'approbation de plans de gestion de ces zones ;

Rappelant la Mesure 2 (2007), qui a désigné les Collines Larsemann, Antarctique oriental en tant que ZGSA n° 6 ;

Notant que le Comité pour la protection de l'environnement a approuvé un plan de gestion pour la ZGSA n°6 ;

Souhaitant remplacer le plan de gestion actuel de la ZGSA n°6 par le plan de gestion révisé ;

Recommandent à leurs Gouvernements d'approuver la Mesure suivante conformément au paragraphe 1 de l'Article 6 de l'Annexe V du Protocole au Traité sur l'Antarctique relatif à la protection de l'environnement :

Que :

1. Le plan de gestion révisé de la zone gérée spéciale de l'Antarctique n° 6 (Collines Larsemann, Antarctique oriental), qui figure en annexe à la présente Mesure, soit approuvé ; et

2. Le plan de gestion révisé de la zone gérée spéciale de l'Antarctique n° 6 qui figure en annexe à la Mesure 2 (2007) abrogé.

Zone spécialement protégée de l'Antarctique n° 114
(île Coronation du Nord, îles Orcades du Sud) : Plan de gestion révisé

Les représentants,

Rappelant les Articles 3, 5 et 6 de l'Annexe V du Protocole au Traité sur l'Antarctique relatif à la protection de l'environnement qui prévoient la désignation de zones spécialement protégées de l'Antarctique (« ZSPA ») et l'approbation de plans de gestion de ces zones ;

Rappelant

- La Recommandation XIII-10 (1985) qui a désigné l'île Coronation du Nord, îles Orcades du Sud comme zones spécialement protégées (« ZSP ») n° 18 et a mis en annexe la carte de la zone ;

- La Recommandation XVI-6 (1991), qui a mis en Annexe le plan de gestion révisé de la ZSP n°18 ;

- La Décision 1 (2002) qui a renommé et renuméroté la ZSP n°18 en ZSPA n°114 ;

- La Mesure 2 (2003) qui a adopté le plan de gestion de la ZSPA n°114 ;

Rappelant que la Recommandation XIII-10 (1985) a été désignée comme n'étant plus en vigueur par la Décision 1 (2011) ;

Rappelant que la Recommandation XVI-6 (1991) n'est pas encoreentrée en vigueur ;

Notant que le Comité pour la protection de l'environnement a examiné le bien-fondé de la protection supplémentaire qu'offre le statut de ZSPA à l'île Coronation du Nord, îles Orcades du Sud ;

Souhaitant mettre à jour le statut de la ZSPA n°114 ;

Recommandent à leurs Gouvernements d'approuver la Mesure suivante conformément au paragraphe 1 de l'Article 6 de l'Annexe V du Protocole au Traité sur l'Antarctique relatif à la protection de l'environnement :

Que :

1. Le plan de gestion révisé de la zone spécialement protégée de l'Antarctique n° 114 qui figure en annexe à la Mesure 2 (2003) soit abrogé; et

2. La désignation de zone spécialement protégée de l'Antarctique n° 114 ne soit plus utilisée à l'avenir.

2. Décisions

Mesures portant sur des aspects opérationnels désignées comme caduques

Les Représentants,

Rappelant la Décision 3 (2002), la Décision 1 (2007), la Décision 1 (2011) et la Décision 1 (2012) qui ont établi des listes de mesures* qui ont été désignées comme dépassées ou caduques ;

Notant la Résolution 1 (2014), la Résolution 2 (2014) et la Résolution 5 (2014) ;

Ayant examiné un certain nombre de mesures portant sur des aspects opérationnels ;

Reconnaissant que les mesures dont la liste figure en annexe à la présente Décision ne sont caduques ;

Décident :

1. que les mesures dont la liste figure à en annexe à la présente Décision ne nécessitent plus d'action de la part des Parties ; et

2. de demander au Secrétariat du Traité sur l'Antarctique d'afficher sur son site internet le texte des mesures dont la liste figure en annexe à la présente Décision en indiquant clairement que ces mesures sont caduques et qu'elles n'appellent plus d'action de la part des Parties.

---

* Remarque : les mesures préalablement adoptées en vertu de l'article IX du Traité sur l'Antarctique ont été décrites comme étant des Recommandations jusqu'à la XIXe RCTA (1995) et ont été divisées en Mesures, Décisions et Résolutions en vertu de la Décision 1 (1995).

Mesures relatives aux questions opérationnelles désignées comme caduques

1. Renforcement de la coopération lors de campagnes de relevés hydrographiques et du processus de cartographie des eaux de l'Antarctique

   • Recommandation XV-19 (1989)

   • Résolution 1 (1995)

   • Résolution 3 (2003)

   • Résolution 5 (2008)

   • Résolution 2 (2010)

2. Coopération, facilitation, et échange d'informations météorologique, océanographique et cryosphérique connexes sur l'environnement :

   • Recommandation V-2 (1968)

   • Recommandation VI-1 (1970)

   • Recommandation VI-3 (1970)

   • Recommandation XII-1 (1983)

   • Recommandation XIV-7 (1987)

   • Recommandation XIV-10 (1987)

   • Recommandation XV-18 (1989)

3. Stockage et manutention des combustibles :

   • Résolution 6 (1998)

   • Résolution 3 (2005)

4. Échange d'informations sur les problèmes logistiques :

   • Recommandation I-VII (1961)

Rapport du Secrétariat, programme et budget

Les Représentants,

Rappelant la Mesure 1 (2003) portant création du Secrétariat du Traité sur l'Antarctique (« le Secrétariat ») ;

Rappelant la Décision 2 (2012) portant création du Groupe de contact intersessions à durée indéterminée (« GCI ») sur les questions financières qui sera convoqué par le pays hôte de la prochaine Réunion consultative du Traité sur l'Antarctique ;

Tenant compte des règlements financiers du Secrétariat qui figurent en annexe à la Décision 4 (2003) ;

Décident :

1. d'approuver le rapport financier certifié pour l'exercice 2012/13, qui figure en annexe à la présente Décision (annexe 1) ;

2. de prendre note du rapport du Secrétariat pour 2013/14 (SP2), qui comprend le rapport financier prévisionnel pour 2013/14 mis en annexe à la présente Décision (annexe 2) ;

3. de prendre en compte le profil budgétaire prévisionnel sur 5 ans pour les années 2014 à 2018, et d'approuver le programme du Secrétariat, qui comprend le budget pour l'exercice 2014/15 qui figure en annexe à la présente Décision (annexe 3) ; et

4. d'inviter le pays hôte de la prochaine Réunion consultative du Traité sur l'Antarctique (« RCTA ») à prier le Secrétaire exécutif d'ouvrir le forum de la RCTA pour le GCI sur les questions financières et de lui apporter l'assistance dont il aurait besoin.

Rapport financier vérifié 2012/2013

RAPPORT DE L'AUDITEUR

A l'attention du Secrétaire du Secrétariat du Traité sur l'Antarctique

Maipú 757, 4e étage

CUIT 30-70892567-1

Objet : XXXVIIᵉ Réunion Consultative du Traité sur l'Antarctique 2014 - Brasilia, Brésil

1. Rapport sur les états financiers

Nous avons audité les états financiers du Secrétariat du Traité sur l'Antarctique joints au présent rapport, lesquels comprennent : la situation des recettes et des dépenses, état de position financière, l'évolution de l'actif net, les flux de trésorerie et l'utilisation des fonds et les notes explicatives relatives aux états financiers pour la période allant du 1er avril 2012 au 31 mars 2013.

2. Responsabilité de la direction concernant les états financiers

Le Secrétariat du Traité sur l'Antarctique, créé conformément à la Loi argentine n°25 888 du 14 mai 2004, est chargé de préparer et de présenter ces états financiers conformément aux normes internationales de comptatibilité ainsi qu'aux normes spécifiques aux Réunions Consultatives du Traité sur l'Antarctique. Cette responsabilité consiste en: l'élaboration, la mise en œuvre on et le maintien des dispositions relatives au contrôle interne de l'élaboration et de présentation sincère des états financiers de telle sorte que le rapport des états financiers ne soit pas sujet à caution pour cause de fraude ou d'erreur. La responsabilité implique également le choix et l'application de politiques comptables appropriées et l'élaboration d'une comptabilité prévisionnelle raisonnable pour les circonstances.

3. Responsabilité de l'auditeur

Notre responsabilité consiste à émettre une opinion sur ces états financiers en fonction de l'audit qui a été effectué.

L'audit a été réalisé conformément aux normes internationales d'audit et à l'Annexe à la Décision 3 (2008) de la XXXIe Réunion consultative du Traité sur l'Antarctique laquelle décrit les tâches dede l'audit externe.

Ces normes requièrent le respect de règles éthiques ainsi que la planification et l'exécution de l'audit de manière à apporter la garantie raisonnable que les états financiers sont exempts de fausses déclarations.

Un audit implique par ailleurs l'exécution de procédures dont le but est de réunir des preuves concernant les montants et les postes de transactions renseignés dans les états financiers. Les procédures sont retenues à la discrétion de l'auditeur et comportent notamment l'évaluation des risques de fausses déclarations liées à la fraude ou à l'erreur.

Dans le cadre de l'évaluation de tels risques, l'auditeur prend en compte le contrôle interne de l'élaboration et de la présentation objective des états financiers réalisé par l'organisation, lors du choix des procédures à appliquer. En effet, ces procédures doivent être adaptées aux circonstances.

L'audit consiste en outre, à évaluer le respect des principes comptables et l'adéquation des prévisions effectuées à des fins de gestion. L'évaluation porte également sur la présentation globale des états financiers.

Nous estimons que les données, qui nous ont été présentées, sont suffisantes et constituent une source appropriée pour la réalisation de l'audit et l'émission d'un avis.

4. Avis

À notre avis, les états financiers qui ont été étudiés reflètent de manière fidèle, et dans tous leurs aspects matériels, la situation financière du Secrétariat du Traité sur l'Antarctique au 31 mars 2013 ainsi que sa performance financière sur l'exercice écoulé, et ce, conformément aux normes internationales de comptabilité et aux normes spécifiques des réunions consultatives du Traité sur l'Antarctique.

5. Paragraphe d'emphase

Nous tenons à souligner les éventuelles conséquences qu'un changement du critère utilisé pour payer les salaires du personnel local du Secrétariat pourrait apporter en termes de violation du Code du travail local.

Ces circonstances ne sont reflétées ni dans les états financiers ni dans les notes explicatives.

Pour de plus amples informations à ce sujet, consulter le règlement et le paiement des salaires dans notre Rapport du contrôle interne 2013 inclus dans le présent rapport à l'Annexe II.

Cela ne change pas notre opinion.

6. Informations supplémentaires requises par la loi

Conformément à l'analyse réalisée comme décrite à l'Article 3, les états financiers mentionnés ci-dessus sont basés sur des documents comptables qui sont portés au compte du résultat comme l'exigent les règles comptables en vigueur.

En outre, selon les registres comptables inscrits au 31 Mars 2013, le montant dû au système centralisé de la sécurité sociale de la République argentine (Sistema Unico de Seguridad Social de la República Argentina), en pesos argentins selon le calcul fait par le Secrétariat est de 70 311,59 ARS (13 727,35 $ US). Le montant payable à cette date est de 1 365,22 ARS (266,54 $ US).

Dr. Edgardo de Rose
Contrôleur général
Volume N° 182 Folio N° 195 CPCECABA

Buenos Aires, le 22 Mars 2014
Sindicatura General de la Nación
Av. Corrientes 389, Buenos Aires República Argentina

1. Situation des recettes et des dépenses concernant tous les Fonds correspondant à la période allant du 1er avril 2012 au 31 mars 2013 comparée avec l'année précédente.

		Budget	
RECETTES	**31/03/2012**	**31/03/2013**	**31/03/2013**
Contributions (Note 10)	1 339 600	1 339 600	1 339 600
Autres recettes (Note 2)	1 623	1 000	1 845
Total recettes	1 341 223	1 340 600	1 341 445
DÉPENSES			
Salaires et traitements	577 637	633 840	628 811
Services de traduction et d'interprétation	367 846	361 000	290 502
Frais de déplacement et de séjour	56 022	90 000	92 573
Informatique et nouvelles technologies	39 147	42 500	42 773
Impression, édition, reprographie	27 025	19 000	13 944
Services généraux	47 547	56 232	50 409
Communications	14 580	15 390	16 660
Frais de fonctionnement du bureau	14 060	16 856	13 912
Dépenses administratives	11 580	13 500	10 595
Frais de représentation	6 676	3 000	4 523
Frais de déménagement ; améliorations (Note 9)	24 803	0	0
Financements	7 326	5 000	13 964
Total dépenses	**1 194 250**	**1 256 318**	**1 178 666**
DOTATION DE FONDS			
Fonds d'indemnisation pour licenciement du personnel	54 332	28 403	28 424
Fonds de remplacement du personnel	23 490	0	0
Fonds de roulement	31 615	0	0
Fonds de réserve	30 000	0	0
Total dotation de fonds	**139 436**	**28 403**	**28 424**
Total dépenses et dotations	**1 333 686**	**1 284 721**	**1 207 090**
(Déficit) / Excédent pour l'exercice	**7 537**	**55 879**	**134 356**

Cet état doit être examiné en conjonction avec les NOTES 1 à 10 incluses.

2. Etats financiers au 31 mars 2013 et comparaison avec les états financiers de l'exercice précédent

ACTIF	31/03/2012	31/03/2013
Actif circulant		
Trésorerie et équivalents de trésorerie (Note 3)	798 946	889 087
Contributions dues (Note 10)	89 457	205 624
Autres créances (Note 4)	47 893	51 104
Autres actifs circulants (Note 5)	59 644	49 458
Total des actifs courants	995 940	1 195 273
Actif immobilisé		
Actif immobilisé (Note 1.3 et 6)	73 506	84 132
Total actif immobilisé	73 506	84 132
Total Actif	**1 069 446**	**1 279 405**
PASSIF		
Passif circulant		
Fournisseurs (Note 7)	40 659	27 755
Contributions percées à l'avance (Note 10)	549 493	592 476
Fonds bénévole spécial pour des objectifs spécifiques (Note 1.9)	0	2 500
Salaires et contributions à verser (Note 8)	22 873	26 849
Total passif circulant	613 026	649 580
Passif immobilisé		
Fonds pour indemnisation de départ (Note 1.4)	119 087	147 511
Fonds pour remplacement du personnel (Note 1.5)	50 000	50 000
Fonds de réserve (Note 1.7)	30 000	30 000
Fonds pour remplacement des actifs immobilisés (Note 1.8)	7 210	17 836
Total passif immobilisé	206 296	245 346
Total passif	**819 322**	**894 926**
ACTIF NETS	**250 123**	**384 479**

Ce tableau doit être examiné en conjonction avec les NOTES 1 à 10 incluses.

3. Situation de de l'actif net au 31 mars 2012 comparé au mars 2013

Correspondant à	ACTIF NETS 31/03/2012	Recettes	Dépenses et dotations	Intérêts perçus	ACTIF NET
Fonds général	26 856	1 339 600	(1 207 046)	1 802	161 212
Fonds de roulement (Note 1.6)	223 267		0		223 267
ACTIF NET	250 123				384 479

Ce tableau doit être examiné en conjonction avec les NOTES 1 à 10 incluses.

4. Flux de trésorerie pour la période allant du 1er avril 2012 au 31 mars 2013, comparé à l'exercice précédent

Variation globale de la trésorerie			31/03/2013	31/03/2012
Espèces et quasi-espèces (trésorerie d'ouverture)		798 946		
Espèces et quasi-espèces (trésorerie de clôture)		889 087		
Augmentation nette des espèces et quasi-espèces			90 141	(20 044)
Causes des variations de trésorerie				
Variations liées à l'activité				
Contributions perçues	673 940			
Versement des salaires et traitements	(620 811)			
Paiement des services de traduction	(290 502)			
Paiement des frais de déplacement et de séjour	(60 605)			
Paiement des frais d'impression, d'édition et de reprographie	(13 944)			
Paiement des services généraux	(48 333)			
Autres paiements alloués aux fournisseurs	(79 465)			
Flux net de trésorerie provenant des activités		**(439 720)**		**(542 042)**

Variations liées aux opérations d'investissement				
Acquisition d'actifs immobilisés	(21 447)			
Fonds spécial volontaire	2 500			
Flux nets de trésorerie provenant des opérations d'investissement		**(18 947)**		**35 637**
Variations liées aux opérations de financement				
Contributions perçues à l'avance	592 476			
Créance relative au pt. 5.6 du Statut du personnel	131 573			
Paiement relatif au pt 5.6 du Statut du personnel	(133 705)			
TVA en attente de remboursement net	(6 082)			
Paiement anticipé de la XXXVe RCTA	(21 491)			
Flux nets de trésorerie liés aux opérations de financement		**562 771**		**493 687**
Opérations de financement en monnaie étrangère				
Perte nette	(13 964)			
Flux nets de trésorerie provenant des opérations en monnaie étrangères		**(13 964)**		**(7 326)**
Augmentation nette des espèces et quasi-espèces			**90 141**	**(20 044)**

Ce tableau doit être examiné en conjonction avec les NOTES 1 à 10 incluses.

Notes relatives aux états financiers au 31 mars 2012 et au 31 mars 2013

1 BASES POUR L'ÉLABORATION DES ÉTATS FINANCIERS

Les états financiers présentés dans le présent document sont exprimés en dollars des Etats-Unis, conformément aux lignes directrices établies dans le Règlement financier, annexé à la Décision 4 (2003). Ces états financiers ont été élaborés conformément aux Normes internationales d'information financière (IFRS) établies par le Conseil des normes comptables internationales (IASB).

1.1 Coût historique

Ces états financiers ont été élaborés conformément à la convention du coût historique, sauf autre disposition expressément mentionnée.

1.2 Bureau

Les locaux du bureau du Secrétariat sont mis à disposition par le Ministère des affaires étrangères, du commerce international et du Culte de la République argentine. Aucun loyer ni dépense commune n'est dû au titre de leur occupation.

1.3 Actif immobilisé

Les biens sont évalués selon leur coût historique diminué des amortissements cumulés correspondants. L'amortissement est calculé selon la méthode linéraire et des taux d'amortissements annuels constants fixés en fonction de la durée de vie estimée du bien sont appliqués. La valeur résiduelle des biens ammortis n'excède pas leur valeur d'usage.

1.4 Provisions pour indemnisation du personnel d'encadrement

Conformément au Statut du personnel, article 10, paragraphe 4, le fonds devra disposer des montants nécessaires pour l'indemnisationdu personnel d'encadrement à hauteur d'un mois de salaire de référence par année de service.

1.5 Provisions pour remplacement du personnel

Ces fonds servent à couvrir dépenses liées aux déplacements du personnel d'encadrement du Secrétariat à destination et en provenance du siège du Secrétariat.

1.6 Provisions pour fonds de roulement

Conformément au Règlement financier, article 6.2 a), ce fonds ne devrait pas excéder un sixième du budget de l'exercice en cours.

1.7 Provision pour risques et charges

Conformément à la Décision 4 (2009), ce Fonds a été constitué pour supporter les frais de traduction, en cas d'augmentation imprévue du volume des documents à traduire présentés à la RCTA.

1.8 Provisions pour le renouvellement des actifs immobilisés

Conformément aux normes IAS, les actifs dont la durée de vie utile s'étend au-delà d'un exercice doivent être renseignés comme actif dans les états financiers. Jusqu'en mars 2010, ces actifs faisaient l'objet d'un ajustement au niveau du fonds général. À partir d'avril 2010, ces actifs sont compensés par une écriture au passif sous cette ligne.

1.9 Fonds spécial volontaire pour des objectifs spécifiques

Pt (82) du rapport final de la XXXVe RCTA, concernant la réception de contributions volontaires par les Parties.

Notes relatives aux états financiers au 31 mars 2012 et au 31 mars 2013

		31/03/2012	31/03/2013
2 Autres revenus	Intérêts perçus	232	1 802
	Escomptes obtenus	1 391	44
	Total	1 623	1 845
3 Espèces et quasi-espèces	Trésorerie en dollars des Etats-Unis	1 638	67
	Trésorerie en pesos argentins	46	128
	Compte spécial à la BNA en dollars des Etats-Unis	756 983	853 240
	Compte à la BNA en pesos argentins	40 279	35 651
	Total	798 946	88 9 087
4 Autres débiteurs	Statut du personnel, pt 5.6	47 893	51 104
Autres actif circulant	Paiements anticipés	38 296	25 194
	Crédit de TVA	20 912	23 369
	Autres créances à recouvrer	435	896
	Total	59 644	49 458
6 Actif immobilisé	Ouvrages et abonnements	4 515	7 007
	Matériel de bureau	6 592	9 165
	Mobilier	45 466	45 466
	Matériels informatiques et logiciels	66 744	83 126
	Total coût d'acquisition	123 318	144 765
	Amortissements cumulés	(49 812)	(60 633)
	Total	73 506	84 132
7 Fournisseurs	Entreprises	2 272	2 595
	Charges à payer	37 229	22 164
	Autre	1 158	2 996
	Total	40 659	27 755
8 Salaires et contributions à verser	**Salaires et traitements**	8 000	8 000
	Contributions	14 873	18 849
	Total	22 873	26 849
9 Déménagement, améliorations			

Cela inclut les améliorations apportées à la propriété louée par le Secrétariat, quoique le montant concerne les dépenses liées à l'achat d'équipements pour le nouveau siège.

Situation des versements de contributions au 31 mars 2012 et au 31 mars 2013

Contributions dues, engagées, versées ou versées à l'avance

Contributions	Montants dus	Montants engagés	Montants versés	Montants dus	Montants versés à l'avance
Parties	31/03/2012		$	31/03/2013	31/03/2013
Argentine		60 346	60 346	0	0
Australie		60 346	60 346	0	60 321
Belgique	18	40 110	40 110	18	40 060
Brésil	32	40 110	0	40 142	0
Bulgarie	11	34 039	34 039	11	34 051
Chili	15 157	46 181	61 338	0	46 181
Chine		46 181	46 181	0	46 156
Équateur		34 039	0	34 039	0
Finlande		40,110	40 110	0	0
France		60 346	0	60 346	0
Allemagne	11	52 251	52 239	23	52 251
Inde	12	46 181	40 131	6 062	0
Italie		52 251	52 251	0	0
Japon	-1	60 346	60 346	0	0
Corée		40 110	37 219	2 891	0
Pays-Bas		46 181	46 181	0	46 181
Nouvelle-Zélande	26	60 346	60 346	26	60 327
Norvège	30	60 346	60 376	0	60 311
Pérou	34 038	34 039	46 158	21 919	0
Pologne		40 110	40 110	0	40 110
Russie		46 181	46 181	0	0
Afrique du Sud		46 181	46 181	0	0
Espagne		46 181	46 181	0	0
Suède		46 181	46 181	0	46 181
Ukraine	40 122	40 110	40 110	40 122	0
Royaume-Uni		60 346	60 346	0	60 346
États-Unis		60 346	60 346	0	0
Uruguay		40 110	40 085	25	0
Total	89 457	1 339 605	1 223 438	205 624	592 476

[signature]

Dr. Manfred Reinke

Secrétaire exécutif

[signature]

Roberto A. Fennell

Directeur financier

Rapport financier vérifié provisoire 2013/14

POSTES BUDGETAIRES	Relevé vérifié 2012/13	Budget 2013/14	Relevé prov. 2013/14
RECETTES			
CONTRIBUTIONS annoncées	-1 339 600 $	-1 339 600 $	-1 339 600 $
Fonds spécial			
Atelier interprétation	0 $	-13 860 $	-14 189 $
Placements à taux fixe	- 1 845 $	- 1 000 $	- 3 316 $
Recettes totales	- 1 341 445 $	- 1 354 460 $	- 1 357 105 $
DÉPENSES			
SALAIRES			
Direction	311 323 $	317 001 $	316 991 $
Personnel général	289 036 $	303 929 $	303 228 $
Personnel d'appui à la RCTA	15 190 $	14 850 $	10 488 $
Stagiaires	4 819 $	4 800 $	11 900 $
Heures supplémentaires	8 443 $	10 000 $	8 032 $
	628 811 $	**650 580 $**	**650 639 $**
TRADUCTION ET INTERPRÉTATION			
Traduction et interprétation	290 502 $	272 101 $	263 065 $
Atelier interprétation	0 $	13 860 $	14 189 $
TVA / TPS / Service fiscaux de l'ISS	0 $	0 $	0 $
	290 502 $	**285 961 $**	**277 254 $**
VOYAGES			
Voyages	**92 573 $**	**96 000 $**	**70 970 $**
TECHNOLOGIE DE L'INFORMATION			
Matériel informatique	7 573 $	10 000 $	12 278 $
Logiciels	8 864 $	3 000 $	0 $
Développement	13 797 $	18 500 $	21 819 $
Soutien	12 539 $	13 000 $	7 142 $
	42 773 $	**44 500 $**	**41 239 $**

POSTES BUDGETAIRES	Relevé vérifié 2012/13	Budget 2013/14	Relevé prov. 2013/14
IMPRESSION, ÉDITION ET REPRODUCTION			
Rapport final	10 954 $	18 975 $	11 563 $
Compilation	2 989 $	0 $	2 664 $
Lignes directrices pour les visites de sites	0 $	2 875 $	500 $
	13 944 $	**21 850 $**	**14 727 $**
SERVICES GÉNÉRAUX			
Conseil juridique	1 375 $	4 600 $	1 000 $
Audit externe	9 231 $	12 379 $	9 072 $
Nettoyage, entretien et sécurité	26 704 $	25 207 $	35 621 $
Formation	5 149 $	6 000 $	4 239 $
Opérations bancaires	5 270 $	6 467 $	5 422 $
Location de matériel	2 679 $	5 465 $	2 750 $
	50 409 $	**60 118 $**	**58 104 $**
COMMUNICATION			
Téléphone	4 756 $	4 444 $	4 250 $
Internet	2 304 $	2 485 $	2 050 $
Hébergement internet	8 103 $	7 928 $	8 087 $
Affranchissements postaux	1 497 $	2 842 $	802 $
	16 660 $	**17 699 $**	**15 189 $**
FRAIS DE BUREAU			
Papeterie et consommables de bureau	2 835 $	2 530 $	4 329 $
Ouvrages et abonnements	2 802 $	6 782 $	1 540 $
Assurance	2 825 $	2 252 $	2 982 $
Mobilier	35 $	800 $	0 $
Matériel de bureau	2 822 $	4 600 $	3 787 $
Entretien	2 594 $	2 300 $	1 683 $
	13 912 $	**19 264 $**	**14 321 $**
ADMINISTRATION			
Approvisionnements	1 656 $	2 300 $	4 216 $
Transport local	698 $	1 150 $	201 $
Frais d'impression, d'édition et de reproduction	4 042 $	2 875 $	3 179 $
Services publics (énergie)	4 200 $	10 400 $	8 566 $
	10 595 $	**16 725 $**	**16 162 $**

POSTES BUDGETAIRES	Relevé vérifié 2012/13	Budget 2013/14	Relevé prov. 2013/14
REPRÉSENTATION			
Frais de représentation	**4 523 $**	**3 000 $**	**2 646 $**
FINANCEMENT			
Pertes de change	**13 964 $**	**5 000 $**	**9 204 $**
SOUS-TOTAL DES POSTES	**1 178 666 $**	**1 220 697 $**	**1 170 456 $**
ALLOCATIONS AUX FONDS			
Fonds de réserve pour la traduction	0 $	0 $	0 $
Fonds de remplacement du personnel	0 $	0 $	0 $
Fonds d'indemnisation pour licencie- ment du personnel	28 424 $	29 368 $	29 368 $
Fonds de roulement	0 $	0 $	0 $
	28 424 $	**29 368 $**	**29 368 $**
TOTAL DES APPROPRIATIONS	**1 207 090 $**	**1 250 065 $**	**1 199 825 $**
SOLDE	**134 356 $**	**104 395 $**	**157 280 $**
TOTAL DES DEPENSES	**1 341 446 $**	**1 354 460 $**	**1 357 105 $**

Synthèse des fonds

Fonds de réserve pour la traduction	30 000 $	30 000 $	30 000 $
Fonds de remplacement du personnel	50 000 $	50 000 $	50 000 $
Fonds d'indemnisation pour licencie- ment du personnel	147 511 $	176 879 $	176 879 $
Fonds de roulement	223 267 $	223 267 $	223 267 $
Fonds général	161 212 $	265 607 $	318 492 $

Montant maximum requis
Fonds de roulement (Règ. financ. 6.2)   223 267 $ 223 267 $ 223 267 $

Programme du Secrétariat pour l'exercice 2014/2015

Introduction

Le présent programme de travail contient les activités proposées au Secrétariat pour l'exercice financier 2014/2015 (du 1er avril 2014 au 31 mars 2015). Les principaux domaines d'activités du Secrétariat sont abordés dans les trois premiers chapitres, lesquels sont suivis d'une section sur la gestion et du programme prévisionnel pour l'exercice financier 2015/2016.

Le budget pour l'exercice financier 2014/2015, le budget prévisionnel pour l'exercice financier 2015/2016, le barème des contributions et l'échelle des salaires sont joints en Annexe.

Le programme et les montants budgétaires pour l'exercice financier 2014/2015 qui l'accompagnent se fondent sur le budget prévisionnel de l'exercice financier 2014/2015 (Décision 4 (2013), Annexe 3, appendice 1).

Le programme se concentre sur les activités régulières, telles que la préparation des XXXVIIe et XXXVIIIe RCTA, la publication des Rapports finaux et les diverses tâches assignées au Secrétariat en vertu de la Mesure 1 (2003).

Table des matières :

1. Soutien à la RCTA/CPE
2. Échange d'informations
3. Documentation
4. Informations pour le public
5. Gestion
6. Programme prévisionnel pour l'exercice financier 2014/2015

    Annexe 1 : Rapport prévisionnel de l'exercice financier 2013/2014, budget de l'exercice financier 2014/2015, budget prévisionnel de l'exercice financier 2015/2016

    Annexe 2 : Barème des contributions pour l'exercice financier 2015/2016

    Annexe 3 : Grille des salaires

1. Appui à la RCTA et au CPE

RCTA XXXVII

Le Secrétariat apportera son appui à la XXXVIIe RCTA en rassemblant et compilant les documents destinés à la Réunion, et en assurant leur publication sur une page à accès restreint de son site Web. La Section des délégués permettra également leur enregistrement en ligne et on y trouvera la liste téléchargeable et actualisée des délégués.

Le Secrétariat apportera son soutien au déroulement de la RCTA, par la production des documents du Secrétariat, d'un Manuel destiné aux délégués et des résumés des documents destinés à la RCTA, au CPE et aux groupes de travail de la RCTA.

Le Secrétariat gérera les services de traduction et d'interprétation. Il est responsable de l'organisation des prestations de traduction en phases pré-session, in-session et post-session de la RCTA. Il gèrera l'interaction avec ONCALL, le prestataire des services d'interprétation simultanée.

Le Secrétariat se chargera d'une part, d'organiser les services de rapporteur avec le Secrétariat du pays hôte et d'autre part, de compiler et d'apprêter les rapports du CPE et de la RCTA afin qu'ils puissent être adoptés au cours de la dernière séance plénière de la Réunion.

Coordination et contact

Outre le maintien d'un contact régulier avec les Parties et les institutions internationales du Système du Traité sur l'Antarctique, par courriel, téléphone ou tout autre moyen à sa disposition, le Secrétariat tire profit de sa présence aux différentes réunions, pour renforcer sa coordination et sa communication.

Les déplacements à prévoir sont les suivants :

- *Assemblée générale annuelle (AGA) du COMNAP à Auckland et Christchurch (Nouvelle-Zélande), du 25 au 29 Août 2014. Sa présence lors de l'Assemblée lui permettra de renforcer ses* et les interactions avec le COMNAP.

- *CCAMLR à Hobart, en Australie, du 20 octobre au 31 octobre 2014.* La réunion de la CCAMLR, qui intervient approximativement à mi-chemin entre deux RCTA , permet au Secrétariat d'informer les Représentants de la RCTA, pour la plupart présents à la CCALMR, des évolutions sur les travaux qu'il a entrepris. La coopération avec le Secrétariat de la CCAMLR d'autant plus importante pour le Secrétariat du Traité sur l'Antarctique que la plupart de ses réglementations sont calquées celles du Secrétariat de la CCAMLR.

Développement du site Internet du Secrétariat

L'amélioration du site Internet se poursuivra pour le rendre plus concis, plus ergonomique, et donner une plus grande visibilité à ses pages et ses informations les plus pertinentes. Les outils de recherche des bases de données du site, notamment celles contenant les documents des réunions et le Système électronique d'échange d'informations (EIES), seront affinés davantage.

Appui aux activités intersessions

Ces dernières années, le CPE et la RCTA ont produit un volume substantiel de travail en période intersessions, principalement par le biais des Groupes de contact intersessions (GCI). Le Secrétariat apportera un soutien technique à la création en ligne des GCI convenus lors de la XXXVIIe RCTA et du XVIIe CPE, et à la production de documents spécifiques sur demande de ces deux organes.

Le Secrétariat mettra à jour le site Internet en ajoutant les mesures adoptées par la RCTA, accompagnées des informations produites par le CPE et la RCTA.

Impression

Le Secrétariat traduira, publiera et distribuera le Rapport final de la XXXVIIe et ses Annexes dans les quatre langues officielles du Traité. Le texte du Rapport final sera publié sur le site Internet du Secrétariat et sera imprimé sous forme d'ouvrage tandis que ses Annexes seront publiées sur un CD qui lui sera adjoint. Le texte intégral du Rapport final sera disponible, sous la forme d'un ouvrage (en deux volumes) auprès des détaillants en ligne et en version électronique.

Le Secrétariat mettra à l'essai des clés USB en lecture seule pour remplacer les CD comme médium de stockage des Annexes, puisqu'un nombre croissant d'ordinateurs récents ne sont pas équipés de lecteurs de CD-ROM.

2. Échange d'informations

Observations générales

Le Secrétariat continuera d'aider les Parties à publier leurs documents d'échange d'informations et à alimenter la base de données des Évaluations d'impact sur l'environnement (EIE) avec les informations collectées au cours des différentes évaluations menées.

Système électronique d'échange d'informations (SEEI)

Lors de la prochaine saison, le Secrétariat continuera, en fonction des Décisions de la XXXVIIe RCTA, à effectuer les ajustements nécessaires pour favoriser l'utilisation du système électronique par les Parties, et à développer les outils permettant de compiler et de présenter des rapports de synthèse.

3. Dossiers et documents

Documents de la RCTA

Le Secrétariat poursuivra ses efforts visant à compléter ses archives concernant les rapports finaux et les documents de la RCTA et des autres réunions du Traité sur l'Antarctique dans les quatre langues officielles du Traité. Chaque Partie est invitée, à son niveau, à coopérer à cet effort de recherche qui est essentiel si le Secrétariat souhaite parvenir à un archivage exhaustif des documents. Le Secrétariat a finalisé l'intégration des documents de travail provenant des RCTA ayant eu lieu entre 1961 et 1998 dans ses bases de données dans le cadre d'un projet conjoint avec l'Institut Scott de recherche polaire (Cambridge, R-U). Il est en contact avec la Division antarctique australienne et d'autres institutions nationales des Parties afin d'identifier et d'intégrer les documents manquants. Ce projet se poursuivra au cours de l'exercice financier 2014/2015.

Glossaire

Le Secrétariat continuera d'appuyer le développement d'un glossaire des termes et expressions de la RCTA afin de générer une nomenclature dans les quatre langues du Traité. Il poursuivra en outre la mise en œuvre d'un serveur de vocabulaire contrôlé électroniquement pour gérer, publier et partager ces ontologies, thésaurus et listes de la RCTA.

Base de données du Traité sur l'Antarctique

La base de données contenant les Recommandations, les Mesures, les Décisions et les Résolutions de la RCTA est à ce jour complète en anglais, et quasiment complète en espagnol et en français, bien que le Secrétariat ne possède pas encore divers exemplaires de rapports finaux dans ces langues. Davantage de rapports finaux demeurent manquants en langue russe.

4. Informations pour le public

Le Secrétariat et son site Internet continueront d'exercer la fonction de centre de diffusion d'informations sur les activités des Parties et les évolutions significatives intervenant en Antarctique.

5. Gestion

Personnel

Au 1er avril 2014, le personnel du Secrétariat se répartissait comme suit :

Personnel de direction

Nom	Poste	Date d'entrée	Rang	Terme
Manfred Reinke	Secrétaire exécutif	1-09-2009	E1	31-08-2017
José María Acero	Sous-Secrétaire exécutif (SSE)	1-01-2005	E3	31-12-2014

Membres du personnel

José Luis Agraz	Fonctionnaire chargé de l'information	1-11-2004	G1
Diego Wydler	Fonctionnaire chargé des techniques de l'information	1-02-2006	G1
Roberto Alan Fennell	Comptable (à temps partiel)	1-12-2008	G2
Pablo Wainschenker	Rédacteur	1-02-2006	G3
Mme Violeta Antinarelli	Bibliothécaire (à temps partiel)	1-04-2007	G3
Mme Anna Balok	Spécialiste des communications (à temps partiel)	1-10-2010	G5
Mme Viviana Collado	Chef de bureau	15-11-2012	G5

La XXXVIe RCTA a décidé de renommer le Secrétaire exécutif pour un mandat de quatre ans à compter du 1er septembre 2013 (voir Décision 2 (2013)). Afin d'assurer la nomination de son successeur en temps opportun, dès l'issue de son mandat, la RCTA pourrait souhaiter aborder la question au plus tard lors de la XXXIXe RCTA.

Le 31 Décembre 2014, le contrat du Sous-secrétaire exécutif, José Maria Acero, arrivera à son terme. M. Acero a démontré un niveau d'engagement et une efficacité élevés dans ses tâches au cours des dernières années et il est dans l'intention du Sous-secrétaire exécutif de poursuivre la collaboration pour une période supplémentaire. À cette fin, le Sous-secrétaire exécutif a communiqué, par e-mail, cette intention à toutes les Parties et a reçu un fort soutien en faveur du renouvellement de son contrat.

Le Secrétariat invitera les stagiaires internationaux des Parties à effectuer des stages au sein du Secrétariat. Il enverra une invitation à la Bulgarie qui sera l'hôte de la XXXVIIIe RCTA pour qu'elle envoie un membre de son équipe d'organisation faire un stage à Buenos Aires.

Questions financières

Le budget de l'exercice 2014/2015 et le budget prévisionnel pour l'exercice 2015/2016 sont présentés à l'Annexe 1.

Traduction et interprétation

Conformément au point 9.4 de son Règlement financier, le Secrétariat a, le 30 août 2013, envoyé une invitation en vue du dépôt de propositions pour la fourniture de services de traduction et d'interprétation destinés à la XXXVIIe RCTA au Brésil, ainsi qu'au dépôt d'une offre conditionnelle pour la XXXVIIIe RCTA en Bulgarie. Sur la base des propositions présentées, le Secrétariat a décidé de placer l'entreprise australienne ONCALL à la première place ; International Translation Agency Ltd (ITA) de Malte à la seconde ; et Lionbridge des Etats-Unis à la dernière. Le 16 décembre 2013, il a passé un contrat avec l'entreprise ONCALL pour 2 ans (XXXVIIe RCTA (Brésil) et XXXVIIIe RCTA (Bulgarie)), ce qui facilitera la planification et la fiabilité à la fois pour le Secrétariat et ONCALL.

Les frais de traduction et d'interprétation ont été budgétisés à hauteur de 322 658 $ US pour la XXXVIIe RCTA.

Il n'est pas encore clair si le Secrétariat doit payer la « taxe sur les services (ISS) » brésilienne sur ces montants en conformité avec les exigences légales. Il a donc été réservé 16 133 $ US à cette fin.

Salaires

Le coût de la vie a continué d'augmenter considérablement en Argentine en 2013, mais a été compensé par la dévaluation du peso argentin face au dollar des Etats-Unis. Pour comparer cet accroissement aux années antérieures, le Secrétariat a calculé l'augmentation de l'IVS (Indice de variation des salaires fourni par le Bureau national argentin de la statistique et du recensement) corrigé de la dévaluation du peso argentin face au dollar des États-Unis d'Amérique au cours de la même période. La méthode de calcul a été décrite par le Secrétaire exécutif lors de la XXXIIe RCTA de 2009 (Rapport final, p. 238).

En 2013, l'IVS a crû de 26,1%. La dévaluation du peso argentin face au dollar américain a engendré une augmentation du coût de la vie estimée à 1,7% en dollars des Etats-Unis.

Au cours des années précédentes, l'IVS avait augmenté en 2012 de 24,5 %, en 2011 de 29,4 %, en 2010 de 26,3 %, et en 2009 de 16,7 %. Cela a provoqué une hausse calculée du coût de la vie de 9,2 % en 2012, de 19,5 % en 2011, de 19,9 % en 2010 et de 7,9 % en 2009 en dollars des Etats-Unis.

Le Secrétaire exécutif propose de ne pas compenser la hausse du coût de la vie, ni pour le personnel des services généraux, ni pour le personnel de direction.

Le point 5.10 du Règlement du personnel exige une compensation en faveur du personnel des services généraux lorsque ces derniers travaillent plus de 40 heures par semaine. Ces heures supplémentaires sont requises dans le cas des réunions de la RCTA. Il y aura deux jours fériés officiels argentins lors de la RCTA (1 et 2 mai 2014).

Fonds

Fonds de roulement

Selon l'alinéa (a) de la règle financière 6.2, le fonds de roulement doit être maintenu à 1/6 du budget du Secrétariat (229 952 $ US) au cours des prochaines années. Les contributions des Parties servent de base au calcul du taux du Fonds de roulement.

Informations additionnelles sur le projet de budget de l'exercice financier 2014/2015

La répartition des fonds sur les différents lignes de crédit se conforme à la proposition formulée l'année dernière. Quelques ajustements mineurs ont été apportés en fonction des dépenses prévues pour l'exercice financier 2014/2015.

- *Traduction et interprétation :* Des fonds supplémentaires permettant de maintenir le glossaire sont inclus.

- *Développement supplémentaire de logiciel :*

  - Nouvelle base de données des inspections : Finalisation du développement en cours.

  - SEEI : Développements possibles résultant de la discussion sur ce sujet initiée par le plan de travail stratégique pluriannuel.

  - Lignes directrices pour les visites de sites : Refonte complète de la section actuelle du site Internet du Secrétariat, incluant le développement d'une nouvelle base de données.

  - Base de données des zones protégées de l'Antarctique : Deuxième étape du développement du système de cartographie.

- *Frais de bureau :* Des tâches supplémentaires d'entretien sont prévues pour la réparation du système de climatisation du bureau.

- *Administration* : Des hausses substantielles du coût de l'énergie sont attendues.

L'Annexe 1 présente le budget de l'exercice 2014/2015 et le budget prévisionnel pour l'exercice 2015/2016. L'échelle des salaires figure à l'Annexe 3.

Contribution à l'exercice financier 2015/2016

Les contributions pour l'exercice financier 2015/2016 n'augmenteront pas.

L'Annexe 2 présente les contributions des Parties pour l'exercice financier 2015/2016.

6. Programme prévisionnel pour l'exercice financier 2015/2016 et l'exercice financier 2016/2017

La plupart des activités actuelles du Secrétariat se poursuivront au cours de l'exercice financier 2015/2016 et de l'exercice 2016/2017, et à moins que le programme ne subisse de profonds changements, aucune modification de postes du personnel n'est prévue pour les prochaines années.

Appendice 1

Rapport prévisionnel pour 2013/2014 et prévisions pour 2014/2015, Budget pour 2014/15 et prévisions pour 2015/16

LIGNES DE CREDIT	Rapport prévisionnel 2013/14 (*)	Prévisionnel 2014/2015	Budget 2014/15	Prévisionnel 2015/2016
RECETTES				
CONTRIBUTIONS annoncées	-1 339 600 $	-1 339 600 $	-1 379 710 $	-1 378 100 $
Fonds spécial Atelier interprétation	-14 189 $	0 $		0 $
Placements portant intérêt	-3 316 $	-1 000 $	-1 000 $	-1 000 $
Recettes totales	**-1 357 105 $**	**-1 340 600 $**	**-1 380 710 $**	**-1 379 100 $**
DÉPENSES				
SALAIRES				
Direction	316 991 $	322 658 $	322 658 $	328 071 $
Personnel	303 228 $	317 013 $	310 901 $	321 165 $
Personnel de soutien à la RCTA	10 488 $	15 147 $	15 696 $	15 796 $
Stagiaires	11 900 $	4 800 $	9 600 $	9 600 $
Heures supplémentaires	8 032 $	10 000 $	14 000 $	14 000 $
	650 639 $	**669 618 $**	**672 855 $**	**688 632 $**
TRADUCTION ET INTERPRÉTATION				
Traduction et interprétation	263 065 $	321 214 $	322 658 $	332 785 $
Atelier interprétation	14 189 $	0 $	10 000 $	0 $
TVA / TPS / Service fiscaux de l'ISS	0 $	32 121 $	16 133 $	0 $
Traduction et interprétation	**277 254 $**	**353 335 $**	**338 791 $**	**332 785 $**
DÉPLACEMENTS				
Voyages	**70 970 $**	**90 000 $**	**93 000 $**	**98 000 $**
TECHNOLOGIE DE L'INFORMATION				
Matériel informatique	12 278 $	10 500 $	10 000 $	11 025 $
Logiciels	0 $	3 150 $	3 500 $	3 500 $
Développement	21 819 $	17 325 $	21 000 $	21 000 $
Maintenance du parc matériel et logiciels	0 $	0 $	0 $	0 $
Assistance	7 142 $	13 650 $	9 500 $	9 500 $
	41 239 $	**44 625 $**	**44 000 $**	**45 025 $**

LIGNES DE CREDIT	Rapport prévisionnel 2013/14 (*)	Prévisionnel 2014/2015	Budget 2014/15	Prévisionnel 2015/2016
IMPRESSION, ÉDITION ET REPRODUCTION				
Rapport final	11 563 $	20 721 $	17 000 $	17 850 $
Compilation	2 664 $	0 $	3 500 $	3 558 $
Lignes directrices pour les visites de sites	500 $	3 140 $	3 140 $	3 297 $
	14 727 $	**23 860 $**	**23 640 $**	**24 705 $**
SERVICES GÉNÉRAUX				
Conseil juridique	1 000 $	5 023 $	4 000 $	4 200 $
Audit externe	9 072 $	13 518 $	10 000 $	10 500 $
Nettoyage, entretien et sécurité	35 621 $	17 698 $	42 500 $	17 325 $
Formations	4 239 $	6 552 $	6 552 $	6 880 $
Opérations bancaires	5 422 $	7 062 $	6 000 $	6 300 $
Location de matériel	2 750 $	5 968 $	3 000 $	3 150 $
	58 104 $	**55 821 $**	**72 052 $**	**48 355 $**
COMMUNICATION				
Téléphone	4 250 $	4 853 $	5 200 $	5 460 $
Internet	2 050 $	2 714 $	3 000 $	3 150 $
Hébergement internet	8 087 $	8 657 $	9 000 $	9 450 $
Affranchissements postaux	802 $	3 103 $	2 500 $	2 625 $
	15 189 $	**19 327 $**	**19 700 $**	**20 685 $**
FRAIS DE BUREAU				
Papeterie et fournitures de bureau	4 329 $	2 763 $	4 300 $	4 515 $
Ouvrages et abonnements	1 540 $	7 406 $	3 000 $	3 150 $
Assurance	2 982 $	2 459 $	3 500 $	3 675 $
Mobilier	0 $	874 $	900 $	945 $
Matériel de bureau	3 787 $	5 023 $	4 000 $	4 200 $
Entretien	1 683 $	2 512 $	2 500 $	2 625 $
	14 321 $	**21 036 $**	**18 200 $**	**19 110 $**
ADMINISTRATION				
Approvisionnements	4 216 $	2 512 $	4 500 $	4 725 $
Transport local	201 $	1 256 $	800 $	840 $
Frais d'impression, d'édition et de reproduction	3 179 $	3 140 $	4 000 $	4 200 $
Services publics (énergie)	8 566 $	11 357 $	11 000 $	11 550 $
	16 162 $	**18 264 $**	**20 300 $**	**21 315 $**

LIGNES DE CREDIT	Rapport prévisionnel 2013/14 (*)	Prévisionnel 2014/2015	Budget 2014/15	Prévisionnel 2015/2016
REPRÉSENTATION				
Frais de représentation	2 646 $	3 000 $	3 500 $	3 500 $
FINANCEMENT				
Pertes sur change	9 204 $	5 460 $	11 000 $	11 550 $
SOUS-TOTAL DES CREDITS OUVERTS	1 170 456 $	1 304 347 $	1 327 038 $	1 313 662 $
REPARTITION DES FONDS				
Fonds de réserve pour la traduction	0 $	0 $	0 $	0 $
Fonds de remplacement du personnel	0 $	0 $	0 $	0 $
Fonds d'indemnisation pour licenciement du personnel	29 368 $	29 820 $	29 820 $	30 300 $
Fonds de roulement	0 $	0 $	6 685 $	0 $
	29 368 $	29 820 $	36 505 $	30 300 $
TOTAL DES CREDITS OUVERTS	1 199 825 $	1 334 167 $	1 363 543 $	1 343 961 $
SOLDE	157 280 $	6 433 $	17 167 $	35 139 $
DÉPENSES TOTALES	1 357 105 $	1 340 600 $	1 380 710 $	1 379 100 $
Synthèse des fonds				
Fonds de réserve pour la traduction	30 000 $	30 000 $	30 000 $	30 000 $
Fonds de remplacement du personnel	50 000 $	50 000 $	50 000 $	50 000 $
Fonds d'indemnisation pour licenciement du personnel	176 879 $	204 794 $	207 189 $	237 489 $
** Fonds de roulement	223 267 $	223 267 $	229 952 $	229 952 $
Fonds général	318 492 $	324 925 $	345 659 $	380 798 $

* Relevé provisionnel au 31 mars 2014

Montant maximal nécessaire Fonds de roulement (Règ. ** fin. 6.2)	223 267 $	223 267 $	229 952 $	229 683 $

Appendice 2

Barème des contributions 2015/2016

2015/16	Cat.	Mult.	Variable	Déterminé	Total
Argentine	A	3,6	36 587 $	23 760 $	60 347 $
Australie	A	3,6	36 587 $	23 760 $	60 347 $
Belgique	D	1,6	16 261 $	23 760 $	40 021 $
Brésil	D	1,6	16 261 $	23 760 $	40 021 $
Bulgarie	E	1	10 163 $	23 760 $	33 923 $
Chili	C	2,2	22 359 $	23 760 $	46 119 $
Chine	C	2,2	22 359 $	23 760 $	46 119 $
République tchèque	D	1,6	16 261 $	23 760 $	40 021 $
Équateur	E	1	10 163 $	23 760 $	33 923 $
Finlande	D	1,6	16 261 $	23 760 $	40 021 $
France	A	3,6	36 587 $	23 760 $	60 347 $
Allemagne	B	2,8	28 456 $	23 760 $	52 217 $
Inde	C	2,2	22 359 $	23 760 $	46 119 $
Italie	B	2,8	28 456 $	23 760 $	52 217 $
Japon	A	3,6	36 587 $	23 760 $	60 347 $
République de Corée	D	1,6	16 261 $	23 760 $	40 021 $
Pays-Bas	C	2,2	22 359 $	23 760 $	46 119 $
Nouvelle-Zélande	A	3,6	36 587 $	23 760 $	60 347 $
Norvège	A	3,6	36 587 $	23 760 $	60 347 $
Pérou	E	1	10 163 $	23 760 $	33 923 $
Pologne	D	1,6	16 261 $	23 760 $	40 021 $
Fédération de Russie	C	2,2	22 359 $	23 760 $	46 119 $
Afrique du Sud	C	2,2	22 359 $	23 760 $	46 119 $
Espagne	C	2,2	22 359 $	23 760 $	46 119 $
Suède	C	2,2	22 359 $	23 760 $	46 119 $
Ukraine	D	1,6	16 261 $	23 760 $	40 021 $
Royaume-Uni	A	3,6	36 587 $	23 760 $	60 347 $
États-Unis	A	3,6	36 587 $	23 760 $	60 347 $
Uruguay	D	1,6	16 261 $	23 760 $	40 021 $
TOTAL		67,8	689 050 $	689 050 $	1 378 100 $

Taux de base

Montant du budget **1 378 100 $**

Appendice 3

Grille des salaires 2014/2015

Appendice A
GRILLE DES SALAIRES – CATÉGORIE DU PERSONNEL DE DIRECTION
(dollars des États-Unis)

ÉCHELONS

2014/15 Classe		I	II	III	IV	V	VI	VII	VIII	IX	X	XI	XII	XIII	XIV	XV
E1	A	133 830 $	136 320 $	138 810 $	141 301 $	143 791 $	146 281 $	148 771 $	151 262 $							
E1	B	167 287 $	170 400 $	173 512 $	176 626 $	179 739 $	182 851 $	185 964 $	189 078 $							
E2	A	112 692 $	114 812 $	116 931 $	119 050 $	121 168 $	123 286 $	125 404 $	127 524 $	129 643 $	131 761 $	133 880 $	134 120 $	136 210 $		
E2	B	140 865 $	143 515 $	146 164 $	148 812 $	151 460 $	154 107 $	156 755 $	159 405 $	162 054 $	164 702 $	167 349 $	167 650 $	170 263 $		
E3	A	93 973 $	96 016 $	98 061 $	100 106 $	102 151 $	104 195 $	106 240 $	108 285 $	110 328 $	112 372 $	114 417 $	115 643 $	116 869 $	118 886 $	120 901 $
E3	B	117 466 $	120 020 $	122 577 $	125 133 $	127 689 $	130 243 $	132 800 $	135 356 $	137 910 $	140 465 $	143 021 $	144 553 $	146 086 $	148 607 $	151 126 $
E4	A	77 922 $	79 815 $	81 710 $	83 599 $	85 494 $	87 386 $	89 275 $	91 171 $	93 065 $	94 955 $	96 849 $	97 377 $	99 244 $	101 110 $	102 977 $
E4	B	97 403 $	99 768 $	102 138 $	104 498 $	106 868 $	109 232 $	111 594 $	113 964 $	116 332 $	118 694 $	121 062 $	121 722 $	124 055 $	126 388 $	128 721 $
E5	A	64 604 $	66 299 $	67 992 $	69 685 $	71 377 $	73 070 $	74 763 $	76 452 $	78 147 $	79 841 $	81 530 $	82 078 $			
E5	B	80 755 $	82 874 $	84 989 $	87 106 $	89 222 $	91 337 $	93 454 $	95 565 $	97 684 $	99 801 $	101 913 $	102 597 $			
E6	A	51 143 $	52 771 $	54 396 $	56 025 $	57 650 $	59 276 $	60 905 $	62 531 $	64 156 $	65 146 $	65 784 $				
E6	B	63 929 $	65 963 $	67 994 $	70 031 $	72 062 $	74 095 $	76 131 $	78 164 $	80 195 $	81 432 $	82 230 $				

Remarque : La ligne B correspond à la rémunération de base (ligne A), plus un montant additionnel de 25% pour les frais indirects (caisse de retraite et primes d'assurance, primes d'installation et de rapatriement, indemnités pour frais d'études, etc.) et représente le montant total du traitement auquel a droit le personnel de direction, conformément à l'article 5.1.5.

Appendice B
GRILLE DES SALAIRES - PERSONNEL DES SERVICES GÉNÉRAUX
(dollar des États-Unis)

ÉCHELONS

Classe	I	II	III	IV	V	VI	VII	VIII	IX	X	XI	XII	XIII	XIV	XV
G1	60 437 $	63 256 $	66 077 $	68 896 $	71 834 $	74 898 $									
G2	50 364 $	52 713 $	55 064 $	57 413 $	59 862 $	62 415 $									
G3	41 969 $	43 927 $	45 885 $	47 844 $	49 886 $	52 015 $									
G4	34 975 $	36 607 $	38 239 $	39 870 $	41 571 $	43 345 $									
G5	28 892 $	30 242 $	31 589 $	32 938 $	34 345 $	35 813 $									
G6	23 683 $	24 786 $	25 892 $	26 997 $	28 150 $	29 352 $									

Plan de travail stratégique pluriannuel de la Réunion consultative du Traité sur l'Antarctique

Les Représentants,

Rappelant le les valeurs, les objectifs et les principes contenus dans le Traité sur l'Antarctique et son Protocole relatif à la protection de l'environnement ;

Rappelant la Décision 5 (2013) sur le Plan de travail stratégique pluriannuel (« le Plan »);

En tenant compte du fait que le Plan vient en complément de l'ordre du jour de la Réunion consultative du Traité sur l'Antarctique (« RCTA ») et que les Parties et autres participants à la RCTA sont encouragés à contribuer comme d'ordinaire aux autres questions figurant à l'ordre du jour de la RCTA ;

Décident :

1. que les principes suivants guideront la mise en œuvre et l'élaboration future du Plan :

    a. le Plan reflétera les objectifs et les principes du Traité sur l'Antarctique et de son Protocole relatif à la protection de l'environnement ;

    b. conformément au mode de fonctionnement de la RCTA, l'adoption du Plan, l'introduction d'éléments au Plan et les décisions relatives au Plan se feront par consensus ;

    c. l'objectif du Plan est de compléter l'ordre du jour, en aidant la RCTA à identifier un nombre limité de questions prioritaires et à agir de manière plus efficace et effective ;

    d. les Parties ainsi que les autres participants à la RCTA sont encouragés à contribuer, comme d'ordinaire aux autres questions figurant à l'ordre du jour de la RCTA;

   e. le Plan couvrira une période pluriannuelle évolutive, et devra être examiné lors de chaque RCTA et actualisé selon que de besoin afin de rendre compte des travaux restant à terminer, des nouveaux enjeux et de l'évolution des priorités ;

   f. le Plan sera dynamique et souple, et incluera les questions émergentes au fur et à mesure qu'elles apparaitront ;

   g. le Plan identifiera les questions exigeant l'attention collective de la RCTA et qui doivent faire l'objet de discussions et/ou de décisions par la RCTA ; et

   h. le Plan ne devrait pas interférer avec le développement ordinaire de l'ordre du jour de la RCTA ;

2. d'adopter le Plan qui figure en annexe à la présente Décision ; et

3. de désigner la Décision 5 (2013) comme caduque.

Plan de travail stratégique pluriannuel de la RCTA

Champ d'action : Garantie d'un Système du Traité sur l'Antarctique (STA) solide et efficace

Priorité	RCTA 37 (2014)	Intersessions	RCTA 38 (2015)	RCTA 39 (2016)	RCTA 40 (2017)
Mener un examen complet des exigences actuelles en matière d'échange d'informations ainsi que du fonctionnement du Système électronique d'échange d'informations (SEEI), et identifier toute obligation supplémentaire.	• Création d'un GCI chargé de revoir les conditions d'échange d'informations. • Demander l'avis du CPE sur les conditions d'échange d'informations	• GCI sur l'examen des conditions d'échange d'informations.	Le groupe de travail (GT) sur les questions juridiques et institutionnelles examine le rapport du GCI et les avis du CPE. • délibère des informations à échanger • envisage la possibilité d'amender la Résolution 6 (2001)	• Examen par le GT sur les questions juridiques et institutionnelles de la question relative au fonctionnement du SEEI.	
Envisager de mettre en œuvre des actions de sensibilisation coordonnées, destinées aux Etats non parties disposant des ressortissants ou de ressources en activité en Antarctique et les Etats qui sont Parties au Traité sur l'Antarctique mais pas encore au Protocole.			• Identification par le GT sur les questions juridiques et institutionnelles des Etats non parties disposant de ressortissants en activité en Antarctique.	• Etude par le GT sur les questions juridiques et institutionnelles des rapports sur la sensibilisation.	
Echanger et discuter sur les priorités scientifiques stratégiques afin d'identifier et de saisir les opportunités de collaboration et de renforcement de capacités scientifiques, et plus particulièrement dans le domaine des changements climatiques.		• Parties, experts et observateurs invités à fournir des informations sur leurs priorités stratégiques dans le domaine scientifique.	• Le groupe de travail (GT) sur les questions opérationnelles réunit et compare les priorités stratégiques dans le domaine scientifique afin d'identifier les occasions de coopération. • Présentation par le SCAR de son « Horizon Scan ».	• Définition par le GT sur les questions opérationnelles des priorités en matière de coopération et de renforcement des capacités.	
Améliorer l'efficacité de la coopération entre les Parties (ex. inspections conjointes, projets scientifiques commun et appui logistique partagé) et la participation active aux réunions (par exemple, examen de méthodes de travail efficaces pendant les réunions).	• Reconduction du mandat du GCI sur la coopération en Antarctique.	• GCI sur la coopération en Antarctique • Parties, experts et observateurs invités à contribuer à la rédaction d'un document commun et à identifier les occasions de coopération.	Examen par le groupe de travail sur les questions juridiques et institutionnelles du rapport du GCI.		
Renforcer la coopération entre le CPE et la RCTA			• Identification par le groupe de travail (GT) sur les questions juridiques et institutionnelles des avis du CPE qui nécessitent des actions de suivi.		

Champ d'action : Renforcement de la protection de l'environnement en Antarctique

Priorité	RCTA 37 (2014)	Intersessions	RCTA 38 (2015)	RCTA 39 (2016)	RCTA 40 (2017)
Etudier les avis du CPE sur la question de la réparation et la réhabilitation des dommages causés à l'environnement et étudier la possibilité de mettre en œuvre des actions de suivi appropriées concernant la responsabilité.			• Le groupe de travail (GT) sur les questions juridiques et institutionnelles envisage la possibilité de reprendre les négociations sur la responsabilité conformément à la Décision 4 (2010).		
Evaluer la progression des travaux en cours du CPE pour définir les meilleures pratiques, améliorer les outils de protection et en développer de nouveaux outils pour la protection de l'environnement protection, notamment des procédures d'évaluation d'impact sur l'environnement (et si nécessaire, continuer à perfectionner ces outils)				• Analyse par le GT sur les questions juridiques et institutionnelles des avis du CPE en matière de Lignes directrices relatives aux évaluations d'impact sur l'environnement.	

Champ d'action : Gestion et réglementation efficaces des activités humaines

Priorité	RCTA 37 (2014)	Intersessions	RCTA 38 (2015)	RCTA 39 (2016)	RCTA 40 (2017)
Prendre en considération les recommandations de la Réunion d'experts du Traité sur l'antarctique sur les implications des changements climatiques dans la gestion et la gouvernance en Antarctique (CPE-ICG).			• Examen par le GT sur les questions opérationnelles des recommandations 9 à 17.	• Examen par le GT sur les questions opérationnelles des recommandations 7 et 8.	• Examen par le GT sur les questions opérationnelles des recommandations 4 à 6. • Examen par le GT sur les questions opérationnelles des conclusions de l'atelier conjoint SC-CAMLR et CPE.
Renforcer la coopération entre les Parties sur les opérations aériennes et maritimes spécifiques en Antarctique, et identifier toute question pouvant être portée à la connaissance de l'OACI, le cas échéant.	• Adoption de la Résolution C (2014)	• Transmission par le Secrétariat de la Résolution C (2014) à l'OMI et invitation de l'OMI à fournir une mise à jour de l'avancée des négociations relatives au Code Polaire à la XXXVIIIᵉ RCTA. • Demande par le Secrétariat à l'OACI et à l'OMI d'émettre leur avis sur les questions de sécurité maritime et aérienne.			
Examiner et évaluer si des actions supplémentaires sont nécessaires en matière de gestion des zones et des infrastructures permanentes liées au tourisme et, aux questions liées au tourisme terrestre et d'aventure. Prendre en considération les recommandations de l'étude sur le tourisme du CPE.		• Préparation des discussions entre les autorités compétentes, notamment par le biais d'un ICG.	• Organisation par le GT sur le tourisme et les activités non-gouvernementales organise de discussions sur les autorités compétentes en matière d'activités touristiques et non gouvernementales. • Examen en détail par le GT sur le tourisme T du rapport du CPE sur ce point.		

Note : les Groupes de travail de la RCTA ci-dessus mentionnés ne sont pas permanents, mais sont désignés au début de chaque réunion consultative du Traité sur l'Antarctique (RCTA).

3. Résolutions

Stockage et manutention des combustibles

Les Représentants,

Rappelant la Article 3 du Protocole au Traité sur l'Antarctique relatif à la protection de l'environnemental en Antarctique (« le Protocole »), qui exige que les activités dans la Zone du Traité sur l'Antarctique soient organisées et conduites de manière à limiter leurs incidences négatives sur l'environnement en Antarctique;

Notant les dispositions de l'article 15 du Protocole;

Conscients que la mise en œuvre des dispositions nécessite des actions de la part des Parties ;

Reconnaissant que le Conseil des directeurs de programmes antarctiques nationaux (« COMNAP ») et que l'Association internationale des organisateurs de voyages en Antarctique (IAATO) ont entrepris des projets concernant le stockage et la manutention des combustibles, et la planification d'urgence en cas de déversement d'hydrocarbures ;

Rappelant la Résolution 6 (1998) et la Résolution 3 (2005) ;

Recommandent que :

1. à leurs gouvernements de continuer à mettre en œuvre des mesures de prévention de déversement de combustibles, de planification et d'intervention d'urgence en cas déversement d'hydrocarbures et à en rendre compte, comme indiqué par les lignes directrices du Manuel sur la gestion des carburants du COMNAP. En particulier :

    a. que leurs Gouvernements soit, remplacent les installations de combustible en vrac qui ne sont pas actuellement équipées d'un mur de protection secondaire ou de réservoirs à double paroi, soit, qu'ils les équipent d'un mur de protection adéquat et se dotent de plans d'urgence appropriés en cas de déversement ; et

b. que leurs gouvernements introduisent et maintiennent des plans d'urgence en cas de déversement d'hydrocarbures en se basant sur les lignes directrices du Manuel sur la gestion des carburants du COMNAP et que, dans la mesure du possible, ils effectuent régulièrement des exercices d'urgence, à la fois théorique et pratique sur terre et sur mer, pour tester et affiner en conséquence leurs plans d'urgence, et fassent rapport des résultats des exercices à la Réunion consultative du Traité sur l'Antarctique (« RCTA ») ; et

2. qu'il soit demandé au COMNAP d'examiner périodiquement, de réviser, le cas échéant, les lignes directrices du Manuel sur la gestion des carburants.

Coopération, facilitation, et échange d'informations météorologiques, ainsi qu'océanographiques et cryosphériques connexes, sur l'environnement

Les Représentants,

Reconnaissant l'importance des données météorologiques de l'Antarctique en soutien aux opérations dans l'Antarctique et pour la prévision et la recherche météorologiques , notamment en ce qui concerne la recherche sur le climat à l'échelle mondiale ;

Souhaitant que les risques pour les personnes et les infrastructures dans l'Antarctique induits par la météo, le climat et les effets cryosphériques et océanographiques liés aux conditions météorologiques soient minimisés, et notant que les stratégies d'atténuation de ces risques sont plus efficaces lorsqu'elles s'appuient sur des données ;

Reconnaissant la forte tradition de coopération entre les Parties au Traité sur l'Antarctique concernant le développement et le partage d'informations météorologiques, ainsi qu'océanographiques et cryosphériques connexes, sur l'environnement ;

Se félicitant de l'étroite coopération entre la Réunion Consultative du Traité sur l'Antarctique (RCTA) et l'Organisation météorologique mondiale (OMM) ;

Se félicitant également du travail du Groupe d'experts du Conseil exécutif de l'OMM pour les observations, la recherche et les services polaires, y compris mais non limité aux services de prévisions météorologiques et marines (courants et glaces de mer) sur plusieurs échelles de temps (telles que décrites dans l'initiative de l'OMM de Système mondial de prévisions polaires intégrées (GIPPS : Global Integrated Polar Prediction System)) et du développement et du soutien permanents de systèmes tels que le Réseau d'observation de l'Antarctique (AntON) , de la

Veille mondiale de la cryosphère (VMC) et le Programme international de bouées de l'Antarctique (PIBA) ;

Rappelant la Recommandation V-2 (1968), la Recommandation VI-1 (1970), la Recommandation VI-3 (1970), Recommandation X-3 (1979), Recommandation XII-1 (1983), Recommandation XIV-7 (1987), Recommandation XIV-10 (1987) et de la Recommandation XV-18 (1989), qui ensemble, ont mis en évidence le vaste effort international pour atténuer les risques associés aux conditions météorologiques, climatiques et marines (courants et glaces de mer) pour le personnel et les infrastructures antarctiques,

Recommandent que les Parties:

1. poursuivent leur coopération pour améliorer le système de collecte et de partage en temps utile des données météorologiques antarctiques en s'employant tout particulièrement à améliorer l'efficacité, la fiabilité et l'économie d'effort, et en tenant compte des possibilités offertes par les nouvelles technologies ;

2. facilitent, lorsque c'est possible, le développement et l'utilisation de systèmes et d'infrastructures afin de contribuer à la réalisation d'observations, de recherches et de services météorologiques et marins (courants et glaces de mer) antarctiques fiables ; et

3. appuyer et encourager l'OMM dans le développement de sa stratégie de service en large consultation avec d'autres développeurs de services pertinents et les utilisateurs.

Appui au Code polaire

Les Représentants,

Accueillant l'élaboration du projet du Code international pour les navires opérant dans les eaux polaires (« Code polaire ») par l'Organisation maritime internationale (« OMI ») ;

Reconnaissant que l'OMI est l'organisation compétente en matière de réglementation de la navigation ;

Notant que les progrès de l'important travail mené sur le Code polaire et la nécessité de le finaliser restent une priorité ;

Rappelant la Résolution 3 (1998) et la Résolution 8 (2009) ;

Reconnaissant les avantages d'avoir un Code polaire relatif à la sécurité des navires et à la protection de l'environnement ;

Recommandent que :

1. d'encourager les États membres de l'OMI à poursuivre en priorité l'important travail de finalisation du Code polaire relatif à la sécurité des navires et à la protection de l'environnement ; et

2. d'encourager par ailleurs les États membres de l'OMI à examiner, dans un second temps, d'autres aspects relatifs à la sécurité et à la protection de l'environnement, tels que déterminés par l'OMI.

Lignes directrices pour les visites de sites

Les Représentants,

Rappelant les Résolution 5 (2005), la Résolution 2 (2006), la Résolution 1 (2007), la Résolution 2 (2008), la Résolution 4 (2009), la Résolution 1 (2010), la Résolution 4 (2011), la Résolution 2 (2012) et la Résolution 3 (2013), par lesquelles ont été adoptées les listes de sites assujettis à des Lignes directrices pour les visites de sites (« Lignes directrices pour les visites de sites ») ;

Rappelant la Résolution 3 (2013), qui prévoit que toute proposition de modification des Lignes directrices pour les visites de sites soit débattue par le Comité pour la protection de l'environnement (« CEP »), lequel devra donner des avis à la Réunion Consultative du Traité sur l'Antarctique (« RCTA ») en conséquence, et que dans le cas où la RCTA entérinerait ces avis, le Secrétariat du Traité sur l'Antarctique (le Secrétariat) devrait alors apporter sur son site Internet les modifications nécessaires aux textes de ces Lignes directrices pour les visites de sites;

Convaincus que les Lignes directrices pour les visites de sites renforcent les dispositions énoncées dans la Recommandation XVIII-1 (1994) (Directives pour ceux qui organisent et conduisent des activités touristiques et non gouvernementales en Antarctique) ;

Confirmant que le terme "visiteurs" n'inclut pas les scientifiques qui conduisent des recherches dans ces sites ni les personnes engagées dans des activités gouvernementales officielles ;

Notant que les Lignes directrices pour les visites de sites ont été élaborées sur la base des volumes et des types de visites actuellement observés sur chaque site spécifique, et conscients que les Lignes directrices pour les visites de sites nécessitent des réexamens en cas de changements significatifs dans les volumes ou les types de visite d'un site ;

Convaincus que les Lignes directrices pour les visites de chaque site doivent être réexaminées et révisées rapidement en cas de changements dans les volumes et les types de visites ou en cas d' impacts sur l'environnement démontrables ou probables ;

Souhaitant garder les actuelles Lignes directrices pour les visites de sites à jour ;

Recommandent :

1. que les Lignes directrices pour les visites de sites pour l'île Horseshoe, péninsule Antarctique, Cabanes de Mawson, Cap Denison, Antarctique de l'Est soient remplacées par celles modifiées ;

2. que le Secrétariat publie sur son site Internet la liste complète des sites soumis aux Lignes directrices pour les visites de sites qui figurent en annexe à la présente Résolution, telles qu'adoptées par la RCTA ;

3. que leurs Gouvernements exhortent tous les visiteurs potentiels à s'assurer qu'ils ont pleine connaissance des recommandations contenues dans Les lignes directrices, telles que publiées par le Secrétariat, et qu'ils s'y conforment ;

4. que toute proposition de modification des Lignes directrices pour les visites de sites soit débattue par le CEP, qui devra fournir des recommandations à la RTA en conséquence, et que dans le cas où la RCTA entérinerait ces recommandations, le Secrétariat apporte alors sur son site Internet les modifications nécessaires aux textes de ces Lignes directrices pour les visites de sites; et

5. que le Secrétariat indique clairement sur son site Internet que le texte de la Résolution 3 (2013) est caduc.

Liste des Sites assujettis aux Lignes directrices de visites de site

Lignes directrices	Adoption d'origine	Dernière version
1. Île du Pingouin (Latitude 62° 06' S; Longitude 57° 54' O)	2005	2005
2. Île Barrientos, îles Aitcho (Latitude 62° 24' S; Longitude 59° 47' O)	2005	2013
3. Île Cuverville (Latitude 64° 41' S; Longitude 62° 38' O)	2005	2013
4. Pointe Jougla (Latitude 64° 49' S; Longitude 63° 30' O)	2005	2013
5. Île Goudier, Port Lockroy (Latitude 64° 49' S; Longitude 63° 29' O)	2006	2006
6. Pointe Hannah (Latitude 62° 39' S; Longitude 60° 37' O)	2006	2013
7. Port Neko (Latitude 64° 50' S; Longitude 62° 33' O)	2006	2013
8. Île Paulet (Latitude 63° 35' S; Longitude 55° 47' O)	2006	2006
9. Île Petermann (Latitude 65° 10' S; Longitude 64° 10' O)	2006	2013
10. Île Pleneau (Latitude 65° 06' S ; Longitude 64° 04' O)	2006	2013

Lignes directrices	Adoption d'origine	Dernière version
11. Pointe Turret (Latitude 62° 05' S; Longitude 57° 55' O)	2006	2006
12. Port Yankee (Latitude 62° 32' S; Longitude 59° 47' O)	2006	2013
13. Brown Bluff, Péninsule Tabarin (Latitude 63° 32' S; Longitude 56° 55' O)	2007	2013
14. Snow Hill (Latitude 64° 22' S; Longitude 56° 59' O)	2007	2007
15. Anse Shingle, île Coronation (Latitude 60° 39' S; Longitude 45° 34'O)	2008	2008
16. Île du Diable, île Vega (Latitude 63° 48' S; Longitude 57° 16.7' O)	2008	2008
17. Baie des baleiniers, île Déception, îles Shetland du Sud (Latitude 62° 59' S; Longitude 60° 34' O)	2008	2011
18. Île Half Moon, îles Shetland du Sud (Latitude 60° 36' S; Longitude 59° 55' O)	2008	2013
19. Baily Head, île Déception, îles Shetland du Sud (Latitude 62° 58' S, Longitude 60° 30' O)	2009	2013
20. Baie Telefon, île Déception, îles Shetland du Sud (Latitude 62° 55' S, Longitude 60° 40' O)	2009	2009
21. Cap Royds, île Ross (Latitude 77° 33' 10,7 S, Longitude 166° 10' 6,5 E)	2009	2009

Lignes directrices	Adoption d'origine	Dernière version
22. Wordie House, île Winter, îles Argentine (Latitude 65° 15' S, Longitude 64° 16' O)	2009	2009
23. Île Stonington, baie Marguerite, Péninsule antarctique (Latitude 68° 11' S, Longitude 67° 00' O)	2009	2009
24. Île Horseshoe, Péninsule antarctique (Latitude 67° 49' S, Longitude 67° 18' O)	2009	2014
25. Île Detaille, Péninsule antarctique (Latitude 66° 52' S, Longitude 66° 48' O)	2009	2009
26. Île Torgersen, Port Arthur, île Southwest Anvers (Latitude 64° 46' S, Longitude 64° 05' O)	2010	2013
27. Île Danco, canal Errera, Péninsule antarctique (Latitude 64° 43' S, Longitude 62° 36' O)	2010	2013
28. Seabee Hook, cap Hallett, Terre Northern Victoria, mer de Ross, site pour visiteurs A et site pour visiteurs B (Latitude 72° 19' S, Longitude 170° 13' E)	2010	2010
29. Pointe Damoy, île Wiencke, péninsule Antarctique (Latitude 64° 49' S, Longitude 63° 31' O)	2010	2013
30. L'aire réservée aux visiteurs de la vallée Taylor, Terre Southern Victoria (Latitutde 77° 37.59' S, Longitude 163° 03.42' E)	2011	2011

Lignes directrices	Adoption d'origine	Dernière version
31. Plage nord-est de l'île Ardley (Latitude 62° 13' S; Longitude 58° 54' O)	2011	2011
32. Cabanes Mawson et cap Denison, Antarctique de l'Est (Latitude 67° 01' S; Longitude 142 ° 40' E)	2011	2014
33. Île D'Hainaut, port Mikkelsen, île de la Trinité (Latitude 63° 54' S; Longitude 60° 47'O)	2012	2012
34. Port Charcot, île Booth (Latitude 65° 04' S; Longitude 64° 02' O)	2012	2012
35. Anse Pendulum, Île de la Déception, îles Shetland du Sud (Latitude 62° 56' S, Longitude 60° 36' O)	2012	2012
36. Port Orne, Bras sud de Port Orne, Détroit de Gerlache (Latitude 64° 38'S, Longitude 62° 33'O)	2013	2013
37. Îles Orne, Détroit de Gerlache (Latitude 64° 40'S, Longitude 62° 40'O)	2013	2013

Renforcement de la coopération lors des campagnes de relevés hydrographiques et de cartographie des eaux de l'Antarctique

Les Représentants,

Considérant que des données hydrographiques fiables et des cartes marines sont essentielles pour la sécurité des opérations maritimes ;

Notant l'augmentation du trafic maritime, en particulier celui des navires de tourisme, dans la région de l'Antarctique ;

Préoccupés par le risque accru de dommages aux navires, personnes et à l'environnement dans les eaux insuffisamment cartographiées de la région ;

Notant que la collecte de données précises d'enquêtes permettra d'améliorer la sécurité de la navigation et de soutenir la recherche scientifique ;

Reconnaissant le rôle de la Commission hydrographique sur l'Antarctique de l'Organisation hydrographique internationale (CHA) en ce qui concerne la coordination des relevés hydrographiques et de la cartographie marine dans la région de l'Antarctique et la valeur de la coopération avec le Comité scientifique pour la recherche en Antarctique (SCAR) et les autres organes spécialisés pertinents ;

Rappelant la Recommandation XV- 19 (1989), la Résolution 1 (1995), la Résolution 3 (2003), la Résolution 5 (2008) et la Résolution 2 (2010), qui encouragent la coopération en ce qui concerne les relevés hydrographiques et la cartographie des eaux de l'Antarctique ;

Recommandent que :

1. appuient et encouragent les contacts et les relations entre les programmes antarctiques nationaux et les services hydrographiques nationau

2. accroissent leur coopération mutuelle en ce qui concerne les relevés hydrographiques et la cartographie des eaux de l'Antarctique afin de contribuer à la sécurité de la navigation, la sauvegarde de la vie en mer, la protection de l'environnement en Antarctique, le soutien aux activités scientifiques et la poursuite d'activités économiques menées de manière responsable ; en collaborant, le cas échéant, avec les programmes antarctiques nationaux, les services hydrographiques nationaux, la CHA et le système international de cartographie ;

3. coordonnent leurs activités d'enquête et de cartographie hydrographiques avec l'aide de la CHAet coopèrent avec celle-ci afin de :

    a. clarifier les exigences relatives à la collecte de données hydrographiques de qualité et de précision suffisantes en vue de leur utilisation dans le développement de cartes nautiques électroniques et sur papier, en étant conscient des nouveaux défis et possibilités apparaissant à l'ère de la navigation assistée par ordinateur ;

    b. identifier les zones prioritaires pour la collecte de données hydrographiques et bathymétriques supplémentaires;

    c. compléter leur inventaire des banques de données et donner une grande importance à la coopération entre les Parties en ce qui concerne les futurs relevés hydrographiques prévus afin d'éviter la duplication des efforts ; et

4. encouragent les navires des programmes antarctiques nationaux et tous les autres navires opérant dans la zone du Traité sur l'Antarctique à recueillir, dans la mesure du possible, des données hydrographiques et bathymétriques, y compris des sondages de passage sur tous les voyages antarctiques ; transmettre toutes les données hydrographiques et bathymétriques collectées à l'éditeur de la carte internationale concernée pour en effectuer la mise à jour ; et s'efforcer de trouver des ressources supplémentaires pour améliorer la prise de relevés hydrographiques et la cartographie de la région antarctique.

Vers une évaluation des risques associé aux activités touristiques et non gouvernementales

Les Représentants,

Comprenant la nécessité pour les Parties au Traité sur l'Antarctique de prendre en considération les impacts sur la sécurité et l'environnement induits par les activités touristiques et non gouvernementales ;

Souhaitant promouvoir la sécurité des activités touristiques et non gouvernementales ;

Souhaitant également que toutes les activités touristiques et non gouvernementales, quelque soit le cadre ou la nature spécifique de l'activité, soient planifiées et conduites de manière satisfaisante afin de promouvoir la protection de l'environnement et d'éviter les risques d'atteinte à la sécurité des personnes ainsi que les potentiels effets négatifs sur les programmes antarctiques nationaux des Parties ;

Rappelant la Mesure 4 (2004) et la Résolution 4 (2004) ;

Souhaitant s'assurer que toutes ces activités sont évaluées de manière cohérente et approfondie pour répondre aux préoccupations exposées ci-dessus ;

Recommandent à leurs gouvernements :

conformément à leur législation nationale et selon les besoins des activités touristiques et non gouvernementales en Antarctique :

1. d'encourager les opérateurs à utiliser un processus d'évaluation des risques comme outil de planification ; et

2. de prendre en compte la procédure d'évaluation des risques développée par l'opérateur à l'occasion de la délivrance de l'autorisation ou d'un autre processus réglementaire comparable.

Entrée en vigueur de la Mesure 4 (2004)

Les Représentants,

Préoccupés par les impacts potentiels, y compris les coûts supplémentaires, que les activités touristiques ou non-gouvernementales pourraient avoir sur les programmes antarctiques nationaux, et par les risques pour la sécurité des personnes impliquées dans les opérations de recherche et de sauvetage ;

Souhaitant faire en sorte que les activités touristiques ou non-gouvernementales conduites en Antarctique soient effectuées de façon sécurisée et autonome;

Souhaitant en outre s'assurer que les risques liés aux activités touristiques ou non-gouvernementales soient entièrement identifiés à l'avance et réduits au minimum ;

Rappelant la Mesure 4 (2004) relative à l'assurance et la planification d'urgence pour les activités touristiques ou non-gouvernementales dans la zone du Traité sur l'Antarctique ;

Considérant que la réalisation des objectifs et principes de la Mesure 4 (2004) ne sera pleinement assurée que lorsque la Mesure entrera en vigueur au niveau international ;

Recommandent à leurs Gouvernements :

1. Quand ils n'ont pas encore approuvé la Mesure 4 (2004),

   a. d'accomplir les procédures internes afin d'approuver cette Mesure, afin qu'elle entre en vigueur le plus rapidement possible ;

   b. de conférer à ses dispositions des effets juridiques au niveau national, sur une base volontaire, chaque fois qu'il est approprié de le faire et dans la mesure du possible au regard de leur système juridique ; et

2. Quand ils ont déjà approuvé la Mesure 4 (2004) et en attendant son entrée en vigueur, d'envisager de prendre les mesures pouvant s'avérer nécessaires au niveau national, chaque fois qu'il est approprié de le faire.

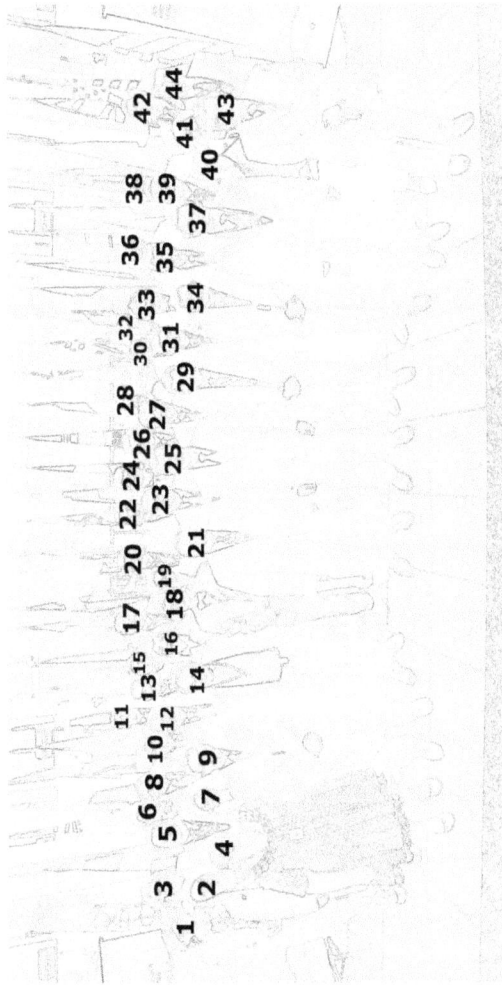

1. Katrina Cooper, Australie
2. Jillian Dempster, Nouvelle-Zélande
3. Lisa Euren Hoglund, Suède
4. Nthabiseng Malefane, Afrique du Sud
5. Evan T. Bloom, États-Unis
6. José Carlos Caetano Xavier, Portugal
7. Mette Strengehagen, Norvège
8. Jiri Havlik, République tchèque
9. Mohd Azhar Yahaya, Malaisie
10. Zha-hyoung Rhee, Corée (ROK)
11. René J.M. Lefeber, Pays-Bas
12. Sivaramakrishnan Rajan, Inde
13. Raphael Azeredo, Brésil
14. Michel Rocard, France
15. Kazuhiro Takahashi, Japon
16. Liisa Valjento, Finlande
17. Juan Luis Muñoz de Laborde Bardin, Espagne
18. Olivier Guyonvarch, France
19. Kim Crosbie, IAATO
20. Manfred Reinke, STA
21. Eugenio Sgrò, Italie
22. Martin Ney, Allemagne
23. Manoel Gomes Pereira, Secrétariat du pays hôte
24. Dmitry Gonchar, Fédération de Russie
25. José Antonio Marcondes de Carvalho, RCTA XXXVII
26. Jerónimo López-Martínez, SCAR
27. Christian Vanden Bilcke, Belgique
28. Jane Rumble, Royaume-Uni
29. Robert Ward, OHI
30. Fausto López Crozet, Argentine
31. José Olmedo Morán, Équateur
32. Claudio Romano, Uruguay
33. Rayko Raytchev, Bulgarie
34. Feng Gao, Chine
35. Miroslav Ondras, OMM
36. Jaimes Gilberto, Venezuela
37. Leonid Krupets, Biélorussie
38. Andrew Wright, CCAMLR
39. Francisco Berguño, Chili
40. Elizabeth Maruma Mrema, PNUE
41. Michelle Rogan-Finnemore, COMNAP
42. Mark S. Epstein, ASOC
43. Jorge Bayona Medina, Pérou
44. Konrad Marciniak, Pologne

www.ingramcontent.com/pod-product-compliance
Lightning Source LLC
Chambersburg PA
CBHW061616210326
41520CB00041B/7464